사회
복지
장인
1

사랑밖에
없다

고 석 의 사 회 복 지 이 야 기

사회
복지
장인
1

고석의 **사회복지** 이야기

사랑밖에 없다

펴낸날 2017년 4월 14일

지은이 고 석

펴낸이 홍석근
책임편집 김관호 | 편집 윤정인
마케팅 이상덕
디자인 이즈플러스

펴낸곳 도서출판 평사리 Common Life Books
출판신고 제313-2004-172 (2004년 7월 1일)
주소 서울시 마포구 월드컵로 74 원천빌딩 601호
전화 02-706-1970 | 팩스 02-706-1971
전자우편 commonlifebooks@gmail.com

고석 ⓒ 2017

ISBN 979-11-6023-216-5 (03330)

사회
복지
장인
1

사랑밖에
없다

고석의 사회복지 이야기 ─ 고석 지음

평사리
Common Life Books

고 박사가 선택한 행복

우리 사회에서 가장 어렵게 살아가는 사람들과 함께하며, 그들이 최소한의 인간다운 삶을 살도록 돕는 사회복지공무원 일이 내게는 천직이었다.

보건복지부로 파견 나온 지 얼마 되지 않아 6급 승진심사가 진행되었다. 여러 명의 대상자 중 한 명을 승진시키기 위해 인사위원회를 개최하고 6급 승진자를 결정하게 됐다. 당시 나의 근무성적평가는 1순위였으나 파견근무자라는 핸디캡이 있었다. 그래도 근무성적이 좋으니 무난히 승진할 수 있으리라고 예상했다. 그런데 당시 모시던 보건복지부 N국장이 구청장과 행정고시 26회 동기인지라 어떻게 승진 심사 결과를 미리 알게 됐는지, 나를 찾아와 두 손을 꼭 잡고 이렇게 말하며 위로해 주셨다.

"고 선생! 사람은 미워하지 마소!"

"조건만 맞으면 행복할 것 같지만 절대 그렇지 않소."

"자신이 가진 것, 주위 환경을 있는 그대로 받아들이는 것이 행복이오."

맞는 말씀이었다. 현재 내게 주어진 것 어느 하나라도 소중하게 생각하고 받아들이면 행복을 누릴 수 있었다. 그 동안 여러 선택의 기로에서 힘든 결정을 했지만, 결국 내가 선택했던 모든 것들이 행복이었다. 공무원으로 임용된 첫 해부터 사람들은 나를 여러 가지 별명으로 불렀지만, 그 중 가장 많이 불렸던 별명은 '고 박사'였다.

정말로 박사학위를 받은 것은 아니지만, 현장에서 다양한 경험을 하고 주워들은 이야기도 많아 사람들은 나를 그렇게 불렀다. 뭐 하나 똑 부러지게 잘하거나 전문 지식이 있는 것은 아니었지만, 그래도 사회복지공무원으로서는 못 해내는 것이 없어 무슨 일이 생기면 사람들은 꼭 '고 박사'를 찾았다. 처음엔 '고 주사'나 '고 주임'으로 부르다가도 시간이 조금 흐르면 어김없이 '고 박사'라고들 불렀다. 그리고 대상자 중 내 이름을 아는 사람들은 나를 '고 서기'라고 부르기도 했다. 이름 '고석'을 부르는 것인지 배급 서기로서 '고 서기'를 부르는 것인지 구분은 안 되어도 내게는 모두 친근하게 들렸다.

"고 주임, 나 좀 살려주소!"

우리 사회에서 가장 어렵게 살아가는 사람들과 함께하며, 그들이 최소한의 인간다운 삶을 살도록 돕는 사회복지공무원 일이 내게는 천직이었다. 공무원을 시작한 지 어느덧 26년이라는 긴 세월이 흘렀다. 지나간 시간을 돌이켜보니, 매 순간 나의 미래를 좌우하는 선택의 기로들이 놓여 있었고 선택을 강요하는 듯 했다. 최고나 최악처럼 극단적인 경우에는 망설임 없이 선택할 수 있지만, 차선이나 차악을 구별하고 선택해야 하는 경우에는 결정을 내리기가 무척 힘들었다. 아직도 기억 속에 생생하게 남아있는 몇 가지 선택을 다시 한번 새겨보고, 나에겐 행복했던 그 선택들이 옳은 판단이었는지 독자들에게 묻고 싶기도 하다.

공무원은 공문서를 만들어내면서 업무를 시작한다. 처음 공무원 일을 시작했던 때에는 기안용지에 손으로 직접 적어 문서를 만들었다. 기안용지는 '갑'지와 '을'지로 구성된, 소위 갱지라고 부르는 16절지에 인쇄된 서식으로 지금 사용하는 A4용지보다 조금 작은 크기였다. 주민전산망 컴퓨터 외에 직원들이 사용할 수 있는 컴퓨터는 사무실에 1대 뿐이었다. 시간이 한참 지나 95년부터는 공무원 한 명이 컴퓨터 한 대를 쓸 수 있는 1인 1PC 시대가 열렸지만, 당시에는 컴퓨터를 사용하는 사람이 거의 없어 그나마 조금은 젊은 내가 차지할 수 있었다.

삼보 컴퓨터에서 배포한 한글 프로그램 '보석글'에는 컴퓨터로 기안을 할 수 있도록 만들어진 프로그램이 있었다. 나는 글씨체가 좋지 않은 편이어서 컴퓨터로 열심히 기안문을 만들었다. 이렇게 만든 기안문을 결재라인에 따라 사무장과 동장에게 차례로 결재를 맡으러 갔다. 결재판에 끼워진 기안문을 책상 위로 내미는 순간 큰 호통 소리가 터져 나왔다. 이런 걸 가지고 결재를 받으러 오는 사람이 어디 있냐며 기안용지에 깨끗하게 손으로 적어 와야지, 용지크기와 색깔도 다른 이런 문서를 어떻게 동장실로 가져왔냐는 것이었다.

지금 생각해 보면 아마 기안 내용에도 문제가 있어 그렇게 말씀하셨던 것 같다. 하지만 당시에는 '제대로 배우지 못했다'는 한 마디 때문에 상처를 입었고, 가슴 속 깊은 곳에서 참기 힘든 화가 치밀어 올랐다. 곧바로 한 마디라도 대꾸하고 뛰쳐나가야 할지, 아니면 그냥 욕을 먹고 서있어야 할지 마음속에서 갈등이 일어난 순간이었지만, 결국엔 꾹 참아냈다. '잘못했다'고 시인하고 앞으로 기안용지에 바르게 작성해 결재를 올리겠다는 대답으로 상황은 잘 마무리 되었다. 그때 내가 다른 선택을 했다면 어떻게 되었을까?

대구 북구청에서 사회복지공무원을 한 명 선발한다는 지인의 연락을 받았다. 타 지역으로 근무지와 생활터전을 변경해야 하는 선택의 기회가 주어졌다. 제14대 국회의원선거가 한참 진행되던 시기라 사무실에 양해를 구하고 서류신청과 선발심사 등의 일정을 거쳐 어렵게 대구로 근무지를 이동하게 되었다.

부산과 대구는 지역적 특성이나 환경이 크게 달랐다. 공직사회의 환경도 달라 적응하는 데 어려움이 많았다. 특히 주민들이 공무원을 대하는 태도가 달랐는데, 오랜 시간 동안 정치권력을 잡아온 지역이라 하위직 공무원을 우습게 여기는 경향이 허다했다. 어떤 문제가 생기면 어김없이 담당 공무원을 무시하고 관리자부터 찾아가 해결하고자 한다. 전직 대통령인 전○○, 노○○ 출신 지역이라 사무실을 찾는 사람이라면 누구 하나 대통령과의 연결고리를 자랑처럼 떠들지 않는 사람이 없었다. 내가 이런 곳을 선택해 제 발로 찾아왔으니 후회하는 마음이 없었을까?

대구로 근무지를 옮긴 후 동료 사회복지공무원 4명과 함께 근무했다. 영구임대아파트를 동별 담당 구역으로 나누고 업무도 생활보호, 의료보호, 자활보호 등으로 나누었다. 당시 나는 자활업무를 맡게 되어 주로 취로사업, 저소득 자녀학비, 직업훈련 등 저소득층 자립에 관한 업무를 맡았다. 취로사업은 한번 시작하면 백여 명을 한꺼번에 모아 사업을 진행해야 했다. 해마다 상급 학교로 진학하는 아이들도 많았지만, 입학생과 재학생들이 학업을 이어나갈 수 있도록 학비를 지급했다. 인문계 고등학교 진학생의 학비는 정부에서 지원하지 않았기 때문에, 입학금과 수업료를 내야하는 시기에는 동사무소가 마치 도깨비시장처럼 시끌벅적했다.

영구임대아파트 지역을 담당하면서 많은 사람들에게 매월 생계비를 지급해야 했다. 당시 생계비는 하루치를 기준으로 매달 30일과 31일에 해당 금액을 산정해 지급했기 때문에 매달 지급액이 조금씩 달랐다. 이전에는 인원이 적어 컴퓨터에 있던 기존 프로그램으로 생계비 지급 대상자 명단을 쉽게 작성할 수 있었지만, 전입 후 수작업으로 몇 백 명의 명단을 담당자 별로 직접 작성했다. 이러한 수고를 줄이기 위해 내가 직접 생계비 파일을 만들어 사용함으로써 업무를 줄여나갔다.

국민의 정부가 들어서면서 동사무소가 '동 주민센터'로 명칭을 변경했고, 많은 업무를 시·군·구청으로 이관하고 직원 수를 축소했다. 몇 안 되는 사무실 직원들이 매일 숙직을 서고 주말마다 일직근무를 하다 보니 일상 업무에 지장이 생길 정도였다. 이러한 숙직·일직근무와 산불비상대기 근무는 공무원 개개인의 근무여건을 악화시키는 것은 물론이고 무엇보다 비효율적인 행정이었다. 그래서 구청장과의 협약을 통해 숙직·일직근무를 설 때 사무실로 걸려오는 전화를 자택으로 전환해 사무실에 나오지 않고 자택에서 근무할 수 있도록 했다. 아울러 산불대기 근무도 비상연락망을 가동해 산불발생시 발생지역에 따라 집결지만 구체적으로 정해 두고 사무실에서 대기하도록 변경하게 됐다.

하지만 이렇게 서명한 협약서도 변경된 근무형태를 언제부터 적용할지 명확히 하지 못한 허술한 것이었다. 이를 두고 협약 당사자였던 나와 직장협의회 담당 직원 사이에 큰 입장 차이가 있었다. 나는 당장 적용해야 한다는 입장이었고 담당 직원은 산림청 예규나 관련 규정을 개정한 이후에 적용해야 한다는 입장이었다. 협약서를 쓸 때 시행시기를 확실히 정하지 않은 것은 큰 실수였다.

협약 이후 처음 돌아오는 일요일 일직근무가 바로 내 차례였다. 나는 사무실에서 근무하지 않고 재택근무를 하겠다고 구청 당직실로 연락했다. 평소 친하게 지내던 계장이 당직사령이었는데, 일단 사무실로 나와서 근무를 하라고 명했지만 나는 나가지 않고 끝까지 버텼다. 그 다음날부터 감사계장과 관련 직원들이 우리 사무실로 나와 그 동안 내가 해왔던 업무관련 자료들을 모두 복사하고 숙직·일직 근무일지도 가지고 나갔다. 그리고는 내가 무단으로 일직근무를 서지 않은 것에 대한 징계절차가 시작되었다. 일직근무를 서지 않은 사람은 나 말고도 꽤 있었지만, 나만 지목되어 징계절차에 들어갔다. 그리고 가슴을 답답하게 하는 시기가 계속 이어졌다.

7급에서 강등되어 8급 시보를 뗀 지 겨우 몇 개월 지난 직원이 감사계장과 다투었으니 나도 답답한 마음이었지만 당사자인 감사계장은 또 얼마나 황당했을까? 그래도 내 선택은 옳은 것이었다. 먼저 희생하고 앞서 나가기로 한 나의 선택이 동료들의 근무여건을 획기적으로 변화시켰다. 고양이 목에 방울을 달아야 하는 쥐처럼 누구하나 나서지 못했고 당시 징계를 받는 것이 내게는 큰 고통이었지만, 동료들을 위해 나선 것은 행복한 선택이었다.

복지업무를 수행하는 사회복지공무원들은 보다 큰 틀에서 복지정책을 경험하고 싶다는 생각을 많이 한다. 기초생활보장업무를 담당하는 기초생활보장과, 복지전달체계와 복지정책을 담당하는 복지정책과에서는 복지정책에 대한 현장의견을 수렴하고 자주 교류하고 있었다. 현장에서 느끼는 답답한 복지정책과 제도를 개선하겠다는 굳은 의지로 몇 번이나 보건복지부 파견근무를 위해 노력했지만, 번번이 구청 내부에서 가로막혔다.

대구의 보수적 사고는 공직사회에서도 예외는 아니었다. 중앙부처로 파견을 나간다는 것 자체를 이해하지 못했기 때문에 그것을 설득하는데 많은 시간이 필요했다. 생활터전과 그동안 쌓아온 모든 것을 하루아침에 바꾼다는 것도 쉬운 선택은 아니었다. 그렇지만 우리나라의 보건복지정책을 만들어 나가는 '보건복지부'에서 근무를 해야겠다고 꿈꾸었기에 큰 고민이나 어려움이 없이 결정한 것 같다. 이후 보건복지부에서 근무하며 사회복지공무원 동료들에게 도움이 되기 위해 노력을 기울이고 매 순간 어려운 선택을 해왔지만, 나에게는 모두가 행복한 선택이었다. 하지만 나의 행복한 선택에는 또 다른 누군가를 가슴 아프게 하거나, 돌이킬 수 없는 상처를 주지 않았는지 되돌아보며 용서를 구하는 마음을 가져본다.

사회복지에 대한 가치나 철학을 학교에서 배우고 그에 대한 자신의 가치나 철학을 세웠다고 해도 복지현장에서는 그것을 바로 적용할 수 없다. 현장에서는 개개인의 문제와 욕구에 대한 해결방안이나 사회복지 실천방법이 교과서로 배운 것과는 판이하게 진행되거나 표출되기 때문이다. 사람들과의 관계와 오랜 경험을 통해 자신의 내면에 사회복지에 대한 확고한 가치와 철학이 녹아있더라도 완전하지 못한 인간이기에 사회복지사로서 클라이언트라는 대상을 만나는 자리가 언제나 안정적일 수는 없다. 사회복지사로서 은혜를 베푼다는 마음에서 우러나는 연민과 동정으로만 다가선다면 번번이 부딪치거나 해결하기 어려운 문제들이 발생한다.

사람들은 늘 애정과 인정에 굶주려 있고, 자신이 살아있다는 사실을 느끼기 위해 노력한다. 특히, 사회복지공무원이 현장에서 만나는 사람들은 애정과 인정에 더욱 굶주려 있다. 다른 사람들에게 사랑을 받거나 인정받고자 하는 것은 인간인 우리 삶에서 빼놓고 생각하거나 이야기할 수 없다. 우리 주위에는 이웃에게 외면 받고 소외된 채 살아온 세월을 보상받고 싶어 하는 사람들이 너무나 많다.

자신의 존재를 드러내고 남에게 인정받기 위해서 가시 돋친 말이나 욕설을 하고, 폭력적이거나 신경을 거스르는 행동을 하거나, 시빗거리 등을 들고 찾아와 담당자의 관심을 사려는 사람들이 의외로 많다. 수단과 방법을 가리지 않고 자신에게 필요한 도움을 받을 수 있는 환경이나 여건을 만드는 재주가 '탁월한' 사람들이다. 그리고 담당자의 약점이나 흥분하게 하는 요인들을 아주 잘 파악하고 있어, 그런 부분을 건드려 담당자가 이성적으로 대처할 수 없도록 만드는 경우도 흔하다. 나를 절망하게 만들거나 나의 가치를 쉽게 무너뜨리고, 자존감에 돌이킬 수 없는 상처를 안겨 주기도 한다. 열정을 가지고 복지업무를 보는 담당자일수록 그런 사람들 때문에 상처받고 좌절하게 된다. 사회복지공무원으로서 더 큰 연민과 동정, 열정을 갖는다 해도 모든 사람들의 문제를 해결할 수는 없다.

돌이켜 보면 한때는 나를 찾아오는 사람들의 문제와 욕구를 모두 해결할 수 있다는 자신감을 가진 적도 있었다. 갖은 자원을 모아 대상자별로 다른 다양한 문제들을 해결하기 위해 끊임없이 노력했다. 때로는 자식으로서, 때로는 부모로서의 역할을 마다하지 않고 열정적으로 나섰다. 하지만 날마다 술을 먹고 찾아오는 사람들에게는 이제 술은 그만 먹고 가족들을 위해 제발 정신을 차리라고 소리치거나 퉁명한 말투로 술을 끊으라고 해 상처를 주기도 했다. 구체적인 대안이나 도움도 되지 않는 빈말로 때울 때도 있었다. 나도 사람인지라 사회복지 업무를 보면서 만난 수많은 사람들을 한결같은 마음으로 대할 수는 없었다. 자신의 처지로 인해 술을 마셔야 하는 사람에게는 술을 마시지 말라는 무성의한 말만 하며 외면하였고, 고함치고 우는 사람에게는 울지 말고 조용히 해달라고만 했다. 답답한 가슴을 풀기 위해 나를 찾아온 사람들의 모난 행동을 제재하려고만 한 적도 많았다. 그분들과 함께 울고 그 처지를 충분히 이해해 주지 못했다. 함께 맞장구치며 공감해주고, 답답한 가슴을 풀어 주기 위해 좀 더 노력하지 못한 아쉬움이 많이 남는다. 그 모든 것을 이해하고 사랑으로 감싸 안아 주지 못했던 나였다. 무작정 태워 나가던 나의 열정을 이제는 사랑으로 온전히 바꾸고 싶다.

"내가 내게 있는 모든 것으로 구제하고 또 내 몸을 불사르게 내 줄지라도 사랑이 없으면 내게 아무 유익이 없느니라.(고린도전서 13 장 3절)"

시간은 참 빠르게 지나간다. 이제까지의 삶을 되돌아보면 실수와 후회만 가득한 것 같다. 하지만 좋은 날도 내게는 많았으니, 후회하는 일에만 얽매어 살지 않을 것이다. 순간순간이 내게는 행복이었다. '나'를 만나는 사람들이 행복하도록 사회복지공무원인 우리는 각자의 가슴에 사랑을 채워나가야 한다. 사람을 변화시키는 일은 참으로 어렵고, 행복해지고 싶은 의지를 잃은 사람을 행복하게 만들기는 더욱 어렵다. 하지만 그래도 우리는 그들을 사랑으로 보듬어주어야 하고 그들에게 진정한 행복을 찾아주기 위해서는 연민이나 동정이 아닌, 사랑을 주어야 한다. 우리에겐 사랑밖에 없다.

친구는 사람을 살린다

그는 나를 어떻게 생각하는지 모르겠지만, 나는 고석을 친구로 여긴다. 한때 그와 나는 함께 일했고 우리는 마음이 맞는 동료였다. 이 책은 내게 많은 감동을 주었고 비바람 치던 제주 바닷가에서 행사를 하던 날이 떠오르게도 했다. 그리고 그는 내가 보지 못한 것을 보았고 내가 하지 못한 일들을 했다는 사실을 알게 됐다.

고석의 현장 이야기를 읽으면서 그는 나보다 훨씬 나은 사람이라는 생각이 들었고, 그래서 때로는 부럽기도 했다. 사람을 살리기 위해, 자신과 전혀 다른 사람의 손을 잡고 함께 아파하고 울면서 길을 찾아가던 이야기, 아니 길을 만들어 간 이야기들이었다. 그가 사람을 살리기 위해 고민하고 애썼던 시간과 공간은 '사랑'이라는 이름으로 영원히 남을 것이다.

징기스칸은 "편을 가르는 자는 내 어머니든 형제든 용서치 않겠다."라고 말했다. 그리고 그렇게 이루었던 대제국은 이 땅에서 사라졌다. 하지만 희생과 죽음으로 사람을 살리고자 했던 예수는 하나님과 사람 사이의 담을 허물고 사람과 사람을 '사랑'으로 묶었다.

고석은 술 취한 사람, 말이 안 통하는 사람, 종교가 다른 사람, 학교(교도소)에 갔다 온 사람 할 것 없이 누구에게나 좋은 친구였다. 우리 모두는 서로를 불쌍히 여기고 아껴주어야 할 '사람'이기에 나는 그것을 몸소 실천한 고석이 자랑스럽다.

이 책이 지난 세월 동안 그가 겪었던 고뇌와 상처를 씻어주는 계기가 되었으면 한다. 지금도 현장에서는 고석의 이야기가 계속되고 있다. 우리 모두는 고석과 함께 그 자리에 있었던 주인공이다. 인생은 이야기이다. 인간의 역사 또한 이야기이다. 서로 다른 이야기들이 얽혀서 역사가 된다. 지금도 말할 수 없는 탄식과 절망 속에서 길을 만들어가며 사람을 살리기 위해 자신을 희생하는 사회복지공무원들이 많다. 그들에게 이 책이 용기와 희망을 주고, 작은 위로가 되기를 바란다.

노 길 상 (전 보건복지부 기획조정실장)

가장자리를 지킨 정의로운 신념

사람이 좋아서 선택했다는 사회복지공무원의 길, 그 길을 걸어온 자신을 감추지 않고 그대로 드러낸 솔직한 글은 읽는 내내 감동을 주었습니다. 동료들과 후배들에게 건네는 글은 직접 만나 대화하듯 진솔하고 편안해 공감이 되었습니다. 사람 향이 솔솔 묻어나고 애정이 넘칩니다.

신입시절의 순박함과 뜨거운 열정이 느껴지고, 때와 장소를 가리지 않고 도움이 필요한 이웃을 찾아 손잡고 함께 우는 장면들이 그림으로 그려집니다. 한센인 거주 지역의 일화에서는 그의 용기에 감탄했고, 따뜻한 손길은 꽃잎처럼 고왔습니다. 가슴이 뭉클하기도 했고, 한편으로는 미안한 마음도 들었습니다. 저를 포함한 사회복지공무원들은 어디서나 만날 수 있는 도움이 필요한 천사들의 사연을 들을 때 왜 우리가 존재하는지 기억하게 되고 삶의 가치를 깨닫게 됩니다. 90년대에 할머니들에게 양곡을 배분하던 잔잔한 이야기도 귓속말처럼 다정합니다. 폭언과 폭행으로 힘들었던 상처 받은 아이의 이야기도 지혜롭게 느껴집니다. 사회복지공무원인 우리에게는 아파하지 말라고, 우울해 하거나 비관하지 말라고 간청하기도 합니다. 공감이 파도처럼 밀려왔습니다.

중앙부처로 자리를 옮겨 쌓아나간 정책 수립의 과정들은 새롭게 익혀야 할 학습이었습니다. 관행과 타성에서 벗어나 과감한 정책을 수립하고 어김없이 현장을 확인하던 고석의 꼼꼼한 실력을 동료들은 이미 잘 알고 있습니다. '행복e음'의 속사정을 아는 내부에선 울화통이 터진다고 한동안 '死통망', '不통망'이라 불렸다는 이야기를 읽을 땐 미소를 지었습니다. 공감했기 때문입니다. 좋은 세상은 좋은 사람들이 만든다는 건 모두가 인정하는 사실. 중앙부처의 의식 있는 공직자 한 명이 얼마나 큰 역할을 할 수 있는지 지자체 공직자이자 저자의 동료인 저는 알고 있습니다. 특히 지역복지 업무와 지역아동센터 업무를 수행하던 그의 빛나던 눈빛을 잊을 수 없습니다. 그래서 저자가 현장에서 길어 올린 이 생생한 기록은 그 어떤 연구자의 결과물이나 학술논문 이상으로 값진 보물입니다.

상대를 설득할 때 옳고 그름을 따지기보다 그 사람이 처한 상황과 관계를 중시하는 저자는 늘 주변이 풍요롭고 따뜻한 공직자였습니다. 그는 전국 어디를 가도 국밥 한 그릇 먹으며 세상을 논할

벗과 후배들이 있어 행복한 공무활동가입니다. 나 또한 저자와의 인연이 고맙습니다.

자신의 생각을 몸소 실천하는 공직자야말로 국격(國格)을 올리는 품위 있는 민주 시민입니다. 고석은 소박하지만 결코 초라하지 않고, 치열한 업무현장에서도 따사롭게 누군가의 삶을 보듬은 정의로운 사회복지공무원이었습니다. 그가 지나온 시간을 존중합니다. 그의 미래도 희망입니다. 이웃을 좋은 벗 삼아 맑은 웃음으로, 때론 단호함으로 지켜온 소중한 시간들……. 글 쓰는 내내 자신을 토닥이고 응원한 뜻 깊은 시간이었길 바랍니다.

'복지장인(福祉場人)'이라는 책 시리즈 이름처럼 저자가 본인의 글을 정리하는 데서 끝나지 않고, 또 다른 동료들이 계속 좋은 뜻을 이어가기를 바랍니다. 그래서 함께 완성한 '우애의 기록물'로 남길 바랍니다. 46편의 글을 읽는 내내 고석은 천상 사회복지사, 그것도 모두가 바라는 화려한 명예보다는 가장 고단하고 아픈 현장을 지켜온 '사회복지 긍지'의 깃발이라는 생각이 들었습니다.

공직 생활을 글로 가지런히 정리하는 시간을 가지며 자신과의 대화를 시도한 고석 선생에게 존경을 표하고 싶고, 또 진심으로 축하드립니다. 일상을 그냥 지나치지 않고 성찰하고 기록해 역사로 남기는 저자의 사유력에 뜨거운 박수를 보냅니다.

엄미현 (광주광역시 광산구 복지시설지원단장)

고석, 그에게선 사람의 향기가 머문다

고석의 책에선 후배에 대한 지극한 애정이 머문다. 페이지마다, 한 문장 한 줄마다 후배들을 극진히 사랑하는 마음이 묻어 있다. 비슷한 시기에 사회복지전문요원으로 서울에서 일을 하기 시작한 내가 정확히 언제 그를 처음 만났는지 기억은 잘 나지 않지만, 변함없이 멋진 동지로서 늘 내 곁에 있어 주었다. 대구에서 근무했던 그가 어떻게 서울 달동네에서 근무하던 나와 조우되었는지 까마득하지만, 중앙부처에서 근무하던 때보다 훨씬 전이었던 그때가 그립기도 하다.

고석이 있는 곳은 곧 내가 있는 곳이었고, 사회복지공무원인 우리가 있는 곳이었다. 그러니 이 책에서 그가 한 말은 곧 내가 하고 싶었던 말이다. 또한, 선배가 후배에게 해주고 싶은 말이고 후배가 선배에게 듣고 싶은 말이며, 사회복지전담공무원 모두가 외치고 싶은 소리 없는 바람이다.

글 사이에 끼어 넣은 업무 활용 팁만 봐도 그가 얼마나 후배들을 사랑하는지 알 수 있다. 일을 하다보면 무연고 사망자의 장례를 치러주어야 할 일도 생기고, 아동 학대 같은 가슴 아픈 현장을 목도하기도 한다. 칼을 들고 위협하는 사람, 자살을 하겠다고 협박하는 사람, 동네에서 성폭행을 당하는 지적장애아, 고독사로 며칠 동안 방치되어 있던 시신을 마주하는 일, 소년원에 수감된 아이들에게 사식을 넣어주는 일 등 정말 이 책에 쓰여 있는 것과 유사한 일들을 마주하게 된다.

《사랑밖에 없다》는 위와 같은 상황에서 어떻게 대처해야 하는지 후배들에게 유용한 팁을 제시한다. 일을 하다 갑자기 겪게 된 상황을 생생하게 보여주고, 무연고자 사망 시 전세보증금 등 개인 재산 국고 귀속방안, 입법절차, 예산절차 등 법률적인 사안과 보건복지부 질의응답까지도 실었다. 또한 25년이 넘도록 사회복지공무원으로 일하면서 담당 공무원이라면 누구나 겪을 수 있는 일상들을 소소하게 그리고 있다. 지루하지 않으면서도 정겨운 책이다. 특히 「아무도 가르쳐주지 않는 사회복지공무원 되기」는《사랑밖에 없다》에서 가장 빛나는 글이라고 생각한다.

사회복지공무원으로서 올바르게 나아가려면, 먼저 사회복지에 대한 명확한 전문 지식과 상황을 정확하게 인지하는 능력, 그리고 문제를 해결할 수 있도록 계획하고 실천하는 능력이 필요하며 무엇보다 자신의 행동에 대한 책임감이 중요하다고 그는 말한다. 사회복지공무원으로서 정체성 찾기는 우리가 일을 하면서 잊게 되는 초심을 되살릴 수 있는 가장 귀한 가치이다. 우리는 항상 클라이언트(복지대상자, 수급자)를 최우선으로 해야 하며, 따뜻하게 그들의 손을 잡아주고 벼랑 끝에 서 있는 이들이 딛고 있는 땅이 무너지지 않도록 단단하게 만들어주어야 한다.

고석이 가는 길에 나도 함께할 수 있어 무척 자랑스럽다.

장정은(강남구 일원1동 복지팀장)

복지장인(福祉場人)

우선 바쁜 일정 중에도 책을 내겠다고 결심하고 준비해 온 고석 선생님의 노고를 높이 평가하고 싶다. 사회복지공무원이 다른 공무원직에 비해 편한 자리라는 오해나 일을 할 때 몸을 사린다는 등 사회복지공무원에 대한 부정적인 생각을 지닌 사람들이 꽤 있다. 이 책은 무엇보다 그런 편견을 지우는 데 도움이 될 수 있기에 의미 있고 훌륭하다고 생각한다. 최초로 사회복지공무원을 채용하던 때부터 업무를 시작해 어느덧 30년을 맞이한 저자가 그 소중한 경험을 책으로 엮어 낸 것은 뜻 깊은 일이다. 또한, 고석 선생님의 생생한 경험은 우리나라 공공 사회복지의 생동감 있는 역사 그 자체이기도 하다.

《사랑밖에 없다》를 읽으면서 사회복지공무원들이 겪는 고충을 이해할 수 있었다. 사회복지공무원들이 배치되는 지역의 특성도 알게 되었고, 저자가 대상자들과 동고동락한 내용을 읽을 때면 '그래, 그랬지. 그땐 정말 그랬어.'라고 혼잣말을 하며 나도 모르게 고개를 많이 끄덕였다. 내가 대학병원에서 의료사회사업가로 일할 때 만나 인연을 맺은 고석 장인(場人)은 자신이 담당했던 사회복지 대상자를 입원 기간 동안 거의 매일 방문했던 기억이 난다. 그는 가난하고 아픈 환자들을 정성으로 잘 보살피는, 진심으로 '사람'을 사랑하는 사람이었다. 나는 그 당시에도 '사회복지공무원 직'이 특이하다고 생각했다. 이 책은 진정성을 가지고 일했던 사회복지사가 쓴 글이라 글쟁이가 쓴 글이 아니지만 한 번에 다 읽어나갈 수 있을 만큼 흥미롭다.

최신 공공복지서비스에 대한 안내도 잘 되어 있어 사회복지공무원이 되기 위해 준비하는 사람이라면 누구에게나 도움이 될 것 같다. 공공 영역뿐 아니라 사회복지 전반에 대한 이해를 높일 수 있어 사회복지전공자를 포함한 관련업 종사자들이 널리 읽으면 좋을 책이다. 특히 사회복지공무원을 진로로 선택하려는 학생들은 사회복지의 과거와 현재를 모두 알 수 있어 업무에 대한 이해를 바탕으로 적성을 탐색해 보는 기회가 될 것이다. 물론 일반 독자에게도 사회복지공무원을 이해하고 사회복지 서비스나 급여내용 등을 알 수 있는 계기가 될 것이다.

성 희 자 (경북대학교 사회복지학과 교수)

내가 걸어온 길을 걷게 될 후배들에게

대부분의 나라에서는 주민들이 이용하는 공원을 만들 때 설계도에 계획된 대로 산책로를 만든다. 그러나 어느 선진국에서는 공원을 만들 때 산책로를 미리 만들지 않는다고 한다. 몇 개월 동안 공원을 이용하도록 해 놓고, 사람들이 주로 다니는 길을 살펴 발자국이 많이 난 곳을 따라 산책로를 낸다고 한다. 많은 사람이 다니는 길, 그 길을 관행이라고도 볼 수 있다. 관행은 상식이나 진실과는 다를 수 있지만 사람들에게는 가장 편하고 쉽기 때문이다. 우리 복지정책도 이렇게 사람들이 편리하게 이용할 수 있도록 만들어나가야 하지 않을까?

지난 세월을 돌이켜보면 복지현장을 지켜내는 것만으로도 너무 힘이 들고 괴로워 고통스러웠던 때가 있었다. 매일같이 만나는 해결이 어려운 고질적인 민원, 확대되는 복지정책과 국민들의 다양한 욕구로 인해 감당하기 어려울 정도의 과중한 업무가 계속되기도 했다. 이로 인한 업무 스트레스는 나를 포함한 많은 사회복지공무원에게 만성적인 소화불량과 편두통, 불면증, 우울증, 자존감 저하, 무기력증, 탈모 등의 증상으로 나타났다. 사회복지공무원이 주로 겪는다는 '소진burn out'의 주요 증상들이었다. 사회복지공무원이라면 누구나 이렇게 소진을 겪거나 어김없이 힘든 시기를 겪는다.

나 또한 동사무소 문을 열기도 전에 도착해서 기다렸다가 문제를 토로하는 주민들을 매일같이 마주해야 했고, 도저히 해결 방법을 찾을 수 없는 수많은 민원으로 암울한 시간을 보냈다. 고달픈 사회복지공무원 일을 언제까지 해야 하는지 심각하게 고민하기도 했고, 심신이 병들어 죽어가는 미래의 내 모습을 떠올리며 우울해 할 때도 많았다. 그때는 내가 직면한 현실이 가장 힘들고 어렵다고 생각했다. 하지만 지금 돌이켜보면 그래도 그때 했던 일들이 가장 쉬웠고, 동료들과 함께 즐거운 마음으로 재밌게 일했던 행복한 시기였다.

나는 여전히 건강한 정신과 육체를 지니고 있다. 남의 도움 없이 스스로 움직일 수도 있고, 세상을 따뜻하게 만들어야겠다는 열정도 있다. 누군가에게 보탬이 되는 삶을 살겠다고 다짐했고 다른 사람에게 걸림돌이 되지 않게 해달라고 늘 기도하며 살아왔다. 남에게 인색하지 않고 내가 가진 것은 작은 것이라도 이웃과 나누며 살겠다고 다짐했다.

나는 사회복지공무원 근무지 중 남들이 꺼리고 힘들어하는 한센인 집단거주 지역, 대단지 영구임대아파트, IMF 때 생긴 철도역사 인근의 노숙자 생활터전 등이 있는 곳에서 근무했다. 이 책에는 자치구 사회복지과·주민생활지원과와 보건복지부의 지역복지과·아동권리과·사회서비스사업과·급여기준과에서 일하며 만난 다양한 사람들에 관한 이야기와 사회복지공무원을 하며 겪은 26년간의 생생한 경험을 담았다.

사례에 등장하는 사람들은 내가 오래 전에 만났던 이들이지만, 앞으로도 사람 사는 이야기는 크게 다르지 않을 것이다. 그렇기에 나는 오늘도 복지현장을 지키며 예전에 맺었던 사람들과의 관계를 되새겨보곤 한다.

내가 걸어온 길을 걷게 될 후배들이 이 책을 읽고 시행착오를 최소화했으면 하는 바람으로 글을 썼다. 나는 그들이 좋은 공무원이자 사회복지사로서 각자의 자리를 잘 지켜주기 바란다. 낙심해 주저앉은 동료와 어려움을 겪는 소외된 주민에게 따뜻한 손과 튼튼한 발이 되어 일으켜 세워주고, 보듬어 함께 나아가는 모습을 기대해 본다.

다양한 복지정책과 제도는 보건복지부에서 기획되고, 시·도 및 시·군·구를 거쳐 읍·면·동사무소를 통해 이를 필요로 하는 주민들에게 적용된다. 주민들이 만족하는 정책을 만들기 위해서는 복지현장 일선의 의견이 빠짐없이 수렴되고, 그 의견들이 정책개발 과정이나 시행 현장에서 제대로 반영되어야 한다. 또한 지방정부와 중앙정부가 서로 연계·협력하며 나아가야만 국민들도 비로소 만족하게 될 것이고 현장에서 근무하는 공무원들 또한 즐겁게 일 할 수 있다.

긍정적이고 열린 마음으로 전국 각지에서 대한민국의 사회복지를 묵묵히 지켜내고 있는 사회복지공무원 동료들에게 진심으로 감사드린다.

이 책에 나오는 다양한 사례가 자신의 이야기라고 생각하는 분들에게 누가 되지 않기를 바라며, 내 글이 후배들의 업무에 조금이라도 참고가 되어 그들이 주민들 마음을 좀 더 잘 이해하고 헤아릴 수 있는 기회가 되기를 기대해 본다.

차례

들어가는 글 004
추천의 글 014
프롤로그 024

사회복지공무원으로 산다는 것 031

사회복지전문요원이란? 032

사회복지전문요원이 되다 037

아무도 가르쳐주지 않는 사회복지공무원 되기 043

사회복지공무원으로 일어서기 048

사회복지공무원의 바람직한 모습 054

뜨거운 가슴으로 만난 외로운 이웃들 057

와? 내 돈이 너무 적나?! 058

새하얀 눈송이 날리던 성탄전야 063

전설 같은 일화, 식사 한번 하시죠? 069

극동철강(한보철강) 할아버지의 슬픈 눈빛 077

큰 무당 할머니의 따뜻한 온기 081

Y할머니의 사랑 이야기 088

함박 웃음꽃 피우는 장애인 부부 093

98년, 그 봄바람 속에서 098

세 아이, 다섯 식구의 노숙 103

온갖 잡동사니를 모으고 쌓아두는 저장강박증 109

늘 푸른 여름 학교, 따뜻한 겨울 학교 115

되돌아보면 그게 모두 서비스 연계였다 121

긍정적 사고로 험난한 복지업무 즐기기 125

알루미늄 목발에 한번 맞아 볼래? 126

이러시면 앞으로 누가 손해일까요? 130

청와대 대통령 각하 전(前) 상서와 장례 135

특정 단체의 지령을 받는 사회복지공무원 141

어느 자녀 성폭행범의 칼부림 146

사회복지사 선생님이 이러시면 안 되죠 150

부도난 약속어음 155

"엣~헤이! 선생님이 책임져 줄 거요!" 159

소주병을 침대삼고 라면봉지 이불삼아 164

학교 갔다 온 공무원 170

그러면, 나가 죽으라고 하세요~! 174

부정적 감정을 긍정 에너지로 180

가슴을 열고 나누는 축제 185

복지 현장 동료들과 나눈 뜨거운 열기 186

청정제주 빗물에 밥을 말아 먹고 190

'신종 인플루엔자'를 넘어서다 195

태풍 곤파스 속에서 길을 헤매다 200

아이들의 미래를 만드는 꿈의 산실 205

밤을 꼬박 새운 복지 현장 이야기 206

꿈을 품고 멋지게 자라나는 아이들 211

경주 월지 야경을 보며 215

아이들을 위한 순수하고 따뜻한 마음 219

'신뢰보호의 원칙' 224

드림투게더 '새싹꿈터'를 만들다 229

만남은 문제해결의 출발점 233

복지는 미래를 위한 투자다 237

행복을 이어주는 사회복지 시스템 241

생활보호대상자 일제조사 242

중앙부처의 업무 247

새로운 올가미를 피해 불통망·고통망을 만나다 257

행복 e음 핵심요원(Key-Person)을 만나다 262

닭이 먼저냐, 달걀이 먼저냐? 266

에필로그 272

부록 간추린 한국 현대 사회복지사 278

보고서 작성 참고자료 300

사회복지공무원으로
산다는 것

사회복지전문요원이란?
(사회복지전문요원 업무편람 발췌)

사회복지전문요원의 업무 …… 평범한 직장인의 마음가짐만으로는 해낼 수 없으며, 대상자 편에 서서 이해하고, 그들을 사랑하는 마음과 희생·봉사정신이 충만해야 한다고 규정했다.

사회복지전문요원은 1987년 8월 전국 5대 광역시 저소득 밀집 지역을 중심으로 49명(당시 96명 배치 예정, 서울시의 임용 지연에 따라 나머지 인원은 1988년에 35명, 1990년에 12명이 서울 지역에 배치되었다)이 대도시 지역에 배치된 이후 1990년에 324명, 1991년에 16개 시·도까지 확대되어 1,676명, 1992년에는 481명이 별정직 7급 공무원으로 배치되었다. 이후 1994년에 519명이 별정직 8급으로 추가 배치되었다.

국민기초생활보장제도 도입을 위해 정부에서는 1999년에 1,200명을 별정직이 아닌 일반직 사회복지공무원으로 확대 배치했고, 2000년에 600명, 2001년 700명, 2002년 1,700명, 2005년 1,830명,

2011년 1,060명, 2012년 1,800명, 2013년 1,000명, 2014년 540명, 2015년 1,669명 등 사회복지공무원 확충 계획에 따라 매년 확대 배치했다. 2016년 12월 말 현재 전국 사회복지공무원 정원은 19,263명이다.

사회복지전문요원 제도를 도입한 배경을 살펴보면, "생활보호를 포함한 공적부조사업의 효율적 수행을 위해서는 정확한 대상자 선정과 욕구에 부응하는 서비스 제공에 필요한 행정체계가 구축되어야 하고, 저소득층의 자립·자활을 위해서는 개개 가정의 동태와 욕구의 변천 등을 계속적으로 추적·확인해야 하나 일선 사회복지 담당 직원의 잦은 교체와 전문성 결여 때문에 사업의 내실을 기하기가 어려웠다. 이에 정부에서는 국민복지 증진대책('86.9)의 일환으로 '87년부터 저소득층 밀집지역 동사무소에 사회복지전문요원을 배치하였음."이라고 밝히고 있다.

이들의 주요 담당 업무는 1. 생활보호대상자 조사 및 보호의 결정에 수반되는 제반사항, 2. 보호금품 지급 등 생활보호대상자의 생계보호를 위한 업무, 3. 직업훈련, 생업자금 융자, 취업알선 등 생활보호대상자의 자립지원을 위한 업무, 4. 생활보호대상자에 대한 개별상담 및 사후관리, 5. 기타 생활보호대상자를 위한 후원금품 모집 및 후원자의 알선으로 규정하고 있다.

당시 사회복지전문요원의 배치 기준은 인구 이동이 농촌지역보다 강한 도시지역에 집중해 첫째, 인구 50만 이상의 대도시지역은 저소득층 100가구 이상 밀집 지역 동에 1명 배치, 200가구마다 1명 추가 배치(상한 인원: 지방 3명, 서울 6명), 둘째, 인구 50만 미만인

도시지역은 저소득층 200가구 이상 밀집 동에 1명 배치, 200가구 당 1명 추가 배치(상한 인원: 3명), 셋째, 읍·면 지역은 저소득층 300가구 이상 밀집 읍·면에 1명 배치로 인구 이동이 빈번하고 익명성이 강한 도시지역에 사회복지전문요원을 집중적으로 배치했다.

사회복지전문요원의 주된 임무는 저소득층 세대를 대상으로 정부의 생활보호 시책에 따라, 일선 현장에서 직접 요보호대상자에게 보호 업무를 실시하는 것으로 규정하고 있다. 법규나 지침에 따라 시행되는 행정 업무에만 국한되지 않고 요보호대상자의 개별 심리와 처한 상황을 파악해 그들이 자립할 수 있도록 전문가 입장에서 지원하는 역할이 필요하다고 규정했다.

사회복지전문요원의 업무는 경제적 어려움뿐만 아니라 심리적으로도 문제가 있는 저소득층이 자립할 수 있도록 지원하는 일이기 때문에 평범한 직장인의 마음가짐만으로는 해낼 수 없으며, 대상자 편에 서서 이해하고, 그들을 사랑하는 마음과 희생·봉사정신이 충만해야 한다고 규정했다.

아울러 사회복지전문요원은 근무여건 등이 제대로 정비되지 않아 애로가 많으므로, 기존 행정 선례에 따라 타성에 젖어 업무에 임한다면 전문직의 이미지 손상은 물론 사회복지전문요원의 존재에 대한 정당성을 잃게 될 수 있다. 그러므로 학교에서 배운 전문지식과 현실 여건의 괴리에만 집착해 좌절하거나 포기하지 말고 전문지식을 활용할 수 있는 여건을 하나하나 개척해 나가며 긍지와 자부심을 갖고 업무에 임할 때 전문인으로서 인정을 받게 될 것이다. 또한 업무 수행 과정에서 새로운 사회사업 관련 지식을 얻고, 동료

선배 전문요원들과의 경험을 교류·습득해 전문가로서의 능력을 꾸준히 갖추어 나가야 한다.

저소득층의 기본적인 문제는 경제적 빈곤의 문제이나, 경제력의 한계로 정부의 복지 재정이 아직 일반회계 예산의 5.1%에 불과해 저소득층의 문제를 해결하기 어려운 실정이다. 그러므로 사회복지 전문요원은 저소득층을 지원하는 데 있어 정부 재정에만 의존할 것이 아니라 지역사회 내의 인적·물적 자원을 동원해 복지 욕구가 충족될 수 있도록 해야 한다.

지역사회 내의 자원을 파악하고, 전문가로서 자원과의 관계를 유지하며, 지역사회 자원 간의 관계 유지방법을 모색해 민간자원을 동원하고, 사회복지전문요원 제도 초기에 민간자원을 활용한 수많은 미담들이 쏟아져 나오고 사회복지전문요원들이 "달동네 파수꾼", "날개 없는 천사" 등 여러 가지 별칭들로 불린 것처럼 대상자들의 필요를 충족시켜줄 수 있는 사회복지사가 될 수 있도록 노력해야 한다.

- 사회복지전담공무원제 도입, 전문적 사회복지서비스 제공 추진('87)
  - 87. 8 49명 배치(5개 광역시)
  - 88. 2 35명 배치(서울시 90년 2월 12명 추가 배치, 86년 9월 국민복지 증진대책으로 총 96명 배치)
  - 90. 7 324명 배치
  - 91. 7 1,676명 배치(16개 시도 확대 배치)
  - 92. 12 481명 배치(당초 2,000명 배치 예정 예산 전액 삭감)
  - 94. 12 519명 배치(별정 8급 임용)
  - 99. 12 1,200명 배치(사회복지직 9급 임용)
  - 00. 10 국민기초생활보장 제도 시행
  - 16. 12. 31 현재 사회복지공무원 현원 19,263명

- 보건복지사무소 시범운영, 보건과 복지 연계 시도('95. 7 ~ '99. 12)
  - 서울 서초구, 대구 달서구, 강원 홍천군, 충북 옥천군, 전북 완주군
- 사회복지사무소 시범운영, 복지전담기구에 복지인력 집중화를 통해 복지 영역 간 연계, 복지기획능력 제고 시도('04. 7 ~ '06. 6)
  - 지역 주민의 접근성 부족, 통합서비스 및 사례 관리를 위한 인력 부족 (인력 증원 없이 재배치), 민관협력체계 미흡 등의 한계
- 행자부 주관으로 전국 시군구를 주민생활지원서비스 전달 체계로 개편 ('06. 7 ~ '07. 7)
  - 보건복지뿐만 아니라 고용·교육·문화 등 8대 서비스 연계 및 민관협력 강화 추진
- 관계부처 합동 "사회복지 전달체계 개선 종합대책" 수립·추진('09. 6)
  - 급증하는 복지수요에 대응하고자 지자체 조직과 기능을 조정, 일선 공무원의 과중한 업무 부담을 완화하기 위한 인력 보강 추진
- 「시군구 복지전달체계 개선 대책」 시행('09. 10)
  - 복지 대상자 조사·급여 관리 업무를 시군구로 일원화, 읍면동을 통한 대상자의 신속한 발굴, 찾아가는 서비스 지원체계 구축
- 사회복지통합관리망(행복e음) 개통('10. 1)
  - 복지지원대상자 정보를 전국적으로 통합·관리하게 됨으로써, 부정·중복급여 방지 및 지원 대상자 누락 방지 등 찾아가는 복지서비스의 기반 구축
- 사회복지담당공무원 7천 명 확충('11 ~ '14)
  - 2014년까지 단계적으로 총 7천 명 확충
- 시군구 희망복지지원단 설치('12. 5)
  - 기존 시군구 서비스연계팀을 확대·개편, '희망복지지원단'을 설치·운영하여 복지종합상담 및 통합사례관리 강화
- 사회보장정보시스템 구축('13. 2)
  - 사회복지통합관리망 성과의 전 부처 확산을 위해 '사회보장정보시스템(범정부)' 구축
- 국민 중심의 맞춤형 복지전달체계 개편('13. 9)
  - 제4차 사회보장위원회 안건 상정, 심의·의결('13. 9. 10)
- 동 주민센터 복지기능보강 지침 시행('13. 11)
  - 사무·기능 조정, 인력·기구 조정, 업무효율화 등 복지기능 보강을 통한 동 주민센터의 복지허브화 추진
- 사회복지담당공무원 6천 명 확충 및 관리방안 추진('14 ~ '17)
  - 제9차 사회보장위원회 안건 상정, 심의·의결('14. 10. 29)
- 「읍면동 복지허브화 추진계획」 추진
  - 제12차 사회보장위원회 관계부처(행정자치부, 국무조정실 등) 합동 ('16. 2. 3)
  - 읍면동 복지허브화 선도지역 33개 포함 933개 추진 목표('16. 12월 현재 1,094개 추진)

사회복지전문요원이 되다

저소득층 삶의 질을 향상시키고 주민들의 자활을 지원하며 열정을 쏟아냈던 그때 …… 사회복지공무원들을 "달동네의 파수꾼", "날개 없는 천사", "어려운 주민들의 참된 이웃"이라 부르던 그곳

1987년, '태풍 셀마'가 고흥반도에 상륙해 영남 내륙 지역을 거쳐 강릉으로 빠져나갔다. 태풍이 지나는 길에서 오른쪽에 위치한 영남 지역은 거의 쑥대밭으로 변했다. 장마전선에 합세한 '태풍 셀마'는 엄청난 호우를 동반해 많은 사상자를 발생시켰다. 기상청은 태풍이 대한해협을 지나갈 것으로 진로를 예보했고, 태풍이 지나간 이후에도 한동안 대한해협을 통과했다고 발표했다. 그러나 실제 태풍은 우리나라 남부 지역을 관통하면서 큰 피해를 입혔다. 나는 경북 영덕 바닷가에서 군 복무 중일 때 '태풍 셀마'를 맞아 그 엄청난 위력을 잘 알고 있었다.

태풍의 후유증은 매우 컸다. 낙동강 하구의 을숙도라는 섬에서

살아가던 주민들도 큰 피해를 입었는데 주민들은 태풍 피해로 더이상 을숙도에 거주할 수 없어, 구청에서 제공하는 임시 주거지로 거처를 옮기게 되었다. 태풍은 평생을 살아오던 삶의 보금자리를 하루아침에 빼앗아갔다. 주민들은 국유지에 임시 건물을 지어 생활했고, 생활터전이었던 경작지와 주거지에 대한 보상도 제대로 받지 못했다. 주민들은 가슴에 맺힌 한을 품고 4년 동안 끈질기게 보상을 요구했지만, 별다른 대책이 마련되지 않자 결국 구청장실을 점거해 시위하기에 이르렀다.

나는 바로 그때, 직장인이 된다는 부푼 꿈과 희망을 안고 '별정 7급* 사회복지전문요원'으로 임용을 받았다. 주민들의 계속된 시위로 청사는 혼란스러웠고, 나처럼 신규 임용을 받아야 할 동료들이 청사 안에 삼삼오오 모여서 임명장을 받아 근무지로 갈 날만을 손꼽아 기다렸다.

우리는 구청 내 민원실, 식당, 회의실 등을 전전하며 앉을 곳을 찾아 헤매었고, 선배 공무원들이 하나둘씩 찾아와서 모여 앉아 있던 우리에게 관심을 가지고 덕담을 들려주었다. 앞으로 우리가 근무해야 할 동별 특성과 환경, 근무여건을 알려주기도 했는데 딱 한 곳은 절대 가면 안 된다고 했다. 하루에 버스도 몇 번 다니지 않는 그곳은 도시 속의 시골 면사무소 같은 곳이었다. 그곳은 한센인 집

---

* 별정직 공무원이란 특정한 업무(생활보호제도를 비롯한 사회복지업무 전반)를 담당하기 위해 특별한 자격기준이나 절차로 임용되는 공무원으로 일반(경력)직 공무원과 대비된다. 별정직 공무원으로 한번 임용되면 승진, 휴직, 정년, 명예퇴직, 전직, 파견, 전보, 강임 등의 보호를 받지 못한다. 복지 관련 별정직 공무원으로 사회복지전문요원, 아동복지지도원, 노인복지상담원, 장애인복지지도원, 모자복지상담원, 보육지도원, 부녀상담원 등이 관련 법 및 규칙 등에 근거를 두고 임용되었다.

단 거주 지역으로, 주민들의 억센 민원을 상대하기 힘들고 어렵기 때문에 가지 않는 편이 낫다고 조언해 주었다.

사회복지전문요원 신규 임용을 받기 위해 하루, 이틀, 사흘을 지나 나흘을 기다린 후에야 시위대를 피해 별관으로 들어온 구청장이 신규 임용자 모두를 불렀다. 계속된 기다림으로 답답해진 마음을 떨쳐버리고 즐거운 마음으로 임명장을 받으러 갔다. 구청장의 훈시를 듣고 한 사람씩 임명장을 받아보니 '별정 7급 사회복지전문요원'이라고 적혀있었다.

사회복지학과를 졸업하고 사회복지 현장에서 1년 6개월 가량 일하다가 사회복지공무원이 되기 위해 사회복지사 자격증을 가진 사람으로 제한한 시험을 거쳐 공무원이 되었다. 먼저 공무원 일을 시작한 지인들의 이야기를 들어 보았다. 생활이 어려운 주민들의 손과 발이 되어 잘 살게 도와주는 것이 사회복지공무원의 역할이라고 했다. 하지만 사회복지시설에서 근무하며 업무적으로 만나게 된 공무원들은 내가 기대했던 모습이나 일반 국민들이 생각하는 이미지와는 달리 '절대 갑'이었다. 권위적이고 불합리한 공무원의 모습에 충격을 받은 나는 민원인을 포함해 앞으로 내가 만나게 될 사람들을 배려하고 어려운 이웃을 내 가족처럼 정성껏 섬겨야겠다는 결심을 했고, 그런 열정으로 공무원 일을 시작하게 되었다.

임명장을 받은 동료들은 한두 명씩 자신이 발령받은 근무지에서 나온 직원들과 함께 떠나가고 어느새 나 혼자 남게 되었다.

나는 선배 공무원들이 절대 가서는 안 된다고 했던 그곳, 억센 민원으로 주민들을 상대하기 힘들고 어렵다는 바로 그 동사무소에 발령을 받게 되었다. 모두가 떠난 그 자리에 있으니 뭐라고 표현할 수 없는 허무한 마음이 밀려왔다. 버스가 몇 번 다니지 않는 탓인지, 한참을 기다린 후에야 나를 찾아온 직원과 함께 첫 발령지로 향했다.

첫 발령지는 감천항을 품고 있는 아늑한 동네였다. 동네 중앙에는 한보철강이라는 큰 공장이 있었고, 가장자리에는 중소 조선소 몇 군데와 수산물을 보관하고 판매하는 냉동 창고 20여 곳이 산재되어 있는 작은 동네였다. 전체 주민은 3천여 명으로, 시내와 가깝고 주거환경이 좋은 바깥 동네는 여느 도시의 모습과 다름없었다.

동사무소가 위치한 안동네의 한적한 어촌풍경은 감천항 개발을 위해 갓 매립된 허허벌판으로 이어졌다. 한센인들이 집단으로 거주하는 산동네는 사람보다 무허가 건물과 공장이 더 많았다. 동네마다 이해관계와 특성, 환경이 너무나도 다른 독특한 동네였다. 당시 부산을 대표하는 신발산업이 호황기를 지나 점차 사양사업으로 넘어가는 시기였다. 그러나 이곳은 수많은 신발공장과 가구공장, 유리공장 등이 부산하게 가동되고 있는 특이한 지역이었다.

낡은 이층 건물을 노란 수성페인트로 새롭게 칠하고 단장한 지 얼마 안 된 동사무소에서는 여러 사람이 업무를 보고 있었다. 좁은 민원실 입구 쪽에 놓인 책상에서는 우체국 퇴직 후 별정우체국장으로서 혼자 업무를 보는 분이 있었고, 다른 한쪽 책상에서는 지역건강보험 직원이 근무하고 있었다. 또한 전출입과 호적 업무, 인감증명과 같은 여러 가지 증명과 주민등록 업무 담당자들이 책상 두 개를 사용했고, 10여 명의 직원들과 사무장이 한 공간에서 책상을 마주 보고 앉아 있었다. 별도의 동장실에서는 동장이 근무하고, 이 층에는 회의실과 예비군동대본부가 있어 중대장과 단기병(당시에는 '방위병'이라 불렀다) 몇 명이 근무하고 있었다.

내게 주어진 업무는 저소득 주민들을 찾아 상담하고, 필요한 복지 욕구를 최대한 많이 파악해서 해소해 주는 것이었다. 대상자를 방문한 후 그 내용을 '생활보호대상자 관리카드'에 기록하는 일을 하면서, 매일같이 저소득 주민들을 챙기는 일을 했다. 또한 각종 고지서를 전달하거나 적십자회비, 불우이웃 돕기 성금, 재향군인 회비를 모금하는 등 본연의 업무 이외의 일이 많았다. 주 업무인 '생활보호대상자 지원 및 관리'를 위해 혼자 살아가시는 할머니, 할아버지를 찾아가 상담하거나 지원 물품들을 전달하는 일과 부 업무를 병행해야 했다.

내게 맡겨진 업무들은 항상 사회복지 업무를 소홀히 할 수밖에 없을 만큼 많아졌고, 이러한 과외 업무는 지역별 편차는 있지만 직원들 간의 잦은 갈등을 발생시켰다. 이러한 갈등은 사회복지전문요원이 새로 배치되면 한 동안 업무 현장에서 나타나는 현상이었다.

몇 안 되는 직원들은 일주일에 한 번씩 숙직을 하고 한 달에 한 번 이상 주말 숙직 근무를 해야 했다. 부산 지역은 해안가라는 특성 때문에 태풍이 다가오면 직원들은 태풍이 지나갈 때까지 최소 2박 3일은 동사무소에서 대기한다. 태풍 피해 예상지역에 대해서는 피해 예방을 위한 주기적인 순찰활동이 이루어졌고, 위험 지역 주민들을 안전한 곳으로 대피시키는 등의 임무가 주어졌다.

저소득층의 삶의 질을 향상시키고 주민들의 자활을 지원하며 열정을 쏟아냈던 그때, 사회복지공무원을 일컫는 여러 가지 별칭이 있었다. 사회복지공무원들을 "달동네의 파수꾼", "날개 없는 천사", "어려운 주민들의 참된 이웃"이라 부르던 그곳에서 마침내 나도 선배 사회복지공무원들과 함께 복지 현장에서의 첫걸음을 내딛게 되었다.

먼저 시작한 선배 사회복지공무원들은 주민들을 위해 사회복지정책이 실현될 수 있도록 헌신하고 있었다. 어려운 주민들을 한 가정 한 가정 세심하게 보살피고 자립해서 잘 살 수 있을 때까지 열정적으로 노력했다.

사회복지공무원 제도 초기에는 그동안 쌓여서 고착된 사회복지업무의 잘못된 관행들과 싸워야 했고, 자신들이 주민들보다 우위에 있다고 생각하는 기존 공무원들의 관점을 바꾸느라 늘 애를 먹었다. 공직 내부에서는 계급에 따라 관리자의 지시에 무조건 복종하는 기존의 틀을 깨고 어려운 주민들의 입장에서 정책이 집행되고 만들어질 수 있도록 사회복지제도 정착을 위해 노력했다.

이러한 선배들의 노력에 힘입어 나 또한 현장에서 몸으로 체험하게 되는 잘못된 관행들을 고치기 위해 노력하고, 사회복지정책을 개선해 주민들의 생활이 조금씩 나아지도록 애쓰는 과정에서 많은 보람을 느꼈다.

하지만 당시 공무원 사회에 굳어진 관행과 관습은 그것을 깨기 위한 우리들의 수많은 노력에도 쉽게 무너지지 않았다. 철옹성을 상대해야만 했던 적은 수의 사회복지공무원들은 많은 좌절을 겪어야 했다.

아무도 가르쳐주지 않는
사회복지공무원 되기

처음 출발하던 그 순간, 첫 임용되던 때 다짐했던 그 마음과 기억들, 처음 새롭게 자신에게 다가선 난관들을 헤쳐 나오던 첫 발령지의 그 열정들 …… 항상 기본으로 돌아가서, 초심을 유지하며 나아가야 한다.

바람직한 사회복지공무원으로 살아가기는 참 어려운 것 같다. 항상 처음을 기억하고, 처음 가졌던 그 마음을 가슴에 품고 살아가야 하기에 더욱 그런 것 같다.

누군가 내게 "왜 사회복지공무원이 되었는가?" 하고 물어볼 때면, 나는 무엇보다도 먼저 사회복지공무원이 된 동기가 무엇인지 생각하게 된다. 사회복지공무원의 길을 선택한 동기를 생각하다 보면, 대학입시를 치르고 전공 학과를 선택하던 때를 떠올리게 된다. 어떤 학과를 지원할지 고민하던 내게 담임선생님은, "앞으로 사회복지 분야의 진로가 좋을 것"이며, 나의 "성격과 잘 맞을 것"이라는 말씀을 해주셨고, 나는 이내 사회복지학과를 선택해 대학에 진학하게 되었다. 사실 대학입시 성적이 학과를 선택하는 데 적지 않은 고려사항이 되기도 했지만, 산업사회를 넘어서면 반드시 사람을 중요시하고 사람들을 어루만져서 더불어 살아가야 하는 복지사회가 도래할 것이라는 이야기를 들으면서 사회복지학과로 진로를 더 분명히 결정 짓게 되었다.

사회복지공무원의 길을 선택하게 된 뭔가 큰 동기를 끄집어내고 싶지만, …… 특별한 것이 없다. 그렇지만 누구보다 사람을 좋아하고 웃음을 잃지 않는 낙천적인 성격이 한데 모여 사회복지공무원의 길을 천직으로 걷게 되지 않았을까 싶다.

누구나 사회를 살아가면서 선택의 순간마다 결정을 위한 고민을 하게 된다. 사회복지공무원 또한 복지현장에서 업무를 보면서 자신이나 대상자를 변화시키기 위한 다양한 행동들을 선택해야만 한다. 그렇게 행동하거나 변화시키기 위한 동인은 무엇일까? 선택의 순간 최고나 최적, 최저나 최악의 경우는 누구나 별다른 망설임이 없이 선택하거나 거부 또는 외면할 수 있을 것이다. 하지만 차선이나 차악을 구별해 내고 그것을 선택해야만 하는 경우라면, 선택한 자신이 그 선택을 위해 움직인 동인은 무엇인지를 돌이켜 잘 살펴보아야 한다.

'내가 하고 있는 사회복지공무원이란 직업은 진짜 하고 싶은 일이었던가?' 스스로에게 물어본다. 이 일이 천직이라고 느끼며 진짜 하고 싶은 일이라고 생각하게 된 것은 공무원으로 시작한 처음 얼마동안이었다. 그 시기에는 정말 잘 선택했다고 생각하며 열정적으로 업무에 임했다. 그리고 다양한 인간관계에서 오는 여러 유형의 갈등을 나름 잘 다스려 나가며 사회복지공무원으로 살아왔다.

사회복지공무원으로 살아가면서 업무에 도움이 되는 일들이 다양하게 있지만, 나만의 강점을 살려나가는 것이 무엇보다 중요하다. 또한 나만의 재능이나 기술을 잘 개발해 나가야 한다. 내가 가장 잘 할 수 있는 일은 다양한 사람들과 잘 어우러지는 친화력이었고 그것은 나의 첫째가는 재능이기도 했다. 복지현장에서 겪게 되는 문제 상황마다 그 상황을 이해하고 잘 해결하거나 해소할 수 있는 길은 궁극적으로 사람으로 귀결된다. 문제를 겪고 있거나 가지고 있는 당사자나 그 문제를 해결할 수 있는 열쇠를 가지고 있는 것도 모두 주위에 함께하고 있는 사람들이며, 이들을 통해 하나씩 풀어나갈 수 있다.

"도움은 누구로부터 어떤 것을 어떻게 받아야 할지, 그리고 누구에게 주어야 할지 생각하고 판단해야 한다."

"한번 계획한 것은 반드시 목표를 이룰 수 있도록 이를 행동으로 옮겨 실천해야 한다."

사회복지공무원으로 올바르게 나아가려면 먼저 사회복지에 대한 명확한 전문적 지식을 바탕으로 사실이나 상황을 정확하게 인지하고 파악할 수 있는 능력, 이를 해결할 수 있는 방향으로 계획하고 실천하는 능력, 그리고 자신의 행동에 대한 책임감이 필요하다. 올바르다고 판단된 길을 가려면 반드시 희생의 대가를 치러야 하는 것도 염두에 두어야 한다. 많은 시간이 소요되거나 감당하기 어려운 자원들을 개척해서 모아내야 하고, 자신의 안위보다는 대상자나 주민들의 안전을 우선해야 한다. 아울러, 문제 상황에 놓여 있는 대상자의 변화를 이끌어내기 위해 자신을 비롯한 대상자의 강점과 약점을 잘 파악하고 이를 가지고 문제 해결에 활용할 수 있어야 한다.

특히, 사회복지공무원으로서의 존재가치를 깨달아야 한다. 우선 다람쥐 쳇바퀴처럼 돌아가는 일상적인 업무에 대해 가치를 부여하지 못하고 무의미하게 받아들인다면, 자신의 처지를 한탄하고 언제나 어렵다고 생각하며 찾아오는 대상자들만 상대한다면, 또 그러한 일들만 무한히 반복한다면 '소진'이라는 장애물이 나타난다. 만성적인 소화불량, 편두통, 불면, 우울증, 자존감 저하, 무기력증, 탈모 등으로 나타나는 소진 현상은 비켜 나가기 어려운 난관으로, 극복하기가 정말 어렵다.

자신의 능력을 넘어 해결되지 않는 수많은 문제 상황이나 감당하기 어려울 정도의 많은 업무, 그리고 사무실 내 인간관계에서 오는 갈등을 마주하게 될 때가 있다. 그럴 때는 자신이 쓸모없는 인간으로 여겨지면서, 자신이 할 수 있는 일이 아무것도 없고 누구에게도 도움이 되지 못하며, 모든 문제 상황이 자신에게서 비롯됐다는 자책 등이 증폭되어 자신을 해치는 원인이 된다. 이러한 '자기처벌'의 수위가 높아지면 마음으로 자신을 학대하고 육체를 자해하는 경우로까지 발전한다. 좋지 않은 감정을 가지게 되면 그런 감정으로부터 시작해서 자아는 부러지거나 찢겨지고 상처가 나서 마침내 그 기능을 상실하게 된다.

처음 출발하던 그 순간, 첫 임용되던 때 다짐했던 그 마음과 기억들, 처음 새롭게 자신에게 다가선 난관들을 헤쳐 나오던 첫 발령지의 그 열정들을 돌이켜 생각해야 한다. 항상 기본으로 돌아가서 초심을 유지하며 나아가야 한다. 좋았던 감정들을 기억하고 그러한 감정들을 더욱 키워 나가야 한다.

공무원의 존재가치는 국민들의 행복을 책임진다는 가치관에 바탕을 두고 있다. 사회복지공무원의 존재가치는 수급자(급여 대상자)가 최우선이 되어야 하고, 국민들의 삶의 질 향상을 위해 존재한다는 생각을 해야 한다. 이러한 대명제와 존재가치를 확고한 신념으로 세워나가야 하고, 이 가치관을 지켜내기 위해서는 마음과 정신을 가다듬고 유지해 나가려는 노력을 해야 한다.

사회복지공무원으로서 자신이 하고 있는 일의 목적이 무엇인지, 얼마나 중요한지, 주어진 업무에서 무엇이 감사한지, 자신에게 얼마나 중요한지, 어떤 의미를 지니고 있는지 등에 대해서 스스로에게 질문하고 답변하는 자세가 필요하다.

사회복지공무원으로 일어서기

수급자도 사회복지공무원의 땀, 눈물, 피를 보면 감동하게 된다. 저마다 '수급자에게 보여줄 수 있는 무엇인가'가 있고, 그것으로 수급자에게 감동을 줄 수 있어야 한다.

사회복지공무원으로 첫 발을 내디뎠을 때, 전임에게 넘겨받은 파일을 통해 업무적으로 무엇을 해야 하는지 파악할 수 있었다. 하지만 현장에서 만나야 하는 대상자와 민원에 대해서는 아무도 가르쳐 주지 않았다. 하나씩 알아가고 배워나가며, 문제들을 파악해서 해결하고 극복하는 것을 통해 궁극적으로 사회복지공무원이라 이름 붙일 수 있는 모습으로 스스로 일어서기를 해야 했다.

사람들과의 관계에 있어 일어나는 일들은 사회복지공무원으로 살아가는데 있어서도 반드시 일어나게 된다. 맡겨진 대상자 가운데 일정 비율의 대상자는 언제나 문제 상황을 만들어내거나 주기적으로 문제를 발생시킨다. 지금 나를 힘들게 하거나 문제를 일으키는 저 사람만 당장 없어지면 내가 좀 살 것 같아 보여도 전혀 그렇지 않다. 그런 사람을 다른 지역으로 떠나보내고 나면 그동안 얌전히 있던 대상자 가운데 또 다른 대상자가 문제 상황을 만들어 내거나 만들어낼 준비를 하고 있다.

어디선가 기가 좀 센 새로운 대상자가 전입해 오면 그동안 문제를 일으키던 사람도 새로 나타난 기세에 눌려 얌전하게 변해가는 모습도 흔히 볼 수 있다. 아울러, 첫 발령지나 인사이동 등으로 근무지가 변경될 때에는 담당자의 성향이나 경험 유무, 능력 고하 등을 따져보고 파악하기 위해 이른바 '간보기'가 진행되는 경우가 허다하다.

자신이 기가 세다고 자부하는 특정한 대상자로부터 시작되는 간보기는 사회복지공무원이라면 슬기롭게 잘 극복하고 이겨내야 한다. 간보기는 자신감을 가지고 이겨내야 한다. 간보기에 제대로 대응하지 못하면 사회복지공무원으로 일어서기가 어렵다. 그러나 사회복지 업무에 대한 전문적이고 해박한 지식, 사람과 문제 상황에 대한 이해를 바탕으로 당당하게 대응해 나가면 이겨낼 수 있다.

우리가 인생을 살면서 사람과의 관계에 있어 하지 말아야 할 것 가운데 하나가 있다면 자존심에 상처를 주거나 남과 비교해 상처받은 마음을 더 아프게 하는 것이다. 한 없이 낮아진 자존심은 문제를 자주 일으킨다. 어려운 주민이 찾아오면 대부분 자신이 동네에서 가장 어렵다고 이야기 할 때가 많다. 하지만 동네 사람들끼리 이야기할 때면 자신의 자존심이 꺾이거나 상처받지 않기 위해 자신의 아들(또는 가족)이 출세도 하고 돈도 잘 벌고 있으며, '가장 잘

나간다'는 식으로 이야기한다. 동네에서 자신이 가장 못 살고 있다는 사실과 '옆집 아들(가족)'이 아주 잘 나간다는 사실이 부딪치면 풀 수 없는 문제 상황들이 발생한다. 자신은 동네에서 가장 못 살고 어려운데 정부에서는 전혀 도움을 주지 않고, 옆집은 잘 산다고 이야기하고 다니는데 정부에서 많은 도움을 준다면, 형평성에 위배된다고 생각하기 때문에 상처 난 자존심에 더 큰 상처를 주게되어 사람들을 흥분시키고 큰 다툼과 분란을 일으키게 되는 것이다. 이런 상황이 만들어지지 않도록 찾아오는 사람들을 세심하게 관찰하며 감싸주어야 한다.

사회복지공무원을 찾아오는 사람들은 수급자를 비롯한 대다수가 자신의 요구가 받아들여질 수 있는 수준을 반드시 알고 찾아온다. 사람들이 원하는 수준을 잘 파악해서 그 수준보다 조금만 더 높게 주거나 맞춰준다면 문제 상황은 잘 해결된 것으로 판단한다.

상담을 하다보면 대부분 본인이 해결 방안을 가지고 있다는 것을 알 수 있다. 그래서 성실한 자세로 관심을 가지고 집중하며 상담에 나서야 하는 것이다. 본인이 가지고 있는 답을 빠르게 찾을 수 있도록 다양한 방안과 기술·경험을 동원해 해결할 수 있어야 한다. 수급자나 생계에 어려움을 겪고 있는 민원인도 모두 우리와 같은 사람이다. 자기 삶의 주인인 동시에 주위 사람들과 어울려 살아가야 하는 특별한 존재인 것이다. 사회복지공무원은 이러한 대상자들이 살아가는 현장을 관심 있게 살펴나가야 한다.

과중한 업무로 자신을 불태울 수 있는 열정이 모두 소진되거나 극심한 스트레스로 어려움을 겪게 되는 사회복지공무원들은 으레

불면증, 소화기 장애, 두통, 감정조절 장애(짜증, 괴로움, 소화불량, 사무실과 동료·가족들과 잦은 다툼, 만사가 귀찮고 싫은 증세) 등을 겪을 수 있다. 이러한 현상은 본인의 감정 소진을 넘어 일상생활에서 냉소적 태도로 나타나며, 필연적으로 업무 능률 저하와 수급자들과의 잦은 갈등을 가져오며, 무엇보다도 자신이 망가질 수 있다. 특히, 수급자로부터 오는 비난이나 욕설로 인해 모멸감이나 수치심을 갖게 되는 상황까지도 겪게 된다.

읍·면·동 또는 시·군·구청, 시·도청에서 복지 관련 업무를 수행하는 사회복지공무원은 가족들보다 더 오랜 시간을 동료들과 함께 근무하게 된다. 그런데 직장 내 인간관계에서 오는 상관의 질책이나 동료들의 비난·질시 등으로 자존감에 상처를 입거나 모멸감을 느낄 때가 많다. 부서 내 직원들 간이나 복지직 직원 간의 관계 악화를 막기 위해서는 자신의 감정을 솔직히 잘 전달해야 한다.

인간관계에서 생기는 문제를 극복하기 위해서는 항상 자신의 가치를 살피고, 현재 업무와 자신의 존재가치를 인지하고 있어야 한다. 자신의 직업에 대한 보람, 업무에 대한 만족감, 자신이 선택한 직업이라는 점 등 여러 가지 동기에서 자신의 가치를 찾아내야 한다. 이를 통해 스스로 만족하고 자신과 관계되어 있는 문제들을 해결하거나 이겨내야 한다.

우리 동네 또는 관련 수급자의 수많은 문제들, 실타래처럼 꼬이고 얽혀있는 모습들이 나로 인해 조금씩 풀려나갈 수 있도록 자신의 가치를 찾아서 더욱 높여 나가야 한다. 자기 자신과의 끊임없는 대화와 자기 강화를 통해 주위 환경이나 문제들을 풀어나갈 수 있는 튼튼한 밑받침이 마련되어야 한다.

상처받은 감정에서 회복되는 데 가장 좋은 방법은 상처를 준 사람으로부터 진심어린 사과나 용서를 받는 것이지만, 수급자나 직장의 상관, 동료 등의 사람들은 결코 그렇듯 먼저 사과나 용서를 구하려 하지 않는다. 그렇기에 일을 하면서 행복했던 기억들이나, 자신이 온몸을 쏟아 부으며 달려온 열정적인 순간들, 그 뜨거웠던 열정과 기쁜 마음을 지속적으로 되새김질해 나가야 한다.

부정적인 감정의 전염 속도는 긍정적인 감정보다 훨씬 빠르다. 부정적 감정들은 곱씹으면 곱씹을수록 증폭되는 현상이 있다. 그러므로 즐거운 생각을 가지고 웃으면서 항상 긍정적 감정을 키워 나가는 연습을 해야 하며, 자신이 하고 있는 작은 일들부터 감사하는 마음을 가져야 한다. 앞으로 나아가야 할 방향을 크고 높게 그리며, 평소 구체적인 행동으로 한걸음씩 자신을 움직여 나가는 것이 필요하다. 부정적인 사고는 항상 후회하는 삶으로 귀결된다. '그때 참아야 했는데', '그때 베풀어야 했는데', '그때 누려야 했는데', ……. 지나간 시간에 대한 아쉬움을 두고 한탄하지 말아야 한다.

사람은 누구나 감동하는 요소가 있다. 물론 감동을 주는 요소는 사람마다 다르다. 그러나 보편적으로는 열심히 뛰면서 흘리는 땀, 가슴속 깊은 곳에서 올라오는 눈물, 누군가 다른 사람을 위해 흘리는 피(희생)를 보면 누구라도 감동을 받게 된다. 우리와 함께하는 수급자도 사회복지공무원의 땀, 눈물, 피를 보면 감동하게 된다. 저마다 '수급자에게 보여줄 수 있는 무엇인가'가 있고, 그것으로 수급자에게 감동을 줄 수 있어야 한다.

사람은 누구나 다른 사람에게 해줄 수 있는 것이 있다. 도움이 필요한 사람에게 '도움'을 주어야 하고, 슬퍼하거나 아파하는 사람에게 '위로'를 줄 수 있어야 한다. 할 만한 일, 해야 할 일이나 그렇지 못한 일들을 했을 때 '정당한 평가'를 해주어야 한다. 이러한 것들이 사회복지공무원들이 꼭 갖추고 있어야 할 덕목이라고 생각한다. 어려운 주민들에게 '도움'을 주어야 하고, 둘러싸고 있는 환경이나 형편으로 인해 슬퍼하거나 아파하는 주민들에게 '위로'를 해주어야 하며, 어려운 가운데서 자신을 개발하기 위해 최선을 다하거나 그릇된 행동을 하는 주민에게 '정당한 평가'를 해줄 수 있는 사회복지공무원이 되어야 한다.

아울러 살아가는 길에 있어서는 최고의 스승을 만나야 한다. 함께 같은 길을 걸어가는 사회복지공무원 동료들은 전국적으로 많이 있다. 이러한 복지의 길을 함께 걷고 있는 사람 중에는 전문적 지식, 업무수행 능력과 열정, 인격이나 인품 등 모든 됨됨이에 본이 되는 훌륭한 분들이 많다. 어느 것 하나라도 빠지면 서러워할 만큼 부족함 없이 훌륭한 분들이 정말 많이 있다. 자신을 잘 이끌어주거나 자신의 미래를 위해 롤 모델로 삼을 수 있는 최고의 스승을 만나야 한다. 그렇게 하면 사회복지공무원으로 일어서기가 수월하게 진행될 수 있을 것이다.

사회복지공무원의 바람직한 모습

사회복지공무원은 사회복지나 사람에 대한 전문적 지식과 기술을 기본적으로 갖추어야 하지만 그보다 중요한 것은 수급자의 마음을 움직일 수 있는 진심이다.

아직도 지방자치단체나 중앙정부의 행정은 국민들에게 탁상행정으로 치부되고 있다. 이러한 탁상행정은 발로 뛰면서 수행할 때 해결할 수 있다. 머리 좋은 공무원은 손이 빠른 공무원을 절대 이겨낼 수 없고, 손이 빠른 공무원은 발이 빠른 공무원을 절대 이겨낼 수가 없다. 국민들은 복지현장이면 어느 곳이나 달려갈 수 있는 발이 빠른 사회복지공무원을 요구하고 있다.

사회복지공무원이 매일 만나는 대상자들은 항상 자신이 겪고 있는 불만족 상황을 표출하려고 한다. 자신의 문제를 해결하기 위해 자기 자신을 개발하고 노력하는 것보다 만족스럽지 못한 상황을 해소하기 위해 누군가 희생양을 찾고 있을 수 있다. 어디 한번 붙어보자고 덤비고, 나의 약점이나 감추고 싶은 민감한 곳을 집요하게 찌르며 접근한다. 그렇게 자신의 욕구가 해소될 수 있다고 판단되면 그 욕구를 어디서나 마음껏 폭발시킨다. 사회복지공무원은 결코 이러한 대상자와 부딪치거나 싸우지 않아야 한다. 대상자의 이러한 욕구를 누구보다 잘 읽어주고 공감하며 흔들리는 감정을 사랑으로 잘 어루만져 주어야 한다.

사회복지공무원은 사회복지에 대한 올바른 가치관과 철학, 공직자로서 기본자세를 가지고 있어야 한다. 특히 균형 잡힌 시각으로 세상을 볼 수 있어야 하고 세상의 부정적인 시선이나 언론의 왜곡되고 편협한 시각에 따라 표리부동하거나 부화뇌동하는 모습이 아니라 '사람'을 중심으로 그 공통점과 차이점을 분별할 줄 아는 인간관·세계관이 필요하다.

만나는 사람들의 마음을 잘 헤아리고 상대방을 중심으로 생각하는 배려정신으로 먼저 상대방에게 손을 내밀며 맞이해 주어야 한다. 나 중심적인 사고로 타인을 불편하게 하거나 배신감을 안겨주지 않도록 주위를 따뜻하게 잘 살펴야 한다. 아울러 대상자와 그 주변을 변화시켜 나가고, 즐겁고 활기차게 자신에게 주어진 일을 할 수 있도록 노력해야 한다.

사회복지공무원이 만나는 사람들은 늘 소외되어 마음의 깊은 상처로 한없이 낮아진 자존감을 가지고 있는 경우가 많다. 이러한 사람들을 인정하고, 자존감을 높여 나갈 수 있도록 진심으로 먼저 다가서야 한다. 대상자가 말하는 이야기를 귀담아 들어주고 가장 잘 할 수 있는 것을 찾아 강화하고, 그들의 강점에 대한 진심어린 조언, 적절한 피드백, 적정한 격려 등으로 낮은 자존감을 살리고 높일 수 있도록 도와야 한다.

사회복지공무원은 사회복지나 사람에 대한 전문적 지식, 기술(스킬)을 기본적으로 갖추어야 하지만 그보다 중요한 것은 수급자의 마음을 움직일 수 있는 진심이다. 이러한 진심을 바탕으로 해서 상대에 대한 집중과 공감 등으로 관계를 만들어가야 한다.

- 다른 사람(수급자)의 이야기를 진심으로 경청하라
- 상대방(수급자)과 논쟁하여 이기려 하지 마라
- 상대방(수급자)을 비난하지 말고 진심으로 칭찬하라

강철왕 카네기가 그의《인간관계론》에서 이야기하고 있는 올바른 인간관계를 위한 조언은 새겨들을 만하다. 상대방을 움직이고 작은 변화라도 이끌어 새로운 삶을 살아가도록 하기 위해서는 끊임없는 관찰로 상대방의 생각을 조금이라도 알아가고, 상대방이 가지고 있는 작은 욕구라도 찾아내 자신이 바라는 점과 목표하는 변화 등을 분명히 전달할 수 있는 진심어린 사회복지공무원이 되어야 한다.

뜨거운 가슴으로 만난
외로운 이웃들

와? 내 돈이 너무 적나?!

양곡을 나눠줄 때마다 구멍 난 됫박을 경험하게 되었다. 매번 양곡이 모자라다 보니 나는 내 주머니를 털어서 쌀과 보리를 구입하고 됫박으로 나눠주게 되었지만, 항상 마음만은 기뻤다.

처음 사회복지공무원으로 일하기 시작한 90년대에는 지금의 수급자인 거택보호대상자에게 매월 생계용 주식(主食)으로 1인당 백미(쌀) 10kg과 정맥(보리쌀) 2.5kg을 정량으로 지원했다. 이러한 물량은 매월 초에 정부양곡을 배달하는 업체를 통해 거택보호대상자의 인원수에 따라 40kg 단위로 포장된 포대로 동사무소에 배달되었다. 이것을 다시 동사무소를 찾아오는 거택보호대상자에게 가구별 인원수에 따라 됫박으로 나눠주었다.

근무하고 있는 지역은 거주하는 인구수도 적었지만, 무엇보다 양곡을 받는 대상자도 적었다. 그래서 할머니들이 작은 포대를 들고 오면 동사무소의 쌀 창고에서 백미 10kg과 정맥 2.5kg을 됫박과 저울로 달아서 가지고 온 포대에 담아 나눠주었다.

　매월 백미와 정맥을 됫박으로 달아서 나눠주는 일은 동사무소 인근에 거주하는 거택보호대상자 가운데 한 분이 맡아서 해주셨다. 그분은 매월 배분을 잘해서 양곡을 받아가는 할머니나 대상자들과 웃으며 정담도 나누고, 적은 양이지만 이고 지고 가야 하는 할머니들을 위해 직접 들어서 집까지 가져다주는 일이 흔했다. 그는 자신에게 맡겨진 일에 그 누구보다 열심이었다. 됫박으로 나눠준 것을 받아 가는 할머니들도 기분 좋게 집으로 향했다. 그런데 배분이 끝나고 나면 언제나 본인의 분량을 정량보다 조금 더 챙겨가는 분들이 있었다.

　양곡 배분은 내가 책임져야 하는 일이기도 했지만, 사회복지전문요원으로 근무한 지 얼마 되지 않은 담당자로서 대상자인 분에게 매번 일을 맡기는 것에 미안한 마음이 들었다. 그 동안의 잘못된 관례를 깨나가기 위한 사회복지공무원들의 노력에 반하는 모습으로 비춰질 것 같아, 두 달 뒤부터는 내가 직접 쌀을 나눠주겠다고 나섰다. 양곡업체에서 백미와 정맥을 정확히 계산해서 받고, 또 됫박과 저울을 이용해 할머니들에게 정확히 나누어 주었는데도 "왜 이리 적게 주느냐!" 하는 하소연을 들었고, 나는 애써 모르는 척 하면서 정량을 계량하여 나눠주었다.

　처음에는 할머니들 대부분이 "숭악하다"('흉악하다'는 뜻의 경상도 방언)는 표현으로 나의 됫박질을 나무랄 때가 많았다. '고맙다'거나, '한 달 동안 이것으로 잘 먹겠다'고 말하는 사람은 거의 없을 정도로 인색한 '배급 서기'가 되었다. 그렇게 양곡을 나눠주었는데도 꼭 양곡을 배급 받지 못한 사람이 생기면서 내 돈으로 쌀을 사서 나눠주어야 하는 일들이 자주 발생했다.

양곡을 나눠줄 때마다 구멍 난 됫박을 경험하게 되었다. 매번 양곡이 모자라다보니 나는 내 주머니를 털어서 쌀과 보리를 구입하고 됫박으로 나눠주게 되었지만, 항상 마음만은 기뻤다. 이런 일들을 나름대로 즐긴 까닭은 여러 가지가 있겠지만, 무엇보다 쌀 창고에 앉아서 찾아오는 분들과 대화하는 시간이 내게는 소중하고 즐거웠다.

배급하는 날이면 창고 앞에 할머니들이 모여앉아 자기 차례를 기다리면서 이야기를 주고받는다. 그 이야기 속에서 나는 할머니들의 형편과 사정을 듣게 된다. 일상생활에서 겪고 있는 불편함과 인간관계에서 오는 어려움, 옛날의 아름다운 추억 등 할머니들의 수많은 이야기를 들으며 함께 울고 웃었던 기억이 내게는 소중하게 남아있다.

40kg으로 포장된 백미는 4인 가족에게는 그냥 주면 되지만, 그 당시 거택보호대상자는 대부분 노인이나 중증장애인 단독가구였다. 백미는 4명에게 주기 위해 4등분으로 나눠야 했고, 정맥은 16등분으로 나눠주어야 했다. 백미와 정맥을 일일이 포대에 담아 나눠주기에는 포대가 턱없이 부족하므로 배급을 타러 오는 할머니들에게는 꼭 쌀 포대를 가지고 오라고 배급 때마다 말씀드렸다.

그러던 어느 날, 동사무소 근처에 살던 할머니 한 분이 오천 원짜리 지폐를 꼬깃꼬깃하게 말아서 쌀 포대 끝에 끼워 내게 내밀었다.

"할매, 이게 뭡니까?"

"와? 적나?"

"할매, 이러시면 안 됩니더!"

"너무 작아서 그라제?"

"그게 아닙니더!"

"그라몬 와~?"

"할매도 살기 힘든데 와 이랍니꺼~!"

"내가 업시 산다고 무시하나!?"

이렇게 이어지는 실랑이 끝에 도저히 할머니를 이길 수 없어 우선 그 돈을 받고, 다음 날 그 돈으로 사탕과 과자, 휴지 몇 개를 사 들고 할머니 댁을 찾아갔다. 나는 사무실에서는 꺼내지 못했던 이야기를 물었고, 할머니는 처음 들어보는 이야기들을 한없이 쏟아내셨다. 할머니는 어릴 적 옛 친구를 만나기라도 한 듯 연신 눈시울을 붉히면서, 그래도 풍족하게 살았던 어린 시절부터 부산으로 시집와 남편과 자식을 바다에 먼저 떠나보내고 혼자 살아온 나날들에 이르는 이야기를 들려주셨고, 이야기를 들은 나는 할머니의 심정을 좀 더 깊이 이해하게 되었다.

뒷박에 구멍이 난 것처럼 늘 모자란 쌀과 보리쌀이었지만, 할머니 한 분 한 분의 이야기가 내 가슴을 뜨겁게 하고 눈시울을 적셨다. 지금도 내 기억 속에는 "와~? 내 돈이 적나?!"라는 한 마디가 오롯이 남아있다.

1991년 당시 거택보호대상자에게 지원되는 한 달 정부생계비가

28,800원(30일 기준 부식비 16,500원, 연료비 12,300원)인 것을 감안하면 할머니 돈은 적은 돈이 아니었다.

　그것은 정부의 지원을 받아 살아가는 할머니가 감사함을 표현하기 위해 자신이 가진 모든 것을 내게 주려는 따뜻한 마음이었다. 할머니의 그 따뜻한 마음이 사회복지 현장 속에서 나를 지켜주는 든든한 버팀목이 되었다. 공무원으로 첫 발을 내딛는 시기에 그토록 따뜻한 마음을 전해주신 할머니를 다시 만날 수만 있다면 큰절이라도 한번 넙죽 올리고 싶다.

연도별 생계보호기준

구 분		89년	90년	91년	92년	93년	94년	95년
거택보호	백미 (인/일, 인/월)	341g	341g	10kg	10kg	10kg	10kg	10kg
	정맥 (인/일, 인/월)	85g	85g	2.5kg	2.5kg	2.5kg	2.5kg	2.5kg
	부식비 (인/일) 가구주	400원	500원	600원	600원	700원	820원	600원
	부식비 (인/일) 가구원	45원	110원	400원	400원	700원	820원	600원
	연료비(가구/일)	410원	410원	513원	513원	563원	675원	513원
	피복비(인/년)							49,790원
	장의비(구당)			150,000원	200,000원	250,000원	300,000원	300,000원
시설보호	백미(인/일)	456g	456g	456g	456g	456g	456g	456g
	정맥(인/일)	114g	114g	114g	114g	114g	114g	114g
	부식비(인/일)	450원	500원	550원	600원	700원	820원	600원
	연료비(인/일)	50원	50원	50원	50원	50원	50원	50원
	피복비(인/년)	42,500원	43,600원	46,040원	47,420원	49,790원	49,790원	49,790원
	장의비(구당)			150,000원	200,000원	250,000원	300,000원	300,000원

※ 1990~1995년 생활보호제도지침 발췌

새하얀 눈송이 날리던 성탄전야

세상 사람들은 화이트 크리스마스를 맞이하며 크리스마스이브로 들떠 있던 날
······ 외롭게 생활하던 B에게 또 한번 이별이라는 무거운 짐을 지어주고 나오는
발걸음은 참으로 무거웠다.

동사무소 인근에 매일같이 술에만 의지해 살아가는 A씨가 있었다.
그는 당시 자활보호대상자로서 취로사업에 참여하며 생활했다.
A씨에게는 초등학교 1학년인 B라는 아들이 있었고, B는 동사무소
를 제집처럼 드나들면서 물을 마시고 거리낌 없이 과자나 먹을 것
도 달라고 했다. 처음 그 아이를 알게 된 것은 발령받고 얼마 되지
않았을 때였다. 동네 아이들과 신나게 뛰어 놀다가 땀범벅이 된 채
동사무소로 들어와 수돗가에서 땀을 씻고 물을 마신 후 나가는 것
을 붙잡아 말을 건네 보았다.

B는 아버지 A씨가 매일같이 술만 먹고 자신을 때린다고 했다.
지금이라면 아동학대로부터 B를 보호할 수 있는 아동보호전문기

관으로 보낼 수 있겠지만, 당시에는 어떻게 대응해야 할지 방법을 몰라서 그저 배고프다고 하면 밥이나 사 주며 방치했던 것 같다.

B는 방 한 칸과 조그만 부엌이 딸려 있는 동사무소 인근 월세 방에서 아버지와 단둘이 살아간다고 했다. 아버지가 술만 먹으면 B는 아예 집에 들어가지 않고 동네 창고나 남의 집 보일러실 등에서 잠을 자고 옷을 갈아입거나, 씻지도 못한 채 학교에 다니고 있었다. 이런 모습이니 학교 친구들과도 멀어지게 되고, 친구들을 괴롭히거나 자주 다퉈서 학교 선생님도 겨우 1학년인 B를 감당하지 못하고 있었다. 학부모 상담을 위해 A씨를 계속 학교에 나오라고 하지만 거의 무시하고 있다고 했다.

B는 집에 들어가지 않고 주로 바깥에서 노숙 생활을 하는데, 문제는 날이 추워지면서 동네에서 B의 말썽이 빈번해져 인근 주민들의 성화가 동사무소의 민원으로 매일 나에게 들어왔다. 밤이 되면 B가 방에 몰래 들어와 돈을 훔쳐 간다고 하는 사람도 있고, 또 다른 사람은 B가 밤마다 부엌에 들어와 몰래 밥을 먹고 간다고 하고, 가게에 들어와 과자나 음료수를 훔쳐 간다는 사람도 있었다. 그런데 훔쳐 가는 기술이 거의 수준급이라고 했다. 그래도 B의 꾸밈없이 예쁜 두 눈에서는 받아보지 못한 부모의 사랑을 갈구하는 듯 언제나 슬픔이 묻어 나왔다.

통장, 동정자문위원, 새마을부녀회, 바르게살기위원회, 자유총연맹 등 동사무소에서 관리하는 단체의 회의마다 B의 이야기가 주를 이루었다. 특히 파출소장에게는 "제발 잡아서 조치를 취하라"고 하면서 또래 아이보다 키도 작고 왜소한 B이지만, 그 아이를 더 이상 동네에서 보지 않도록 해달라는 얘기도 있었다.

사랑으로 감싸 안아야 할 아이를 "교도소로 보내라", "소년원으로 보내라" 하는 얘기를 듣고 사회복지사로서 뭔가 하지 않으면 안 될 것 같아 아동복지시설에 입소하는 것을 알아보게 되었다.

아동복지시설 입소 신청서와 관련 공문을 구청으로 보내면 시설별로 입소 정원을 확인하고 정원에 여유가 있으면 아동복지시설에 입소할 수 있다는 연락을 받고 아버지 A씨를 설득했다. 술만 먹으면 아이를 폭행하지만, 그래도 아들을 시설에 입소하는 것은 받아들이기 힘들었던 것일까? 꽤 오랜 시간을 고민한 끝에 B의 아동복지시설 입소 동의 신청서에 A씨가 도장을 찍어주었다.

입소 신청서와 가정실태 등을 기록해 공문으로 아동복지시설 입소 신청을 했고, 인근에 있는 아동복지시설 정원이 다 차서 몇 주를 기다린 끝에 입소 결정 공문이 동사무소로 도착했다.

그동안 다녀온 학교를 계속 다니고 싶다는 B의 이야기와 아들을 잘 돌보겠다는 A씨의 이야기에 일단 B가 방학할 때까지 기다리기로 했다. 시설에서도 방학 후 입소를 하면 좋겠다는 연락을 주었기에 크리스마스이브 오후에 입소하기로 약속했다.

A씨는 며칠간 술도 거의 마시지 않고 아들을 살뜰하게 보살폈다. 피붙이를 떠나보내야만 하는 마음을 헤아릴 재간은 없지만, 안쓰러운 마음이 들었다. 아이를 키워본 경험이 없는 나로서는 그래도 이게 최선이라고 다짐하면서 자위했다. 생이별이라는 게 이런 것이 아닐까 생각하니 눈시울이 붉어지고 안타까운 감정을 주체할 수 없었다. B는 아버지와 생활하면서 어느새 말수도 많이 줄고, 주

위 이웃들에 피해도 주지 않는 조용한 아이로 변해 있었다.

입소하는 당일 아침 말없이 B가 사라져버렸고, 오후에 입소를 시켜야 하는 나는 아이를 찾아야 한다는 일념으로 바삐 움직이게 되었다. 평소 어울려 다니던 친구들을 찾아 물어 보고, 처음엔 나와 A씨가, 나중에는 마을 주민들이 다함께 B를 찾아서 조그마한 동네를 이리저리 헤맸다. 시간이 한참 흐른 후에야 인근 공장 창고에서 울고 있는 B를 찾았다. 아빠와 살고 싶다는 이야기에 함께 있던 A씨도 울고 B를 찾아 나섰던 사람들도 평소와 전혀 다른 B를 보고 많이 마음 아파했다.

준비해 놓은 차를 타고 아동복지시설이 있는 곳으로 10여 분간의 거리를 가면서 B는 아무런 말도 없이 체념한 듯한 모습이었다.

적막감 속에 짧은 시간이 너무 길게 느껴지는 것 같았다. 이렇게 떠나보내는 것이 마음 아파 길가 슈퍼에 차를 잠시 세워두고, 음료수와 과자 몇 봉지를 사서 B에게 주었다. 평소 과자를 사주면 고맙다는 말을 하며 웃음꽃을 피우던 평소의 모습은 흔적도 없이 사라지고, 세상 모든 짐을 혼자서 지고 가는 예수님처럼 무거운 얼굴을 하고 있었다.

잠시 후 도착한 시설에서 원장님과 면담하는 동안에도 말없이 앉아 있던 B를 생활교사 선생님이 또래 아이들과 함께 내려와서 데리고 갔다. 묵묵히 앉아 있다가 소리 없이 따라가는 B의 쓸쓸한 뒷모습을 보면서 잠깐의 시간을 보냈다.

B는 제대로 씻지도 못하고 지냈던 그동안의 모습을 빗어버리고 깨끗하게 목욕하고 새 옷으로 갈아입고서 원장실로 내려와 어색한

웃음을 지어 보였다. 원장님과 생활교사로부터 B에게 누나와 엄마가 있고, 누나는 이곳 시설에서 생활하고 있으나 방학이 되어 엄마와 지내기 위해서 어제 떠났고 겨울방학을 마칠 때쯤에야 다시 돌아올 것이라는 얘기를 들었다. 좀 더 빨리 왔더라면 누나랑 엄마에게 갈 수 있었는데, 아쉽지만 다음 여름방학을 기다리자고 원장님께서 B에게 이야기했다. 갑자기 들려준 엄마 이야기에 B는 웃음꽃을 피우며 알았다고 예쁘게 대답했다. 다음 여름방학 때는 누나와 함께 엄마에게 가겠다고 했다.

B의 엄마는 A씨의 잦은 폭행으로 이혼한 뒤, 농사짓는 제법 부유한 노인과 재혼을 해서 살고 있었다. 그리고 이혼할 때 데리고 간 딸(B의 누나)은 사정이 있어 양육하지 못하고 복지시설에 입소시켰으며, 방학 중에만 보살펴 주고 있다고 했다. B가 시설에 입소하기 전 가족관계를 제대로 확인하지 못하고 엄마와 누나가 있다는 사실도 전혀 확인하지 못한 내가 부끄러웠다. 누나가 있는 곳에 동생을 맡길 수 있다는 안도감이 들면서도 방학 동안 시설에서 쓸쓸하게 지내야 할 B를 생각하니 만감이 교차하며 안쓰러운 마음이 밀려왔다.

잔뜩 찌푸렸던 하늘에서 새하얀 눈송이들이 펑펑 쏟아져 내렸다. 세상 사람들은 화이트 크리스마스를 맞이하며 크리스마스이브로 들떠 있던 날. 한 아이의 불확실한 내일을 보다 밝게 만들어보겠다는 생각으로 시설 입소를 결정했고, 그 결정에 따르기 위해 아동복지시설에 B를 홀로 남기고 돌아오는 길. 나는 앞으로 B가 신나게 뛰어놀 운동장에 조금씩 쌓여가는 하얀 눈을 밟으며 조용히 시설을 나와야만 했다. 외롭게 생활하던 B에게 또 한번 이별이라는 무거운 짐을 지어주고 나오는 발걸음은 참으로 무거웠다.

차디찬 겨울, 얼어 붙어있던 B의 마음이 방학이 끝난 후 누나와 엄마를 만나 녹을 수 있었길 바란다. 아버지 곁에서 억지로 떼어내어 시설에 입소시켜야만 했던 첫 시설입소 아동인 B는 지금 어떻게 자라있을까? 훌쩍 삼십 대를 넘겼을 B의 눈동자는 예전처럼 그렇게 빛나고 있을까? 사회를 거부했던 몸과 마음을 활짝 열어 다른 사람들과 함께하는 공동체를 받아들이고, 사회의 한 구성원으로서 당당히 살아가고 있기를 소망한다.

전설 같은 일화,
식사 한번 하시죠?

전화통화 후 보호증지가 필요한 한센인 자택으로 방문해 "밥 좀 주세요!" 하고 밥을 달라고 하면 …… 식사를 한 뒤에는 나이에 상관없이 친구처럼 잘 지낼 수 있었다.

한센인 다수가 거주하는 한센인 농장 지역을 담당하면서 어려움도 많았지만, 그곳에 거주하던 한 분 한 분을 떠올려보면 내겐 참 소중한 사람들이었다.

○○동 산 ○○○번지에 주소를 둔 사람은 약 천 명 정도였는데, 한센병력으로 지속적인 의료지원이 필요한 사람들 가운데 약 100세대 200여 명 정도만이 거택보호대상자로 지정되어 관리되고 있었다. 내가 처음 발령받았을 때, 이분들 중 상당수가 한 농장에 모여 살며 불하받은 양계장을 관리하고 있었고, 소유 건물과 토지에 대한 구획이 정리되고 있었다. 그리고 이 시기는 개인별 토지에 대한 등기가 시작된 시기와 맞물려 있었다.

양계장을 개조해 공장이나 창고로 만들었고, 그곳을 공장부지가 필요하거나 창고 등이 필요한 사업자들에게 임대하면서 제법 많은 수익이 발생해 거택보호대상자로 보호받아야 하는 상황과 맞지 않게 되었다.

내가 발령받기 전, 부산시 감사원의 감사 결과 생활보호 대상자 재산 기준(당시 대도시 기준 1,000만 원)을 초과하는 한센인은 거택보호대상자에서 탈락시켜야 한다고 지적했고 이에 해당되는 몇 사람에게 보호중지가 결정되어 통보되었다. 이에 농장 자치회에서는 보호중지를 지적한 감사관의 자택으로 외관상 보기 흉한 한센인 몇 명을 보내어 아무 말 없이 대문 앞에서 만 하루를 지키도록 했다. 흉한 얼굴모양으로 자신의 집 앞을 지키고 있는 한센인들 때문에 감사관은 지적사항을 없던 일로 했다고 한다.

나는 이런 일화를 듣긴 했지만, 재산 등기가 끝난 사람들을 더 이상 거택보호대상자로 보호할 수 없었고, 재산 기준 때문에 거택보호대상자에서 탈락해 의료보호를 받을 수 없는 형편이지만 지속적인 약물치료가 필요한 당사자들이 격심하게 반발하는 상황이었다.

한센병력이 있는 사람들에게 의료보호가 필요한 이유 중 하나는 지속적인 약물 복용, 즉 투약으로 나균을 관리해야 하고 지속되는 후유증으로 인한 합병증이 있어 다양한 의료지원이 필요하기 때문이었고, 국가가 외면하지 않고 의료보호로 책임져 주기를 바랐다.

나는 사회복지공무원으로서 이런 내용을 구청과 협의해 거택보호대상자에서 탈락되는 한센인에게는 의료부조(당시 의료급여부조)로 특례조항을 적용해 보호할 수 있도록 조치했고, 농장 자치회와 담판 끝에 개인별로 토지등기가 끝난 세대는 거택보호대상자에서 배제하고 의료부조만 제공하기로 정리되었다. 하지만 탈락된 세대는 대상자별로 이해를 구하고 보호중지 안내문을 전달해야 했다.

"따르릉…따르릉…….."

"여보세요."

"○○○ 님, 안녕하세요? 동사무소 ○○입니다."

"아, 예~."

"언제 식사나 한번 하시죠."

"그래요. 농장에 올라오면 연락주세요."

"혹시 오늘 집에 계시나요?"

"예, 지금 집에 있어요."

"아, 그렇군요. 그럼, 점심 전에 선생님 집으로 방문하겠습니다. 식사나 같이 하면 어떨까요?"

전화통화 후 보호중지가 필요한 한센인 자택으로 방문해 "밥 좀 주세요!" 하고 밥을 달라고 하면, 대부분의 한센인은 자택보다는 식당에 나가 함께 밥을 먹자고 한다. 한센인과 집이나 식당에서 함께 식사를 한다는 것은 웬만한 친분으로서는 할 수 없는 일이지만, 식사를 한 뒤에는 나이에 상관없이 친구처럼 잘 지낼 수 있었다.

식사 후에는 지금까지 거택보호대상자로서 받아온 혜택을 정리해 이야기하고, "토지등기에 따른 재산초과로 이제 보호중지가 된다."는 말로 마무리하며 "앞으로는 의료부조대상자로 지원되니 의료비 부담은 크지 않을 것이고, 정부에서는 한센인 여러분을 절대 저버리지 않고 늘 기억하고 있다."는 설명을 한 번 더 강조했다.

그동안 '한센병'이라는 병 때문에 원래 거주하던 곳에서 친척과 이웃들에게 배척당하고 홀로되었지만, 같은 병력을 가진 이들과 함께 산꼭대기를 터전으로 삼고 산간을 개간해 밭을 일구며 살아온 분들이었다. 양계 사업을 위해 서로 힘을 합쳐 썩어 문드러지고 닳아 없어진 손가락 대신 손바닥으로 한 장 한 장 쌓아서 만들어낸 벽돌과 블록으로 양계장을 지었다. 슬레이트 지붕을 올려 깔끔하진 않아도 외부 기술자 한 명 없이 직접 손으로 만들고 이어 붙였다. 공동으로 양계장을 운영하다가 돈이 조금씩 모이면 개인별로 양계장을 하나씩 더 만들었다. 그리고 대여섯 해가 지나면 기여한 비율에 따라 함께 일구어온 재산 일부를 자신의 몫으로 배분받았다. 이제 자신의 재산이 생겼다는 기쁜 마음도 있었지만, 나라의 도움을 받지 못하고 독립적으로 살아가야 한다는 두려움도 교차하는 듯 했다. 그래도 함께 식사를 하며 진심을 담아 이야기를 하면, 거택보호대상자에서 탈락된 것에 일단은 수긍했다.

건강한 몸으로 살아가다 한센병으로 판명되었을 때 느낀 두려움이나 걱정 근심은 당사자가 아니기 때문에 그 고통스러운 마음을 깊이 이해하거나 완전히 공유할 수는 없었다.

보통 사람들이 보기에 한센인들이 다시는 일상의 소소한 재미를 느끼지 못할 것 같지만, 그들 또한 함께 부대끼며 살아가는 공동체 속에서 재미를 느낀다. 자신이 다시 혼자가 될지도 모른다는 두려움을 잘 이겨내도록 돕기 위해서는 더욱 자주 찾고 이야기를 나눠야 한다. 함께 식사를 하며 진심을 담아 이야기 하더라도 그동안 한센인으로 살면서 이웃에게 외면 받으며 살아왔던 과거를 한순간 모두 지울 수는 없어 안타까웠다. 정부 지원에 따른 거택보호대상자로 보호받아 오다 탈락되었다는 이야기는 또 한번 소외되고 세상이 무너지는 듯한 소식이었을 것이다. 그래도 반듯하게 인사를 하고 탈락 소식을 전하면 모두가 한결같이 그 마음을 받아들이고 친구로서 가슴을 활짝 열어 주었다.

한센인들은 이웃 한 사람이 그립고 누구보다 이웃들의 따뜻한 마음을 필요로 하는 사람들이었으며, 다른 사람들에게서 인정받고자 하는 마음 또한 간절했다.

그렇게 한센인 거택보호대상자를 한참 탈락시키고 있던 시기에 제14대 국회의원 선거(1992. 3. 24.)가 실시되어 한센인들과 함께 업무를 함께 보게 되었다. 투표일정에 따라 투표소별로 투표관리위원장과 투표위원을 선출해 교육에 참석하도록 하며 투표사무를 진행했다.

그때나 지금이나 투표관리위원장과 투표관리위원은 조금이라도 이름을 날리는 사람이라면 지역에 상관없이 누구든 맡고 싶어 하는 감투이다. 투표소의 모든 선거사무와 투표 진행 등을 모두 책임져야 하는 책임자로서 권위를 인정받기 때문이다. 아울러 동네 주민들로부터 국회의원을 선출하는 중차대한 일에 참여하고 있다는 부러움과 인사치레도 받는 감투이다 보니, 많은 사람들이 투표위원장 감투를 쓰기 위해 노력한다.

그러나 내가 투표소 간사 일을 맡았던 한센인 거주 동네에서는 선뜻 나서는 사람도 없고 누구를 지명하기도 어려워 농장 자치회에서 투표관리위원장이나 투표위원을 추천하도록 해서 선정했다. 선정된 사람은 아이처럼 무척 기뻐했다. 사회와 이웃으로부터 소외되고 격리되어 살아왔기에 나랏일로 감투를 맡아 일한다는 것이 큰 기쁨이고 자랑인 것이다.

투표를 위해 투표소를 찾는 사람들의 인사를 받고 투표용지마다 자신의 이름이 새겨진 큰 도장으로 흔적을 남기며 해맑게 웃는 모습은 꼭 천진한 아이 같다. 한센병으로 몸이 썩어 문드러지고 사회와 이웃은 무관심하지만, 다른 한센인들과 함께 일구어낸 마을을 더 아름답게 만들어야겠다는 다짐이 보인다.

국회의원을 뽑는 총선과 대통령을 뽑는 대선 등 각종 선거가 시작되면 읍·면·동 직원들이 함께 선거 관련 일정을 소화해야 한다. 주민등록 거주 여부를 확인한 후, 습자지처럼 얇은 투표 명부 용지 4장 사이사이에 먹지를 넣고 볼펜으로 꾹꾹 눌러 한 면에 40명을 기재해 투표 명부를 작성한다.

각 읍·면·동에서 작성된 투표 명부 네 권은 책자 형태로 제본해 시·군·구청으로 달려가 시·군·구청장 관인으로 투표 명부에 간인을 친다. 네 권 중 두 권은 투표 당일 확인용으로 사용하고, 한 권은 각 통별로 분철해 투표 명부 열람 확인용으로 사용했다. 나머지 한 권은 후보자들이 요청하면 투표 명부 사본을 만들어 배부하기 위한 것이었다.

후보자 등록이 완료되면 기호를 추첨하고 선거용 벽보를 받아 평소 눈여겨보았던 장소에 밀가루 풀을 칠한 후 벽면에 직원들이 손수 벽보를 붙였다. 그러고 나서 두 차례에 걸쳐 선거용 공보와 인쇄물을 우편으로 발송했고, 대학생 투표 감시단의 호위를 받으며 집집마다 투표 통지표를 나눠 주었다.

한센인 거주 지역민들은 처음부터 집단으로 살아왔고, 농장자치회를 중심으로 일사불란하게 움직이는 독특한 특징이 있다. 주소나 지번이 잘 갖추어진 일반 지역과 달리 한 지번으로 되어있어서 주소만 보고 투표 통지표를 당사자에게 전달하기 어려웠다.

그래서 지나가는 사람을 아무나 붙잡고 투표 통지표에 있는 이름을 물어봐서 조금만 안다고 하면 그 자리에서 바로 투표 통지표를 배부했다. 그렇게 배부를 해도 투표 당일 나의 주머니 속에는 배부하지 못한 투표 통지표가 일부 남아 있었으니, 주먹구구로 일을 했던 것이다.

수기로 작성된 투표 명부는 투표 당일 꼭 말썽을 일으켰다. 직원들이 작성한 투표 명부에 한두 명씩 누락되거나, 성씨를 다르게 한 경우가 종종 발생했다. 성격이 조금 까칠한 사람이 있을 때는 투표소에서 난리가 나기도 했다. 여야에서 추천한 투표위원과 참관인들이 있는 곳에서 투표 명부에 자신의 이름이 없다고 큰 소리를 치거나, 성씨가 다르게 되어 있기라도 하면 부정투표라고 외치며 소란을 피웠다. 그 후에는 누구라도 상상할 수 있는 험악한 상황이 벌어졌다.

이렇듯 시끌벅적한 투표소지만, 한센인 투표관리위원장이 앉아 있으면 그래도 다행히 상황이 쉽게 잘 해결된다. 아이처럼 해맑은 모습으로 투표관리위원장 역할을 하며 소란이 발생할 때도 속 시원히 해결해 나가는 모습에서 오랜 친구로 함께한 한센인들의 우정과 서로에 대한 믿음을 느낄 수 있었다.

지금도 많은 한센인들이 사회의 편견에 맞서 소수 약자로서의 삶을 살아간다. 한센병과 후유질환으로 삶이 힘든 것보다 사회로부터 소외되어 외롭게 살아가는 것이 그들을 더 힘들게 한다. 우리는 그런 한센인들의 마음을 조금이라도 이해하며 살아야 한다. 하늘에서 내린 형벌을 받은 사람들이 아니라 우리와 함께 살아가야 할 이웃으로 인정해야 한다. 기꺼이 먼저 손을 내밀고 다가서야 할 책임이 우리 모두에게 있다.

극동철강(한보철강) 할아버지의 슬픈 눈빛

아흔을 넘긴 고령의 T할아버지는 조타실 안에서 홀로 살고 있었다. 나는 ……
할아버지의 말벗이 되어주기 위해 조타실을 자주 찾았다.

한보철강은 한때 우리 사회를 떠들썩하게 했고 아직도 많은 세금
체납 때문에 언론에 한 번씩 보도되는 기업으로, 내가 근무했던 동
네 한 가운데 자리했고, 안동네와 바깥 동네를 구분하는 거대한 벽
이기도 했다. 첫 발령 당시 회사는 부도 상태였지만, 한보철강 영업
팀원들 말로는 생산되는 철근 제품의 품질이나 건설현장에서의 인
지도는 여전히 높아서 철근 도매상들에게는 절대 갑으로 통했다고
한다. 노태우 전 대통령이 추진한 일산·분당 신도시 건설 등 주택
200만 호 건설로 철근 수요가 급증했고, 품질 좋은 한보철강 철근
은 항상 생산량이 판매량을 따라갈 수 없는 초우량 기업이었다.

　매 분기 공장에서는 어려운 주민들을 위해 쌀을 기부했고, 명절

때가 되면 한보철강에서 날리는 쇳가루로 인한 피해를 보상하기 위해 노력했다. 지역 주민들에게 가가호호 식용유 선물세트를 전달하면서 부도로 법정관리를 받는 중에도 지역사회와 함께했다. 도움이 필요할 때는 공문만 보내면 지원을 아끼지 않은 것으로 기억된다.

그런데 이런 한보철강 공장이 있는 곳에 어울리지 않는 풍경이 하나 있었다. 높은 파도를 헤쳐 나갈 모양으로 서 있는 원양어선의 조타실이었다. 한때는 태평양 바다를 누비고 거친 파도와 싸우기도 하며 참치 등 어획자원을 쫓아다니기도 했겠지만, 이제는 삶을 마감한 어선이었다. 또 다른 원양어선이나 자동차로 태어나기 위해 쇳물이 되어 사라진 폐선의 남은 한 조각이었다. 조타실은 알루미늄 단괴(團塊)를 만드는 조그만 공장을 돌아가면 보이는 언덕 위에 있었고, 그 안에는 T할아버지가 살고 계셨다.

아흔을 넘긴 고령의 T할아버지는 조타실 안에서 홀로 살고 있었다. 할아버지는 매일 조타실 창문 너머로 하루에도 몇 번씩 한보철강 공장을 내려다보고 계셨다. 할아버지도 거택보호대상자였기 때문에 나는 생활보호대상자 일제조사를 위해 가정방문으로 첫 상담을 했고, 그 이후에도 할아버지의 말벗이 되어주기 위해 조타실을 자주 찾았다. 할아버지는 두 평 남짓한 좁은 조타실을 침실로 꾸미고 뒤쪽은 천막으로 막아 작은 부엌을 만들어 생활하고 있었다.

T할아버지는 일제 강점기에 동경제국대학을 졸업한 유학파로, 선친에게서 물려받은 재산과 자신이 사업으로 모은 전 재산을 극동철강 설립에 투자했다고 한다. 오랜 지인과의 동업으로 한보철

강의 전신(前身)인 극동철강을 설립했고, 규모를 조금씩 키워 현재 장소로 공장 이전을 했다. 이곳 해안가 야산을 공장부지로 구입해 터를 닦고 공장을 짓기 까지 오랜 시간 동안 갖은 노력으로 땀 흘려 일구어 낸 공장이기에 자신의 손이 닿지 않은 곳이 없다고 했다.

혼신의 힘으로 일군 거대한 공장을 동업하던 친구에게 몽땅 빼앗기고, 얼마 지나지 않아 그 친구도 부도로 공장을 넘기게 되었다고 했다. 이후 수십 년 동안, 사랑하는 아내와 자식도 먼저 떠나보내고 홀로 남겨진 T할아버지는 언제나 그렇게 쓸쓸한 눈으로 공장을 지켜보고 있었다.

본인이 세웠으니 본인의 손으로 꼭 되찾겠다는 일념으로 그 자리를 지키고 있었던 것 같다.

웃음기 없는 슬픈 눈빛을 하고 있었지만 꼿꼿한 선비처럼 공장을 바라보던 할아버지는 내가 그곳을 떠난 이후에도 그렇게 그 자리를 지켰을 것이다. 사회복지사인 내가 공장을 다시 찾아주거나 앞서 간 배우자와 자식을 다시 돌아오게 할 수는 없었지만, 먼저 찾아가 인사하고 한 많은 과거 이야기를 조금이라도 들어주는 것으로 위로를 해드렸다.

어릴 적부터 무언가 부수고 다시 만들기를 좋아하고 쇠붙이를 가지고 실용적인 것들을 만들고자 하는 꿈을 가지고 있던 나였기에 T할아버지의 이야기에 집중할 수 있었고, 할아버지도 열심히 이야기를 들려주셨다. 힘차게 극동철강을 일구던 자신의 예전 모습을 열정적으로 이야기할 때가 가장 즐거워보였다.

한 번씩 상담을 나가면 할아버지는 기억을 더듬어 옛 추억을 내게 이야기해 주었고, 그 이야기를 들어주러 가는 나의 발걸음도 가벼웠다. 매번 반복되는 같은 이야기를 귀 기울여 듣는 모습이 기특했는지, 조금 바빠서 찾지 못할 때면 할아버지는 꼭 직접 전화를 걸어 내게 방문해 달라고 말씀하셨다.

내가 그곳을 떠난 후로는 더 이상 할아버지에게서 연락이 없었지만, 당진제철소 신축 등 한보철강 정태수 회장의 무리한 사업 확장으로 기업이 파산한 이후, 한보철강 청문회, 세금 체납 등 언론을 통해 소식을 들을 때면 나는 T할아버지를 떠올렸다. 당시 할아버지의 나이를 생각하면 벌써 고인이 되셨겠지만, 나는 지금도 T할아버지가 한때 폐업되었다가 현재 'YK스틸'로 재기한 그 공장을 내려다보고 계실 것만 같다.

● 2017년 주요 노인 지원사업명

경찰청	아동안전지킴이
고용노동부	60세 이상 고령자 고용지원
국가보훈처	무공영예수당, 참전명예수당, 보훈요양원 이용지원, 양로지원, 국가유공자 재가 복지지원, 장기요양급여 이용지원
금융위원회	주택담보노후연금보증
문화체육관광부	어르신 문화프로그램운영
미래창조과학부	고령층 정보화 교육
보건복지부	전립선등 노인성질환 예방관리, 노후긴급자금 대부사업, 기초연금, 노인의 치보철(보건소 의치(틀니)사업), 노인돌봄기본서비스, 노인돌봄종합서비스, 노인복지민간단체지원, 노인안검진 및 개안수술, 독거노인 사회관계 활성화 지원, 치매치료 관리비 지원사업, 노인일자리 및 사회활동 지원, 심뇌혈관 질환 고위험군 등록관리 시범사업, 기타재가급여(장기요양보험 복지용구), 시설급여, 재가급여, 특별 현금급여(가족요양비), 원폭피해자지원
여성가족부	일본군위안부피해자생활안정 및 기념사업
중소기업청	장애인기업종합지원센터운영

큰 무당 할머니의 따뜻한 온기

할머니 댁 방문을 열고 들어가니 할머니는 여러 사람들로 둘러싸인 가운데 누워계셨고, 가쁜 숨을 내쉬며 나를 가까이 불러 앉히고는 내 손을 꼭 잡으셨다.

거택보호대상자인 A할머니 댁의 방 한가운데에는 큰 불상이 놓여 있었고, 불상은 인자한 웃음을 띤 그윽한 눈매로 방안을 내려다보며 제단 위에서 가부좌를 틀고 앉아있었다.

내가 근무했던 동에서 생계보호비를 받으며 생활했던 A할머니는 늘 단정하고 깨끗한 한복 차림이었고, 한 손에 쥔 염주를 돌리며 무언가 읊조리던 모습이 지금도 내 기억 속에 선명하게 남아 있다.

나의 신앙과는 다르기에 약간의 거부감도 있었지만, 복지담당자이기에 내색하지는 않았다. 탐스러운 과일이 쌓인 제상과 진한 향내, 그윽한 눈으로 나를 내려다보는 커다란 불상 아래에서 상담할 때면 나는 어딘지 모르게 주눅이 드는 느낌이었다.

할머니는 동란(6·25 사변) 전에 황해도 구월산 인근에서 부농의 딸로 태어나서 귀하게 자라 시집을 왔지만, 신혼 초에 남편을 먼저 떠나보냈다고 한다. 동란 때 월남해 대구에서 조카(여기서 '조카'는 '조카딸'을 말한다—편집자)를 홀로 키우며 살아왔다고 했다.

할머니는 대구 칠성시장에서 이런 저런 장사를 하며 제법 많은 재산을 모았다. 신을 모시는 무당의 길로 들어서기까지 수많은 어려움을 겪었고, 결국 신내림까지 받았다. 대구 칠성시장에서부터 용하다는 소문이 나기 시작해 대구·경북 전역에서 제법 큰무당으로 통한다는 이야기를 듣기 되었다.

추석을 보름 정도 앞둔 1996년 9월 초의 어느 날, A할머니의 집주인에게서 할머니가 많이 아파 병원으로 보내야 한다는 다급한 연락을 받았다.

집으로 찾아가 보니 평소 할머니를 '큰 무당'으로 섬기던 신도(?) 몇 분과 기꺼이 할머니의 위패를 모시겠다는 팔공산 큰 사찰의 말사 암자의 주지 할머니가 좁은 방에 앉아 있었다.

할머니 댁 방문을 열고 들어가니 할머니는 여러 사람들로 둘러싸인 가운데 누워계셨고, 가쁜 숨을 내쉬며 나를 가까이 불러 앉히고는 내 손을 꼭 잡으셨다.

할머니는 가쁜 숨소리를 내며 당신의 조카 ○○○가 보고 싶다고 마지막 힘을 다해 말씀하셨다.

나는 사무실로 돌아와 오래된 주민등록 세대별 카드를 뒤져 조카 이름과 생년월일을 파악했다. 이 카드를 가지고 파출소(당시에는 파출소에서 인적사항에 대한 개인별 조회가 가능)로 달려가 확인해보니 10여 년 전 할머니의 조카가 사망한 사실을 확인했고, 이런 소식을 할머니에게 조심스럽게 전해 드리니 한동안 계속 눈물을 흘리다 가까스로 정신을 차려 다시 내게 말씀하셨다.

"조카에게 피붙이 어린 딸도 있었는데……."

그 말을 듣고 다시 파출소를 통해 조카손녀의 인적사항과 주소지 등을 파악하고, 연락처를 확인해 '서울 광진구 ○○동'에 거주하는 조카손녀에게 전화를 걸었다.

"따르릉…따르릉……."
수화기 저편에서 나직한 목소리가 들려왔다.
"여보세요?"
"안녕하세요. 저는 대구시 ○○ 동사무소 사회복지담당자인데요, 혹시 A할머니를 아세요?"
잠시 침묵이 흐른 후, 대답이 들려왔다.
"예, 잘 아는 분입니다."

나는 현재 A할머니의 상태를 설명하고 A할머니가 조카인 어머니를 너무 보고 싶어 하셔서 찾아보니 10여 년 전에 돌아가셨다는 걸 알게 됐고, 딸이 하나 있다는 할머니 말씀을 듣고 어렵게 찾아 연락드린다고 말했다.
현재 A할머니가 너무 위독하셔서 얼마 살지 못할 것 같아 전화를 드린다고 꼭 대구에 내려와 달라고 부탁했다.

할머니 조카손녀는 자신이 고3 자녀를 키우고 있어 도저히 당일은 내려갈 수 없고, 이튿날 아침 일찍 출발하면 11시쯤 대구에 도착할 수 있다고 말했다. 나는 할머니에게 그대로 말을 전했다.

소식을 들은 A할머니는 이내 소녀처럼 해맑은 웃음꽃을 피웠다. 기쁜 소식을 듣고는 예쁘게 웃으시던 할머니의 모습이 아직도 눈에 선하다.

다음날 아침 일찍 사무실에 출근하니 A할머니의 집주인이 사무실로 찾아와 한바탕 소란을 피웠다. 제발 할머니 좀 모시고 나가라고 했다.

집주인에게 도대체 이유가 뭐냐고 물어보니, 대뜸 자신의 조상신들이 추석 때 제사상을 받으러 와야 하는데, 할머니가 돌아가시면 '큰 무당'의 기운 때문에 조상신이 집을 찾아올 수 없다고 했다. 그러니 돌아가시기 전에 할머니를 제발 좀 빨리 모시고 나가라는 것이었다.

나는 집주인에게 이렇게 이른 아침에 할머니를 어디로 모시고 나갈 것이며, 할머니 집이 버젓이 있는데 왜 나가야 하냐고 되물었지만, 집주인은 막무가내로 할머니를 모시고 나가라고 했다.

할머니가 조카손녀의 방문 소식을 들은 이후 의식을 놓고 계셔서, 집주인은 할머니가 돌아가실까 봐 걱정이 되어 밤새 잠도 제대로 못 자고 마음을 졸이다 꼭두새벽부터 동사무소를 찾아 나선 것이었다. 그렇게 막무가내로 할머니를 모시고 나가라고 하니 딱히 방법이 없었다. 나는 인근 소방서와 통화해서 119구급차에 할머니를 실어 ○○대학교 부속병원 응급실로 갔다.

응급실이 부족해 할머니를 받을 수 없다는 말을 들은 나는 아무 데도 갈 곳이 없으니 할머니를 받아달라고 병원 측과 계속 실랑이를 벌였다.

담당 의사는 응급실은 사람을 살리는 곳이기 때문에 죽어가는 사람은 받을 수 없다고 했다. 나는 할머니가 아직 살아있기 때문에 끝까지 치료해야 한다고 주장하며 목소리를 높였다. 언론사에 제보하겠다는 나의 강력한 항의와 경고성 발언으로 일단 응급실에서 치료를 받을 수 있게 되었다.

응급실의 대응에 부아가 치밀어 오른 나는 씩씩거리며 응급실 간호사들에게 짜증을 내고 있었던 반면, 일주일 이상 곡기를 끊고 의식도 없는 상태로 응급실 침대 위에 누운 고령의 할머니는 도리어 평온해 보였다.

응급실에 할머니를 눕히고 얼마 지나지 않아 서울에서 내려온 조카손녀가 병원에 도착했다는 연락을 받았다. 나는 조카손녀를 데리고 의식을 잃은 채 누워있는 할머니께 다가갔다. 귓속말로 조카손녀가 도착했노라고 전해 드렸더니, 할머니는 갑자기 기적처럼 의식을 회복하셨다. 멀리서 찾아온 조카손녀가 두 손을 잡아드리니 그동안 삭여왔던 감정이 쏟아져 나와 하염없이 눈물을 흘리셨다. 할머니는 어눌한 말투였지만 미안하다는 말과 함께 자신을 찾아 먼 곳에서 잊지 않고 와주어 고맙다고 말씀하셨다.

조카손녀를 본 뒤, 의식도 없고 곧 돌아가실 것만 같았던 할머니의 상태가 언제 그랬냐는 듯 회복되었다. 할머니의 상태가 놀랄 정도로 좋아져서 조금 당황한 조카손녀와 나는 응급실 밖으로 나와 앞으로의 일에 대해 의논했다.

조카손녀는 자신에게 고3 아이가 있는데, 할머니가 곧 돌아가신 다고 해서 일주일 정도 일정을 잡고 내려왔다고 했다. 일주일 정도 는 할머니를 간호하며 지낼 수 있지만, 그 이상은 어렵다고 했다. 상태가 좋아진 할머니를 입원실로 옮기고 치료받을 동안 간병할 수 있는 사람을 알아보자는 이야기를 나누고 있는데 할머니가 갑 자기 위독해졌다는 연락을 받았다. 급하게 응급실로 들어가니 의 사 선생님이 인공호흡기와 전기충격기를 이용해 멈춰버린 심장의 박동을 연장해 보려고 필사의 노력을 하고 있었다.

'그동안 조카와 조카손녀가 얼마나 보고 싶었기에!'

세상과의 마지막 인연을 그렇게 붙잡아 두고, 보고 싶은 한 사람 을 기다리며 혼신의 노력으로 생명을 이어가고 있었던 것일까? 할 머니는 여러 가지 상황으로 신내림을 받게 되었고, 그러면서 기독 교인이었던 조카딸과는 돌이킬 수 없는 관계가 되어 서로 연락까 지 끊고 살았지만, 핏줄인 조카를 가슴속에 품고 오랜 세월을 홀로 살아왔던 것이다.

고인이 된 할머니를 영안실에 모시고 장례를 치르는 3일 동안, 나는 상주로서 장례식장을 지켜야 했다. 할머니의 유품은 집세 보 증금 1,500만 원이 전부였고, 그 돈을 할머니 위패를 모시고 극락 왕생을 빌어준다는 대구의 큰 사찰 말사 암자에 모두 헌금하기로 했다는 말을 장례식 중에 듣게 됐다.

하지만 유류품 처리는 유일하게 남은 유족인 할머니 조카손녀의 의사가 무엇보다 중요했고, 할머니의 유지(遺志)도 지켜야 했다. 그동안 할머니는 정부의 지원으로 살아왔으며, 할머니처럼 홀로 사는 할머니들이 많으니 유류품으로 이웃을 도우면 좋지 않겠냐는 나의 제안에 모두 흔쾌히 동의했다.

당시 홀로 사는 노인들을 위해 빌라 등을 정부 지원금으로 임차해서 종합사회복지관에 위탁 운영하는 '노인의 집'이 있었다. 이곳을 운영하는 두 군데 복지관에 겨울철 기름값으로 각각 200만 원씩 총 400만 원을 할머니 이름으로 지원했다. 할머니는 당신처럼 의지할 사람 없이 혼자 살아가는 할머니들에게 따뜻한 온기를 남겨놓고 조용히 세상을 떠나셨다. 조카를 기다리던 할머니와 당신 조카손녀가 지닌 이웃을 향한 따뜻한 마음을 다시 한번 마음에 새겨 본다.

● 수급자 등 무연고자 사망 시 전세보증금 등 국고 귀속방안

무연고 독거노인이 사망하여 상속인이 없는 경우에는 민법의 절차에 따라 처리해야 합니다. 민법 제1053조에 의하면 상속인이 없는 경우에는 우선 재산관리인을 선임토록 하고 있습니다.
선임된 재산관리인은 재산관리인의 선임 공고가 있는 날로부터 3개월 이내에 민법 제1056조에 따라 채권 또는 수증을 신고할 것을 2개월 이상 공고해야 합니다. 2개월 이상 공고해도 상속인의 존부를 알 수 없는 경우, 상속인이 있다고 관리인이 청구한 경우에 한해 법원은 일정 기간 내에 상속인이 그 권리를 주장할 것을 1년 이상 공고해야 합니다. 1년 이상 공고 후에도 상속이 없는 경우, 그 재산은 국가에 귀속될 수 있습니다.

(보건복지부 민원 답변자료)

Y할머니의 사랑 이야기

할아버지는 자신을 위해 항상 도움을 주는 Y할머니의 마음은 벌써 알고 있었지만, 자신은 위암으로 계속 항암치료를 받아야 하고 간병해 주는 사람이 필요한 입장에서 선뜻 할머니의 마음을 받아주지 못하고 있었다고 한다.

저소득 계층에게 최소한의 소득을 보장해 주기 위해 시작된 취로사업*은 꽤 오랜 시간동안 어려운 주민들의 수입원이 되었다. 정부에서는 거택보호대상자들에게 생계비를 지원해 생활하도록 하고 있었으나 자활보호대상자로 선정된 사람에게는 의료급여와 생업자금 대출 등으로 자활을 도와주거나 취로사업 등으로 소득을 지원하고 있었다. 내가 근무했던 동에서는 새로 시작된 취로사업

---

* 취로사업이란 저소득주민들의 생활안정과 자활기반을 구축하고 지역사회발전을 위하여 당시 생활보호법 제11조 1항 4호(대통령령이 정하는 자활조성을 위한 각종 지원) 및 동법시행령 제12조(① 자활조성을 위한 지원으로서 보호기관은 취로사업을 시행하여 이들에게 취로기회를 제공할 수 있다. ② 취로사업의 범위, 취로의 관리에 관하여 필요한 사항은 보건사회부령으로 정한다.)의 규정에 따라 사업설계나 자재가 필요 없는 경노무로 할 수 있는 사업으로 당시 취로사업 노임은 표준노임단가의 62% 수준인 일당 10,000원이었다.

에 약 20여 명 정도가 참여하고 있었다. 그래도 동네에서 몸을 제대로 움직일 수 있는 저소득 주민은 거의 다 참여했고, 인근 다른 동네에 비하면 적은 인원이었지만 동네를 깨끗이 만드는 데 큰 기여를 했다.

동사무소별로 배치된 적은 인원의 환경미화원들은 청소차가 들어가지 못하는 골목길로 직접 들어가서 새벽부터 쓰레기를 모아 청소차에 옮겼다. 큰 도로 청소도 힘에 부쳐 환경미화원의 손길이 닿지 않은 이면도로나 골목길에는 언제나 쓰레기나 폐가구 등이 쌓여 있었다. 후미진 곳일수록 더 많은 쓰레기들이 모여 있었고, 주거나 열악한 생활환경과는 상관없이 많은 쓰레기가 쌓여 있었다. 빨리 치우지 않으면 순식간에 쓰레기가 쌓여 감당할 수 없을 지경이 됐기 때문에, 동사무소의 청소담당자들은 복지담당자에게 취로사업을 빨리 진행해 특정한 곳을 치워달라고 부탁하는 일이 잦았다.

당시 62세였던 Y할머니는 젊어서 결혼에 한 번 실패한 후 줄곧 홀로 살아가고 계셨다. 자활보호대상자로 관리를 받고 있던 Y할머니는 인근 시장에서 날품을 팔거나 동사무소에서 실시하는 취로사업에 참여하면서 생계를 유지하고 있었다. 입담도 좋고 성격도 화끈해 여장부로서 손색이 없을 정도였던 Y할머니는 취로사업 현장에서는 소위 막노동판의 책임자를 일컫는 말인 '십장(什長)'으로 통하게 되었다.

취로사업 현장에 담당자가 늘 함께 다닐 수는 없기 때문에, 책임자 한 명을 지정하고 그 책임자에게 그날 참여자들이 해야 할 일거리를 부여했다. 그리고 책임자는 늘 Y할머니가 도맡아 하셨다. 할머니는 적극적인 성격으로 남녀 할 것 없이 참여자 모두를 휘어잡고 맡겨진 일처리를 깔끔하게 해내셨다. 그렇게 남자들에게도 뒤지지 않고 활약하는 분이었지만, 한 사람 앞에만 서면 어느새 당당한 모습은 사라지고 수줍음 많은 소녀가 되었다.

여든을 바라보는 P할아버지는 거택보호대상자로서 생계비를 받으며 살아가셨다. 잘생긴 외모에 깔끔한 모습이 신사 중에 신사여서 모두가 할아버지를 젠틀맨이라고 불렀다. 그러나 P할아버지는 몇 년 전 위암 3기로 판명되어 위 절제 수술을 받고 홀로 살고 계셨다. 식사부터 투약까지 누군가 가까이에서 간병해 줄 사람이 필요했지만, 정부지원을 받으며 홀로 살아가고 계셨다. 가진 것이 없는 할아버지는 이웃들의 도움으로 하루하루를 버텼다. 이웃 중한 분인 Y할머니는 할아버지와 15년 넘게 나이 차이가 났지만, 할아버지를 짝사랑했다.

두 분은 원래 경북 봉화군의 산골마을에서 멀지 않은 곳에 살았다고 한다. 집안 어른들끼리 잘 아는 사이라서 P할아버지 집으로 자주 심부름을 갔던 Y할머니는 P할아버지를 어릴 때부터 잘 알았고, 멋진 모습을 멀리서 바라보며 항상 마음속에 품고 있었다고 한다. 하지만 P할아버지가 Y할머니를 그냥 동네 아이 정도로만 기억하고 있었기 때문에 할머니는 할아버지를 가까이 할 수 없었다.

두 분은 긴 세월이 흘러 인근 시장에서 우연히 다시 만나게 됐다. Y할머니는 인근 시장에서 채소를 다듬어 상품으로 만드는 날품 일을 하다가 예전 모습 그대로인 P할아버지가 지나치는 것을 한눈에 알아보고 아는 체를 했다. 혼자 마음속에 품고 살아왔던 시간만큼이나 반가운 마음이었다. 할아버지는 전혀 모르는 눈치였지만 할머니의 평소 성격 그대로 P할아버지를 붙잡고는 살아가는 이야기를 서슴없이 했는데, 할아버지가 오래전 부인과 사별하고 혼자 산다는 이야기를 듣게 됐다.

그날 이후 Y할머니는 P할아버지의 옆집으로 이사를 했다. 그리고 어릴 적 마음속에 품었던 그 마음으로 정성을 다해 할아버지를 위해 식사도 차려드리고, 약도 드실 수 있도록 챙겨드렸다고 한다. 어느 때부터 할머니는 한 달에 한 번씩 할아버지가 병원 진료를 갈 때에도 할아버지와 동행했다. 그렇게 만난 지 시간이 꽤 지났지만, 할머니는 아직도 할아버지에게 부끄러운 소녀마냥 자신의 마음 속 이야기를 못하고 있었다.

어쩌다 한 번씩 P할아버지가 취로사업에 나올 때면, Y할머니는 취로사업에 함께 참여하는 사람들에게 꼭 당부를 했다. 할아버지를 마음에 품고 있는 자신의 이야기를 절대 하지 말라는 것이었다. 그래서 P할아버지를 제외한 취로사업 참여자 모두에게는 공공연한 비밀이 되었고, 사람들은 부끄러워하는 Y할머니를 보며 더욱 재밌어 했다. 그렇게 퍼져 나간 이야기는 어느새 P할아버지의 귀로 들어갔다. 할아버지는 자신을 위해 항상 도움을 주는 Y할머니의 마음은 벌써 알고 있었지만, 자신은 위암으로 계속 항암치료를 받아야 하고 간병해 주는 사람이 필요한 입장에서 선뜻 할머니의 마음을 받아주지 못하고 있었던 것이다. 서로의 감정이 밖으로 드러난 후부터 두 분은 더욱 가깝게 지내셨다. 혼인신고를 하면 거택보호대상자 선정기준에 부합되지 않기에 정식으로 혼인신고를 하지는 않았지만, 내가 아침에 자전거를 타고 혼자 사는 할머니, 할아버지를 찾아 둘러볼 때면 어쩌다 한 번씩 두 분이 한 방에서 나올 때가 있었다.

Y할머니는 다시 웨딩드레스를 입고 결혼식을 올릴 생각이 있었지만 할아버지의 마음은 완강하셨다. 할머니가 자신의 아픈 몸을 위해 헌신적으로 희생하고 있지만 자신은 오래 살지 못하기 때문에 할머니에게 짐을 지우고 싶지 않다고 하셨다. 할머니는 그래도 할아버지와 함께 살 수 있고, 자신의 마음을 알아주는 할아버지가 있어 너무 행복하다고 했다. 하지만 그 행복이 오래 지속되기를 바라는 마음도 채 1년이 지나지 않아 끝나게 됐다. 내가 그 동사무소에서 인근 동사무소로 인사이동한 지 얼마 지나지 않아 할아버지가 돌아가셨고 더 이상 두 분이 함께 살 수 없게 되었다.

Y할머니는 자신이 참 행복했다고 하셨다. 어릴 적 마음속에 품었던 사람을 오랜 시간이 흐른 후 다시 만나게 되었고, 자신의 애틋한 마음이 전해지고 P할아버지가 마음을 열어주어 너무 행복해하셨다. 그리고 어릴 적부터 좋아했던 오빠의 마지막을 지킬 수 있어 좋았다고 하셨다. 지금도 여전히 화끈한 성격에 입담까지 걸걸하신 Y할머니는 첫 사랑을 찾아낸 그 마음을 소중하게 간직하며 살아가고 계신다.

함박 웃음꽃 피우는 장애인 부부

어쩌다 길에서 마주쳐 내가 '우리 동네 최고 미인'을 모시고 어디로 가냐고 물으면, 뇌성마비 장애가 있는 부인은 꼬인 몸을 움직이며 활짝 미소를 지었다.

영구임대아파트에 거주하는 자활보호대상자 B씨는 구두를 닦거나 수선하면서 살아가는 구두닦이다. 왜소증을 앓아 키가 작고 하반신이 불편해 지체장애 3급 장애인이다. B씨에게는 몸을 제대로 가누지 못하는 뇌성마비 2급 장애인 아내가 있고, 토끼 같은 아들과 함께 세 식구가 살고 있었다.

매일 아침 토끼같이 귀여운 아들을 학교에 보내고 나면, B씨는 장애인용으로 개조한 세발 오토바이에 아내를 태우고 당당히 출근길에 나선다. 구김 없이 밝게 웃는 B씨의 모습을 볼 때면, 천국으로 가는 발걸음도 저렇게 행복할 수는 없겠다는 생각이 들었다. 어쩌다 길에서 마주쳐 내가 '우리 동네 최고 미인'을 모시고 어디로 가냐고 물으면, 뇌성마비 장애가 있는 부인은 꼬인 몸을 움직이며 활짝 미소를 지었다. '미인'이라는 말을 듣고는 무척 좋아하면서도 부끄럽게 그러지 말라며 내 말에 응했다.

B씨는 대구의 유력 일간 신문사가 입주해 있는 빌딩 옆 귀퉁이에 자리한 가건물에서 구두를 닦았다. 인근에 다른 구두닦이들이 있어 벌이는 넉넉하지 않았지만, 웃음을 잃지 않고 늘 즐겁게 일하며 살았다.

B씨는 북구지역 장애인 단체 부회장으로 활동했고, 단체 회원이나 몸이 불편한 이웃 주민들을 대변하는 일 또한 열심이었다. 중증 장애가 있는 회원이 거동이 불편해 동사무소 일을 보기 어려울 때면, B씨가 동행해 도와주거나 회원 대신 동사무소를 방문해 문제를 해결해 주는 일에 앞장섰다. 본인은 장애가 있지만, 짧은 두 다리라도 있어 감사하다고 했다. 자신보다는 이웃을 먼저 챙기고 섬기는 모습에서 사회복지사인 나조차도 존경심을 갖지 않을 수 없었다.

웃음은 항상 담장 너머로 퍼져나간다. B씨의 집에서는 왁자지껄한 웃음소리가 넘쳐났다. 눈이 내리거나 비가 오는 날이면 구두닦이 일을 할 수 없기 때문에 B씨 부부는 동네 사람들을 집으로 초대하곤 했다. 좁은 방에 모두 모여 부침개를 구워 먹으며 함께 이야기를 나누노라면 하루 종일 웃음꽃이 피어났다. 그리고 이렇게 모일 때면 B씨는 어김없이 동사무소로 전화를 걸어 아파트로 출장 나올 것을 재촉했다. 마지못해 나가보면 부침개와 막걸리를 사이에 두고 이웃들이 모여앉아 한 방을 차지하고 있었다. 엉덩이를 비벼 넣어 겨우 자리에 앉으면, '동네 최고 미인'인 B씨 부인이 막 부쳐낸 따뜻하고 먹음직스러운 부침개를 내준다.

B씨는 12평짜리 영구임대아파트에 살았지만, 고상한 취미가 있었다. 한쪽 벽면을 수족관으로 꾸며 놓고 열대어를 키우는 수준이 거의 프로였다. 열대 담수어인 '시클리드'라는 물고기를 키웠는데, 종류가 여러 가지였다. 색상이 화려한 것부터 무늬가 단순한 것까지 서식 환경에 따라 각기 다른 모양의 시클리드를 키웠다.

물고기에 대해 물어보면 자신이 좋아하는 물고기에 관심을 가져준 것에 감사를 표하고 싶은 마음 때문인지, 자세히 설명해 주었다. 그리고 따로 부탁하지 않았는데도 치어까지 흔쾌히 분양해 주었다. '물고기를 사랑하는 사람은 누구나 좋은 사람'이라는 말을 입에 달고 사는 모습이 마치 관상어 판매를 위해 수족관을 운영하는 사장님같았다.

B씨는 장애로 인한 짧은 다리 때문에 어려서부터 사람들에게 늘 비웃음거리가 되거나 놀림거리가 되어 따돌림을 받으며 자랐다고 했다. 그래서 그런지 성격이 매우 난폭했고 다른 사람과 이야기할 때에도 거친 말투와 부정적인 언어 때문에 다툼이 잦았다.

구두닦이를 하면서도 이런 성격이 수입에 큰 걸림돌이었고, 성격을 고치기 위해 엄청난 노력을 했다. 아무리 노력해도 나아지지 않았지만, 그 모습을 이해해 주는 아내를 만났고, 뇌성마비 장애가 있는 불편한 몸이지만 물고기를 키우는 고상한 취미를 지닌 배우자를 만나 함께 시클리드를 키우게 되었다.

그렇게 물고기를 키우다보니 주위 이웃, 특히 거동이 불편한 장애인이나 노인에게 조금씩 관심을 갖게 되었고, 적극적이고 긍정적인 성격으로 조금씩 변했다. 그리고 자신보다 어렵거나 도움이 필요한 사람들을 돕는 일이 처음에는 힘들었지만, 한 번 두 번 도움을 주다보니 이렇게 자신의 일보다 남에게 도움을 주는 일에 앞장서게 되었다고 했다.

나는 오늘도 함박웃음을 지으며 동네 최고 미인인 아내를 태우고 오토바이를 씽씽 달리던 B씨의 모습을 그려본다. '이제는 멋진 승용차로 다니지는 않을까?' 하는 즐거운 상상을 해보기도 한다. 만일 내가 B씨처럼 장애가 있다면, 한 점 구김 없이 그렇게 밝은 웃음을 지으며 살 수 있을까? 또, 어려운 이웃과 도움이 필요한 사람들에게 나의 전부를 기꺼이 내주며 살 수 있을지 모르겠다.

과거 농경사회에서는 선천적 장애인이 대부분이었기 때문에, 가족이나 이웃들이 차별과 장애를 느끼지 않도록 가정이나 공동체 내에서 장애문제를 잘 해결했다. 그러나 산업화되고 사회가 분화되면서 장애원인과 문제에 큰 변화가 생기게 되었다. 지금은 90% 정도가 사고나 질환 등 후천적 원인으로 장애인이 된다고 한다. 또한 누구라도 나이가 들어 노화되면 장애인처럼 살아야 한다.

그러니 우리 모두는 장애인을 차별해서는 안 되며, 그들의 문제를 해소해 주기 위해 노력해야 한다. 그런 노력들이 장애인 정책에 반영되어 함께 살 수 있는 공동체가 되어야만 미래에 우리 모두가 겪게 될 장애를 잘 극복할 수 있다.

주요 장애인 지원사업명

고용노동부	취업성공패키지(취업성공수당, 참여수당, 생계지원수당), (산재근로자)사회심리재활 지원, (산재근로자)케어센터지원, 보조공학기기 지원, 장애인 고용시설 장비 융자·지원, 중증장애인 지원고용(훈련수당)
교육부	장애학생 정보격차 해소 지원, (특수교육대상자)치료지원서비스, 국립특수학교 및 특수학급 지원, 장애대학생도우미 지원
문화체육관광부	장애인문화·예술 지원
미래창조과학부	장애인 정보화 교육, 사랑의 그린PC보급, 웹정보접근성 제고, 정보통신 보조기기 보급
방송통신위원회	시청각장애인용 방송수신기 보급사업
보건복지부	의료급여 장애인보장구 지원, 독거노인·중증장애인 응급안전알림서비스, 장애아보육료지원, 보험급여(건강보험 장애인보장구), 가사·간병방문 지원사업, 권역재활병원 공공 재활프로그램 운영지원, 시각장애인 음악재활센터 지원, 장애인 거주시설 실비입소 이용료지원, 장애인 보조견 전문훈련기관지원, 장애인운전교육장 임차 및 순회교육, 중도 시각장애인 재활훈련 지원, 중증장애인 자립생활 지원센터, 척수장애인 재활훈련지원, 발달장애인 공공후견 지원 사업, 발달장애인 부모심리상담 지원사업, 발달재활서비스, 언어발달 지원사업, 여성장애인교육지원, 여성장애인어울림센터, 여성장애인 출산비용 지원, 장애아가족양육지원, 장애인활동지원, 장애수당, 장애아동수당, 장애인 특화형 일자리 제공, 장애인보조기구교부, 장애인복지일자리지원, 장애인연금, 장애인의료비지원, 장애인자녀교육비(학비)지원, 장애인자립자금대여, 중증장애인직업재활 지원(훈련수당), 장애등록진단비 및 검사비 지원
중소기업청	장애인기업종합지원센터운영
중소기업청	장애인창업지원
중소기업청	저소득 장애인 및 중증장애인에게 영업장소 제공
행정자치부	지방세감면(지방세, 주민세, 취득세 및 자동차세)
환경부	사회취약계층 실내환경 진단개선 사업

98년, 그 봄바람 속에서

길 위에서의 생활이 익숙해지면 다시 일상으로 돌아가기가 어렵다고 한다 …… 아버지, 남편, 아들로서 지켜야 할 자리를 되돌려주기 위해 사회복지공무원들이 발 벗고 나섰다.

우리나라는 외환 위기로 나라가 파산되는 유례없는 일을 겪었다. 1997년 초부터 이름값을 한다는 대기업들이 하나둘씩 부도가 나기 시작해 그해 12월 3일 'IMF 구제금융'이라고 부르는 본격적인 외환관리체제가 시작됐다. 문민정부를 마무리하는 시기와 15대 대통령 선거가 맞물리는 시기에 국민들은 큰 충격을 받았다. 수출로 먹고사는 우리나라는 외환 위기에서 벗어나야 했고, 경제부총리가 IMF와 양해각서를 통해 195억 달러라는 자금을 들여왔다. 이후 대기업과 중소기업의 부도와 연쇄 도산, 천문학적 금리 인상, 주식과 부동산의 폭락, 대량 실업 등 보통사람들이 감내하기 어려운 상황이 이어지며 차디찬 혹한이 시작됐다.

경제개발을 위해 앞만 보고 달려온 한국이기에 한 번도 경험하지 못한 연쇄 부도와 대량 실업은 국민들에게 참담함을 안겨주었고, 살림살이 또한 막막하고 빠듯해졌다. 수입에 전적으로 의존하는 석유, 설탕, 분유, 밀가루 등은 자고 일어나면 10% 이상씩 인상되었다.

국민의 정부(김대중 정부)로 막 들어선 그때, 마치 차가운 봄바람이 불어오는 것처럼 1998년 3월부터 가정경제가 붕괴되기 시작했다. 직장이나 생계를 위한 삶의 터전을 잃어버리고 생활보장 수단마저 상실한 가장들은 목숨을 끊거나, 가정에서 도망쳐 나오는 등 극단적인 선택을 했다.

가정에서 벗어나 노숙생활을 하는 사람들도 점점 늘어났다. 지하철 대구역 광장에 노숙하는 사람들이 모여 들면서 조금이라도 더 편안하게 생활하기 위해 서로 서열을 정하는 시비나 싸움이 일상화되며 정글처럼 약육강식의 세계로 변모하고 있었다. 지하철 또는 열차를 이용하는 시민이나 인근에서 상가를 운영하는 주민에게 구걸한 돈으로 술을 마시며 하루하루 힘겹게 살아가는 노숙자들로 광장이 차고 넘쳤다.

지하철 대구역사 주위에서 가게를 운영하는 사업자들은 노숙자들의 구걸이나 잦은 다툼으로 손님이 줄어 사업에 직접적인 영향을 받았다. 영업 피해 때문에 사업자들은 시도 때도 없이 시청, 구청, 동사무소에 민원을 넣었다. 식당에서는 노숙자들의 무전취식으로 싸움과 시비가 이어지고, 순찰차가 자주 출동했다. 식당 앞에도 노숙자 몇 사람이 진을 치며 영업을 방해했고, 작은 슈퍼나 구멍

가게 또한 음주와 절도 등으로 영업을 할 수 없는 지경에 이르렀다.

이러한 문제들을 해결하고자 지하철 대구역 광장에서 무료급식을 실시하게 되었다. 동네 자율방범대가 주관하고 종교단체와 봉사단체 등이 후원해 매일 아침과 저녁, 노숙인들에게 무료급식을 제공했다.

노숙인이 빠른 시일 내 가정과 삶의 터전을 되찾을 수 있도록 지원하는 것이 중요했기에, 대구지역 사회복지공무원 모임에서는 주 2회 이동 상담실을 운영했다. 이동 상담실에서는 주민등록 및 각종 복지급여에 대한 내용을 안내하고 지원 관련 정보를 주었다. 'IMF 외환관리체제'로 감당할 수 없을 정도의 복지대상자가 발생했지만, 대구 사회복지공무원들은 본인의 업무를 잠시 접어두고 노숙인 지원을 위해 한마음으로 희생했다.

주민등록이 말소된 사람들에게는 과태료를 감면해 주어 재등록할 수 있도록 지원했고, 복지급여를 받지 못하는 대상자를 찾아 주소지 읍·면·동사무소와 협의해 급여를 받을 수 있도록 적극적으로 나섰다. 사후(事後)관리에 해당하는 업무는 관할인 내게 모두 떠넘겼지만, 그래도 사회복지공무원 동료들의 동료애가 있었기에 차디찬 혹한의 시기를 잘 이겨낼 수 있었다.

한 사람씩 상담을 해보면, 다니던 직장의 부도로 실직했거나, 구조조정으로 인한 해직, 사업 실패, 원자재값 폭등으로 사업을 이어가지 못하고 도망치듯 거리로 나온 사람들 등 노숙생활을 하는 이유도 다양했다. 거리로 나오기 전 가족과 함께한 행복했던 기억은 노숙생활을 더 힘들게 할 뿐이었다.

배우자와 자녀들이 그리워 가장 힘들 것이라는 내 생각과는 달리, 길 위에서는 첫 3일만 지나면 금세 가족에 대한 생각도 잊게 된다고 했다. 더 이상 다른 길을 찾을 수도 없고 앞이 보이지도 않는 막막한 상황 때문에, 사랑하는 가족뿐 아니라 직장이나 사업체에서 버려진 자신마저 내려놓아야 하는 것이다.

길 위에서 하루하루를 버티는 생활은 내일이라는 희망보다는 다가오는 끼니를 잘 해결하고, 비바람을 피할 수 있는 잠자리를 찾아 불나방처럼 움직이는 것이 더 중요하다. 그러다 보면 가족과 함께 했던 행복한 기억은 사라지고, 가끔씩만 떠오른다고 했다. 술을 마시지 않으면 견디기 어렵고 힘들기에, 누군가에게 시비를 걸거나 하소연이라도 하지 않으면 견딜 수 없어서 이성을 접어두고 동물적으로 살아간다고 했다.

누군가의 아버지이고 남편이며 아들인 그들은 각자의 역할을 잠시 내려놓는다. 길 위에서의 생활이 익숙해지면 다시 일상으로 돌아가기가 어렵다고 한다. 그래서 하루라도 일찍 돌아가게 해야 다시 자리를 되찾을 수 있다. 아버지, 남편, 아들로서 지켜야할 자리를 되돌려주기 위해 사회복지공무원들이 발 벗고 나섰다. 노숙생활로 한번 상실되거나 낙오된 근로 능력은 회복되기 어렵고, 다시 되돌리기 위해서는 엄청난 노력과 비용이 들어가기 때문에 선제적으로 나서는 것이 중요했다.

앞으로 두 번 다시 우리나라에 이런 경제 위기가 닥치지 않길 바라지만, 만에 하나라도 1998년 그 봄날처럼 누군가의 부모형제가 거리로 내몰리면 사회복지공무원들은 그때처럼 다시 온몸으로 막

아내기 위해 나설 것이다. 그것이 우리에게 맡겨진 사명이기 때문
이다.

● **노숙인 지원사업**

(법적 근거) 「노숙인 등의 복지 및 자립지원에 관한 법률」('12. 6. 8 시행)
　　　　 ＊ 기존 부랑인 복지사업('75~)과 노숙인 복지사업('98~)을 통합
(지원 내용) 노숙인 시설 등을 통하여 주거·급식·의료 등의 복지서비스 제공(시설
　　　　 유형: 일시보호·자활·재활·요양·급식·진료시설 등)

구 분	국고보조사업	지방이양사업
사업목적	(구)부랑인 보호, 재활	노숙인 보호, 자활, 상담
사업주체	국고보조사업	지방이양사업
사업대상	8,048명 (재활·요양,'15. 12)	3,853명 (자활·일시보호·거리,'15. 12)
시설현황	노숙인재활(31)·요양시설(16) 총 57개소	노숙인자활시설 62개소 노숙인종합지원센터 10개소 일시보호시설 8개소
사업내용	노숙인재활·요양시설 운영비 (인건비, 운영비, 자활프로그램비, 기능보강비 지원) 한국노숙인복지시설협회 운영비 등	노숙인자활시설 및 노숙인종합지원센터 운영비(인건비, 운영비, 급식비, 기능보강비 지원) 노숙인 의료지원, 주거지원, 자활사업

세 아이, 다섯 식구의 노숙

제대로 씻지 못한 모습, 굶주림에 지쳐있는 아이들을 데리고 중국집으로 갔다 …… 세 아이는 짜장면 곱빼기를 마파람에 게 눈 감추듯이 순식간에 해치웠다.

여름철에는 삼사백 명 이상이 노숙생활을 하다가 가을이 되어 찬바람이 불기 시작하면서 노숙하는 사람들이 조금씩 줄어들고 있을 때였다. 지하철 대구역 주위에 노숙하는 사람들이 한두 명씩 줄어 200여 명 정도가 역 광장과 인근 지역에서 노숙을 하고 있었다.

어느 날 아침 출근을 하니 노숙인들에게 아침식사를 제공하는 자원봉사팀에서 연락이 왔다. 초등학생 정도의 어린 여자아이 몇 명이 노숙을 한다고 했다. 평소에도 인근 지역에 거주하는 아이들이 무료 급식소를 찾아 끼니를 해결하고 있었으나, 노숙하는 아이들은 처음이라 서둘러 현장으로 달려갔다.

나는 칠성시장 옆에 있는 놀이터에서 노숙생활을 시작한 지 얼마 되지 않은 세 아이를 어렵지 않게 찾을 수 있었다. 아이들은 각각 초등학교 5학년, 3학년, 그리고 7세의 미취학 아동이었다. 어디서 왔는지, 누구랑 왔는지 물어봐도 묵묵부답이었다. 찌든 때에 제대로 씻지 못한 모습, 굶주림에 지쳐있는 아이들을 데리고 중국집으로 갔다. 평소 알고 지내던 사장은 영업 준비 중이라 어렵지만 짜장면은 빨리 해줄 수 있다고 했다. 세 아이는 짜장면 곱빼기를 마파람에 게 눈 감추듯이 순식간에 해치웠다.

아이들이 어느 정도 허기를 달랜 후에 부모가 있는지, 어디서 왔는지 등을 다시 자세히 물어보았다. 아이들은 부모와 며칠 전까지 함께 있었다고 했다. 한 달 전쯤에 경북 청송에서 대구로 왔으며, 이후 관내 쪽방 지역에 있는 여인숙에서 몇 주간 생활을 했다. 아이들도 며칠간 부모를 찾아다니고 있는데 도저히 찾을 수 없다고 했다. 학교는 어떻게 되었는지 물어보니 대구에 온 이후 학교는 더 이상 나가지 않고 있었다.

우선 노숙하는 아이들의 잠자리 마련이 시급해 인근 노숙인 지원센터의 협조를 구해 며칠간 머물 수 있는 방 1칸을 구했고, 새마을부녀회에 협조를 구해 목욕탕을 다녀오게 했다. 수소문 끝에 아이들 부모가 동대구역에서 주로 노숙을 한다는 사실을 알게 됐다. 아버지 A씨와 어머니 B씨를 며칠 만에 어렵게 찾아 상담을 해보았다.

A씨는 제대 후 이십여 년 동안 한우를 사육하는 농장에서 머슴처럼 일을 하며 살아왔다고 했다. 농장에 달려있는 건물에서 생활하며, 농장주가 소개해 준 배우자 B씨를 만났다. B씨는 정신지체 3급 장애인으로 사회생활은 물론이고 살림살이도 혼자 하기는 어

려워 보였다. 결혼 후 농장주의 보살핌 속에 딸 셋을 낳고 살아왔으나 IMF 사태로 사료값 급등과 한우값 하락으로 한우 농장이 부도가 났다. 농장주가 퇴직금을 겸해 지급한 적은 돈을 가지고 가족과 함께 대구로 내려와 생활을 했다.

하루 5천 원으로 잠자리를 해결했고, 다섯 식구가 식당 밥을 사먹으며 생활했다. A씨는 거의 매일을 술로 살았다. 가지고 있던 돈을 모두 써버린 후에는 무료 급식소에서 식사를 해결하고 역사 주위에서 잠자리를 해결했다. A씨는 가진 돈을 모두 써버린 후, 자신의 술값을 벌거나 술을 얻어 마시기 위해 부인 B가 동료 노숙인에게 몸을 팔도록 했다. A씨는 이제 아이들마저 저버리고 배우자만 데리고 다른 곳으로 이동해 술을 마시며 하루하루를 살고 있었다. 아이들에게 따뜻한 가정을 돌려주기 위해 응급 구호금을 얻고 후원자를 찾아 부엌이 달려있는 월세 방을 구하고, 한시생계보호 대상자로 책정해 생계비를 지원받아 생활할 수 있도록 임시적인 조치를 빠르게 진행했다.

돈만 있으면 술로 시작하는 A씨는 적은 금액이지만 생계비를 통장으로 지원받자마자 아이들과 배우자는 돌보지 않고 동료 노숙인들을 찾아 함께 술을 마시는데 생활비를 모두 써버렸다. 여전히 아이들과 배우자는 굶주렸고, 배고픔에 지쳐 어려움을 겪고 있었다. 나는 다시 후원자의 지원을 받아서 일상생활이 불가능한 B씨를 대신해 초등학교 5학년인 큰 아이가 살림을 할 수 있도록 아이들을 데리고 나가 함께 시장을 보면서 먹을거리를 샀다.

아이들이 가장 먹고 싶어 했던 라면을 먼저 장바구니에 넣고, 쌀과 통조림 등 인스턴트 음식과 과자 등을 구입하고, 나오는 길에 통닭집에도 들러 아이들과 함께 통닭을 먹었다. 아이들은 그동안 힘들었던 일들은 다 잊었는지 통닭을 먹으며 무척 행복해했다. 오랫동안 학교에 다니지 못한 아이들의 전학 문제도 청송에 있는 학교와 관내 학교의 적극적인 협조로 손쉽게 해결해 학교도 다니게 되었다. 막내 아이는 동네 어린이집 원장의 도움으로 바로 어린이집에 다닐 수 있게 되었다.

어느 날 아침 첫째 아이와 B씨가 아침부터 동사무소로 찾아왔다. 밤새 아버지 A씨에게 폭행을 당했다고 한다. 이유를 들어보니 동사무소에서 받은 돈을 내놓고 술을 사가지고 오라며 B씨와 아이들을 때리고 집에서 내쫓았다는 것이다. 더 이상 배우자 B씨와 아이들에게 돈 관리를 맡길 수 없어 내가 직접 통장 관리를 하면서 시장 보기와 간식 등이 필요할 때 아이들이 찾아오면 흔쾌히 동행했다.

A씨는 술로 시작한 도시 생활과 노숙생활에서 잘 헤어 나오지 못하고 있었다. 아이들을 생각하거나 챙기는 마음도 있었지만, 술을 먼저 찾고 조금만 돈이 생기면 술을 사다가 친구들과 어울리는 것을 우선으로 했다. 음주 후 가족들을 폭행하는 일이 잦아져 주위 이웃들의 신고로 A씨는 결국 파출소로 끌려갔다. 이를 계기로 본인이 결심해 정신병원 알코올 병동으로 입원하겠다고 했다. 그렇게 아이들의 아버지가 입원하고 나서야 배우자 B씨와 세 아이들의 얼굴이 다시 밝아졌고, 가정에서는 다시 웃음꽃이 피게 되었다.

아이들에게 아름다운 미래를 선물해 주기 위해 사회는 행복한 가정을 만들어 주어야 하지만, 현장에서 만나게 되는 가정은 그것을 실현하기 힘든 경우가 많다. 아이들의 아버지를 정신병원으로 보내면, 그 가정은 결손 가정이 된다. 결손 가정의 아이들과 아버지가 함께 사는 정상적인 가정의 아이들은 성장 환경에 많은 차이가 있다. 하지만 때로는 안타깝게도 결손 가정으로 만드는 것을 피할 수 없는 경우도 있다.

이후 한동안 나는 어린이날이 되면 부모와 함께 살지 못하는 아이들을 많이 찾아다녔다. 아이들에게 나눠줄 선물을 사들고 찾아갔다. 부모에게 받지 못하는 사랑을 조금이라도 전해 주고 싶었기 때문이다. 반대로 어버이날이 되면 카네이션을 사들고 혼자 사시는 할아버지, 할머니들을 방문했다. 자식에게 받지 못하는 사랑을 조금이라도 전해 드리고 싶은 마음 때문이었다.

여러 가지 이유로 가정이 붕괴되고 무너져 내리는 사회에서 결손가정의 아이들에겐 무엇보다도 누군가의 따뜻한 손길이 필요하고, 아이들이 더욱 건강하게 자랄 수 있도록 모두가 관심을 기울여야 한다. 또한, 우리가 누리는 오늘을 만들기 위해 평생을 바쳤지만 이제 혼자가 되어 어렵게 홀로 살아가야 하는 어르신들도 마지막까지 삶을 잘 지켜낼 수 있도록 위로하고 지지해야 한다. 무엇보다도 사회복지공무원들이 나서서 먼저 노력해야만 사회 또한 그런 노력에 동참할 것이다.

2017년 주요 아동 지원사업명

교육부	초등돌봄교실, 국립특수학교 및 특수학급 지원
문화체육관광부	스포츠강좌이용권
보건복지부	아동통합서비스지원(드림스타트사업), 중앙아동보호전문기관 운영, 학대피해아동 쉼터 설치 및 운영, 지역아동센터 지원, 가정위탁아동 상해보험료 지원, 입양가정위탁아동 심리치료 지원, 아동발달지원계좌(디딤씨앗통장) 지원, 입양비용 지원, 입양아동 양육수당 지원, 장애아동 입양 양육보조금, 장애입양아동 의료비지원, 어린이 국가예방접종 지원, 발달재활서비스, 언어발달지원, 장애아가족 양육지원, 취학전 아동 실명예방지원
여성가족부	아이돌봄 서비스, 한부모가족 아동양육비 지원, 다문화가족 자녀 언어발달지원서비스

온갖 잡동사니를 모으고 쌓아두는 저장강박증

철제 대문을 열고 들어가면 나를 반겨주는 것이라곤 짖어대는 개 한 마리와 방 2칸과 부엌, 마당 등 집안을 가득 채우고 있는 쓰레기 더미 같은 잡동사니 뿐이었다.

매일 동사무소에 찾아와 몇 시간씩 자신의 집을 찾아달라고 요구하는 L씨가 있었다. 오십 대 후반으로 아흔에 가까운 노모를 모시고 살아가는 가장이었다. L씨는 안경테를 만드는 작은 가내 공장을 운영하다가 부도가 나서 공장과 집을 모두 경매로 날려버렸다. 자신의 공장과 집, 재개발한 아파트까지 모두 날려버렸던 것이다. 그러면서 재개발한 아파트를 ○○부동산 대표가 음모를 꾸며 빼앗아 갔다고 주장했다. L씨는 집요하게 말꼬리를 잡으며 오랫동안 대화를 이어가는 재주를 가지고 있었다. 오전에 동사무소를 지나치다 안으로 들어와 하소연을 늘어놓고, 오후에 지나가는 길에 또다시 들어와 하소연을 털어놓고 갔다.

나도 현장을 방문하는 길에 L씨 집을 찾았다. 마당이 좁고 방 2
칸에 부엌 1칸이 붙어 있는 10평 남짓한 조그마한 집이었다. 그런
데 들어가는 골목 입구부터 코를 막지 않고서는 집 앞까지 가기가
어려웠다. L씨의 모친은 동네의 온갖 쓰레기를 모아 집에다 차곡
차곡 쌓아 놓았다. 언제부터 시작된 행동인지 알 수 없지만, 동네
사람들 이야기에 따르면 L씨가 부도난 이후 더 심해졌다고 했다.

철제 대문을 열고 들어가면 나를 반겨주는 것이라곤 짖어대는
개 한 마리와 방 2칸과 부엌, 마당 등 집안을 가득 채우고 있는 쓰
레기 더미 같은 잡동사니뿐이었다. 끼니는 언제 해 드셨는지 냄비
와 식기에 말라붙은 음식물이 상해서 냄새가 진동하고 있었다. 집
안에서 유일하게 누울 수 있는 공간으로는 전기장판 위에 자리한
땟물이 밴 이부자리뿐이어서 어느 곳에 발을 두고 서야 할지 난감
했다. 쓰레기 더미 속에 그래도 전기밥솥에는 불이 들어와 있고, 밥
솥을 열어보니 먹을 수 있는 따뜻한 밥이 있고, 국솥에도 국이 조
금 남아 있는 것을 보니 끼니는 해결하고 계신 것 같았다. 비위가
약한 사람은 골목부터 헛구역질로 정신을 차릴 수 없고, 집안에서
도 말로는 표현할 수 없는 악취로 견뎌내기 어려울 터였다. 그래도
손님이 찾아왔다고 L씨의 모친이 언제 꺼내왔는지 요구르트 한 병
을 내놓으며 먹으라고 권했다.

L씨의 모친은 연세도 많고 무언가에 집착하고 있어 대화가 제대
로 되지 않았다. 그래도 그때까지 장가도 가지 못한 L씨를 장가보
내야 한다고 계속 이야기했다. 외출 나간 L씨는 만나지 못하고 모
친과도 제대로 대화를 나눌 수 없어 밖으로 나왔지만, TV에서나

볼 법한 현장을 경험했다. L씨의 집과 주위 환경을 정리해 우선 사람답게 살 수 있는 공간으로 만들어야 했다. 집 청소와 가재도구 수리 및 구비 등 환경개선이 시급했다. 새마을부녀회와 봉사단체에 협조를 구해 흔쾌히 허락은 받았으나, L씨와 L씨 모친의 동의를 구하지 못해 오랫동안 방치할 수밖에 없었다. 타당한 이유도 없이 L씨 모자는 막무가내로 청소를 못하게 했다.

　L씨는 자신의 아파트를 빼앗아 간 인근 동네 ○○부동산 대표의 수작으로 본인이 부도가 났다고 생각했다. 나더러 부동산 대표에게 도대체 얼마를 먹고 자신을 쫓아내려고 하는지, 도대체 무엇 때문에 자신의 집을 청소를 해야 하는지 묻고 또 물었다. 그러면서 ○○부동산 대표에게 따지러 가야 한다고 말했다. 절박한 심정을 조금 이해할 요량으로 L씨와 함께 가보았다. 멀지 않은 ○○부동산 사무실 30m 전방에서 L씨는 고래고래 고함을 치기 시작했다.

　"○○○, 이 사기꾼아!"

　"내 돈 먹고 잘 살 것 같냐?"

　이런 저런 입에 담을 수 없는 욕으로 한참 고함을 지르다 부동산 대표가 쳐다보면 금방 숨어버린다. 내가 나서서 대표를 만나 보았다. ○○부동산 대표의 말에 따르면 L씨는 부동산 사무실이 소재한 재개발 아파트에 작은 집을 가지고 있었다고 한다. 대표가 조합장이 되어 아파트를 건축했고, 완공이 된 이후 입주를 해야 할 시기에 잔금이 부족한 L씨의 아파트를 전세 계약을 맺어 주고 전세보증금을 잔금으로 처리했다고 한다.

　이후 전 세입자와 L씨가 직접 매매 계약을 통해 사고팔았으나 L

씨는 아파트 잔금을 받지 않았으므로 ○○부동산 대표가 아파트를 빼앗아 간 것으로 생각했다. 매일같이 하루도 빠짐없이 오전과 오후에 자신을 찾아와 온갖 욕설을 퍼 붓는다고 했다. 이런 L씨를 영업 방해로 고발해 사무실 100m 이내 접근 금지 판결을 받았다고 말하면서, 그 판결문을 보여주었다.

매일같이 찾아오는 L씨 때문에 피해가 크다고 이야기하면서 동사무소 담당자인 나에게 L씨가 제발 자신의 사무실에 오지 못하게 해달라고 요구했다. 개개인이 맺은 계약에 대해 내가 뭐라고 말할 순 없지만, 참으로 딱한 인연인 것 같았다. 억울해 하는 L씨와 더 억울해 하는 부동산 대표는 언제까지 그렇게 다툴지 알 수 없었다.

L씨는 언제나 자신에게 일어나는 일들이 ○○부동산 대표가 자신을 해코지하려는 것이라고 생각했다. 얼마의 시간이 흘렀을까? 연로하신 L씨의 모친이 갑자기 쓰러져 병원으로 모시게 되었다. 대구의 한 여름은 보통 사람도 견디기 어렵다. 그런 무더위 속에서 바람도 제대로 통하지 않는 집안에 있던 L씨의 모친은 뇌경색으로 쓰러졌다. 자신의 아파트를 되찾기 위해 여전히 목소리 높이고 있던 L씨가 점심때 즈음 밥 먹으러 집에 들어갔다가 쓰러진 어머니를 발견했고, 119 구급차량을 이용해 병원으로 모셨다. L씨의 어머니는 금지옥엽처럼 생각하는 아들을 홀로 남겨두고 그렇게 세상을 떠났다.

모친을 먼저 떠나보낸 후, 그동안의 기세는 모두 사라지고 무기력한 모습의 L씨가 동사무소에 찾아왔다. 집안에 쌓여 있는 물건들을 치워야 한다고 도움을 요청해 왔다. 새마을부녀회와 봉사단체의 협조로 이틀에 걸쳐서 쓰레기 더미를 치웠다. 그동안 보이지 않았던 부분 중 낡고 시급히 보수가 필요한 곳을 깨끗이 수선하고 도배와 장판을 새롭게 꾸미니 새집처럼 변했다. L씨는 이제 골목을 지나다니는 사람들에게 악취로 고통을 주었던 주범에서 벗어나게 되었다.

모친이 돌아가시기 전 입에 달고 살았던 유언 같은 말은 하늘에서도 이루어지길 희망하는 걸까? L씨가 결혼을 하고자 베트남을 찾아가고, 먼지로 덮인 채 집구석에 놓여 있던 안경테 용접기계를 꺼내어 뭔가를 하기 시작했다. 사회복지사인 나는 그 누구보다도 L씨가 새로운 마음으로 다시 일어설 수 있기를 바라며 그의 힘찬 발걸음을 지지했다.

당시에는 저장강박증처럼 정신질환 또는 정신장애를 앓고 있는 사람들이 다시 사회에서 정상적으로 살아갈 수 있도록 도와주는 시설이나 서비스가 거의 없었다. 정신질환자들이 제대로 된 치료를 받지 못한 채 이웃 주민들과 함께 살아가다 보니, 그로 인한 희생이나 피해가 많았다. 전문적·체계적 상담으로 정신질환자들을 돕고 일상생활이 가능하도록 집중 관리하는 시스템이 갖춰져 있지 않던 시기였다.

내가 근무했던 지역에도 2000년이 되어서야 정신장애인 사회복귀시설인 '대구위니스'가 설립되어 정신장애인을 의뢰하고 자문받을 수 있게 됐다. 최근에는 정신장애인들이 사회구성원으로 다시 살아갈 수 있도록 일상생활 훈련이나 재활 훈련 등 지원 정책이 수립되어 정신장애인 전문 시설과 밀접하게 협업하고 있다.

저장강박증(Compulsive Hoarding Syndrome, 貯藏强拍症)

강박증의 일종으로 저장강박장애, 저장강박증후군이라고도 불립니다. 물건의 필요나 사용과 관계없이 무조건 모으고, 모으지 못할 경우 스스로 불안해하거나 고통스러워 등 불쾌한 감정을 느끼게 됩니다. 취미나 필요, 절약을 위해 물건을 모으는 것이 아니라 병적인 집착으로 모든 잡동사니를 자신의 영역 안으로 쌓아두는 것을 말합니다. 사물에 대한 가치평가를 제대로 하지 못해 자신에게 필요한 물건인지, 보관해야 하는지, 버려야 하는지에 대한 판단을 하지 못하고 강박장애를 완화하거나 해소하기 위한 행동이라고 합니다.

아울러, 강박장애는 불안장애의 하나로서, 자신의 의지와는 상관없이 어떤 특정한 사고나 행동을 떨쳐버리고 싶은데도 시도 때도 없이 반복적으로 하게 되는 상태를 말합니다. 강박성 장애는 강박적 행동과 강박적 사고로 구분이 되며, 강박적 사고가 불안이나 고통을 일으키는 것이라면, 강박적 행동은 그것을 완화시키는 역할을 합니다. 강박적인 생각과 행동을 할 때는 떨쳐버리거나 중단하고 싶지만 그렇게 할 수 없기 때문에 불편함을 느끼고 고통스러워하게 되는 상태를 겪게 되기도 합니다. 강박 사고나 강박 행동 중 한 가지 증상만 나타나는 경우도 있으나 두 가지 모두 나타나는 경우도 있습니다. 그러나 이런 행동은 일시적인 편안함을 제공할 뿐 결과적으로 불안을 증가시킵니다.
(건강백과 참조)

● 사회복지현장에서는 어렵지 않게 찾아볼 수 경우로서, 저장강박증을 가지고 있는 세대나 가족보다는 주변 이웃사람들의 잦은 민원으로 우선적으로 해결해야 하는 사안입니다. 특히, 관련 민원을 처음 겪게 되는 경우 주변 전문가들의 도움과 봉사단체의 협조가 필요합니다.

● 정신·심리적 장애
• 조현병(조울증): 조증과 울증의 교차
• 망상장애(편집증)
  색정망상형: 유명인사가 자기를 사랑(감시, 접촉시도 등)
  과대망상형: 위대한 능력자, 유명인사와 친분관계 등 과시
  질투망상형: 배우자 부정의심
  피해망상형: 감시, 미행, 음모, 약탈, 독살 등 피해
  신체망상형: 피부에 벌레가 기어 다니고, 질병의 감염, 몸의 악취 등
  혼합형, 불특정형 등으로 나타남

늘 푸른 여름 학교, 따뜻한 겨울 학교

드디어 기다리던 경주가 눈앞에 보이고 경주 IC로 들어서자 …… 이내 아이들의 환호성으로 차량이 시끄러워졌다. …… 부모와 함께 사는 아이들은 한번씩 왔을 법한 곳이었지만, 나와 함께했던 아이들은 대부분 그런 추억 하나없어 안타까웠다.

내가 근무하던 동사무소는 시범 사업으로 99년 7월 1일부터 '동사무소'를 '주민자치센터'로 명칭을 변경했다. 아울러 그동안 동사무소에서 해오던 업무의 상당 부분이 구청으로 이관되었고, 주민등록업무와 복지업무를 중심으로 재편되어 주민자치센터로 출범하게 되었다.

주민자치센터를 이끌어 갈 '주민자치회'를 새롭게 구성했고, 자치위원들과 관련 직원들이 머리를 맞대고 주민자치센터 운영 방안을 논의한 끝에 동사무소 2층 회의장을 주민들이 이용할 수 있는헬스장, 컴퓨터교육장, 주민사랑방으로 리모델링하기로 했다. 시범 사업을 위해 지원받은 돈으로 헬스장 장비와 컴퓨터, 비품 등을 구입했고 헬스장 및 컴퓨터 교육장의 강사를 채용해 운영하게 됐다. 새롭게 시작한 주민자치센터의 헬스장은 인기가 좋은 편이었지만, 그에 비해 컴퓨터 교육장은 활용도가 높지 않은 편이었다.

컴퓨터교육장에 강사까지 있으니 무엇인가 해야겠다는 생각이 들었고, 마침 방학 중 저소득층 아이들이 참여할 수 있는 프로그램 기획이 필요했다. 아울러, 방학 중 결식아동에 대한 관심도 필요하고, 개학 이후 저소득층 아이들에게 필요할 이야기꺼리를 만들어 주기 위해 현장 놀이 활동 등을 결합해 '방학 프로그램 기획안'을 만들어 추진했다. 결재 과정에서 프로그램 명칭을 새롭게 만들어 보자는 주위 사람들의 의견에 따라 '따뜻한 겨울 학교(늘 푸른 여름 학교)'로 명명했다. 대상이 될 수 있는 초등학생들의 프로그램 참가 수요조사를 거쳐 초등학생 22명이 참가하게 되었다.

프로그램 운영 경비를 위해 후원자 개발이 필요해 후원자를 찾아 나섰다. 평소 어려운 이웃을 돕고 소리 소문 없이 앞장서서 솔선하는 J사장은 대규모 신발 도매업자였다. 필요한 것을 말하기 무섭게 언제든 어려운 사람이 있으면 도움을 주겠다고 했었다. J사장에게 기획안을 보여주니 흔쾌히 돈이 들어가는 것은 자신이 전적으로 책임지겠다고 했다.

월 1회 혼자 사는 노인들에게 중국 음식을 제공하는 L사장은 N이라는 중국집을 운영했다. L사장에게 후원이 필요하다고 하니, 역시 흔쾌히 점심 식사는 1인 2천 원에 아이들이 먹고 싶은 메뉴를 무엇이든 만들어 주겠다고 했다.

아이들의 학령에 따라 학습 문제지를 구입하고 컴퓨터 교육장을 새롭게 세팅해 시작한 '따뜻한 겨울 학교'는 조용하던 주민자치센터를 놀이터처럼 시끌벅적하게 만들었다. 컴퓨터 교육장에서는 매일같이 끊이지 않는 아이들의 웃음소리가 들렸고, 배움의 열기로 뜨거웠다.

컴퓨터 강사도 과외 일이지만 최선을 다해 아이들을 가르쳤다. 나는 사회복지도우미와 함께 아이들에게 스스로 학습하는 시간을 주어 학습지를 풀도록 했고, 저학년과 고학년을 나누어 아이들이 스스로 푼 학습지를 다시 한번 같이 풀어보도록 하며 복습을 시켰다.

프로그램에 참가했던 아이들은 대부분 수급자의 자녀로 할머니·할아버지와 살고 있는 형편이었다. 저소득층 아이들을 모아 시작한 '따뜻한 겨울 학교'에서는 매일 10시, 아이들이 컴퓨터를 배우는 시간을 갖도록 했다. 컴퓨터를 처음 만지는 아이들이 대부분이라 진도는 빠르게 나가지 못했지만, 아이들의 이해력과 적응력이 뛰어나 금세 컴퓨터로 방학숙제를 하고 학교 친구들과 메일을 주고받기까지 했다. 물론 컴퓨터 게임에 재미를 붙인 아이들도 있었다. 방학 중 결식아동 문제가 언론에 많이 거론되었기 때문에, 방학이면 밥을 굶는 아이들에 대한 사람들의 관심이 높아져 좀 더 효율적으로 결식아동을 줄이기 위한 노력을 하게 되었다. 방학에 혼자 밥을 챙겨 먹어야 하는 아이들이 '따뜻한 겨울 학교' 프로그램에 참가하게 되면서, 다른 친구들과 함께 모여 좋아하는 중국 음식을 자주 먹을 수 있으니 무척 좋아했다.

중국집 L사장은 아이들이 짜장면이나 짬뽕만 먹으면 식상하다고 꼭 일주일에 한 번은 돈가스, 오므라이스 등 아이들이 좋아하는 양식도 만들어 주었다. 그리고 자신이 요리한 음식을 누구보다 맛있게 잘 먹어주는 아이들을 온 마음을 다해 사랑해 주었다. 아이들도 L사장에게 먼저 장난을 치기도 하며 즐거운 점심시간을 보냈다.

좀처럼 가족과 여행을 가거나 놀이공원에서 즐거운 시간을 보낸 적 없는 아이들에게 개학 후 친구들과 나눌 수 있는 이야기꺼리가 필요했고, 아이들이 스스로 의논하도록 해 놀이공원과 눈썰매를 함께 즐길 수 있는 경주로 체험활동을 가게 되었다.

이동 차량과 필요 경비는 신발 도매업자인 J사장이 전적으로 부담해 진행했다. 나는 아이들을 데리고 체험활동에서 먹을 간식을 준비할 수 있도록 시장을 보았다. 체험활동을 준비하는 과정에서 공부할 때는 느끼지 못했던 아이들의 숨겨진 성격이 드러났다. 적극적인 아이들은 자신이 필요한 것을 과감하게 요구했고, 소극적인 아이들은 조용히 자신이 원하는 것을 손에 넣었다. 체험활동을 떠나기 전날, 필요한 간식과 과일 등 준비물을 함께 정리하고 집으로 돌아갔다. 아이들은 다음날 있을 체험활동을 생각하며, 어느 때보다 즐거운 발걸음이었다.

아침 일찍부터 동사무소 문을 열고 차량에 준비물을 실었다. 동장님과 직원들이 즐겁게 떠나는 아이들을 환송한 후 우리는 경주로 향했다. 아이들은 밤새 들뜬 마음에 잠을 설쳤는지 출발 후 한동안 재잘거리던 소리가 줄고 금세 조용해졌다. 드디어 기다리던 경주가 눈앞에 보이고 경주 IC로 들어서자, 아이들이 다시 하나둘씩 일어나 재잘거리며 웃음꽃을 피웠다. 보문관광단지를 만들고 있는 보문호(普門湖) 길로 들어서니 경주월드의 큰 회전관람차가 보였고, 이내 아이들의 환호성으로 차량이 시끄러워졌다.

부모와 함께 사는 아이들은 한번씩 왔을 법한 곳이었지만, 나와 함께했던 아이들은 대부분 그런 추억하나 없어 안타까웠다. 찬바람을 막아주는 큰 건물이 없는 데다 보문호를 끼고 탁 트인 공간은 쌀쌀한 날씨를 더 춥게 만들어 처음에는 아이들의 몸을 움츠러들게 했다. 하지만 날씨와 상관없이 신이 난 아이들은 자유권으로 탈 수 있는 놀이기구를 오전에 모두 이용했고, 특히 남자 아이들은 스릴 넘치는 놀이기구에서 떠날 생각이 없었다.

점심으로는 놀이공원 내 식당에서 돈가스를 먹고 오후에는 눈썰매장으로 향했다. 눈썰매를 들고 높은 언덕으로 올라가 '씽~!' 하

따뜻한 겨울 학교 경주월드 나들이

고 내달릴 때 느껴지는 짜릿한 기분은 아이들이 처한 환경이나 어려움마저도 단숨에 날려버릴 것만 같았다. 몇 번만 오르락내리락하면 금방 지쳐버릴 줄 알았는데, 아이들은 지치지도 않았다. 직접 준비한 간식을 먹은 뒤 짧은 겨울의 해가 서녘으로 내려갈 때까지 신나게 눈썰매를 탔다. 아이들이 놀이공원에 계속 있고 싶어 해서 한 명씩 붙잡고 설득하느라 애를 먹었다.

버스에서는 다들 얼마나 피곤했는지 코까지 골며 대구로 올라왔다. 하루 종일 노느라 배고파진 아이들을 위해 휴게소에 잠깐 들러 간단하게 저녁 식사를 하고, 아이들을 한 명씩 집 앞에 내려주는 것으로 체험활동을 마쳤다.

여름방학 기간에도 '따뜻한 겨울 학교'와 비슷한 프로그램인 '시원한 여름 학교'를 열어 아이들이 다시 컴퓨터를 배우고 방학숙제를 하고 학습지로 공부할 수 있도록 했고, 체험활동으로 놀이공원에 가는 프로그램은 내가 다른 지역으로 인사이동을 하게 된 후에도 한동안 계속 진행되었다.

아이들이 이렇게 사회복지 프로그램을 통해 쌓은 추억을 학교에서 친구들과 나누고, 먼 훗날 어른이 되었을 때에도 아름다운 기억으로 자리잡을 수 있도록 사회복지공무원들은 소외된 아이들을 위한 프로그램을 계속 기획하고 개발해야 할 것이다.

되돌아보면 그게 모두 서비스 연계였다

한번은 영구임대주택에 거주하던 수급자의 아이가 새벽에 친구 오토바이를 타고 가다가 교통사고를 크게 당해 …… 당직실을 통해 우리 집으로 연락이 왔다. 울며불며 아들을 살려달라는 수급자의 목소리에 급하게 일어나 달려 나갔다.

대인관계가 좋다고 할까? 오지랖이 넓다고 할까? 사회복지공무원이 내 적성에 딱 맞아서일까? 인생에서 일어나는 일들이 그렇듯 사회복지 현장에서 일어나거나 겪게 되는 많은 상황들 또한 나를 비롯한 일개 사회복지공무원이 미리 예측해 대비하거나 통제할 수 있는 것이 아니다. 그러나 통제할 수 없는 상황이라도 그 상황을 극복하기 위한 노력에 있어서는 모두가 한 마음으로 움직인다.

아프거나 다치거나 혹은 실직·진학 등, 대상자 본인이나 대상자의 가족과 일가친척들이 겪고 있는 대부분의 상황은 금전문제로 귀착된다. 가난한 집은 질병이나 사고·사망 등 좋지 않은 상황이 꼬리를 물고 끊임없이 일어난다.

어렵게 살아가다 조금이라도 먹고 살 만해지면 돈벌이하던 세대주가 사고를 당하거나 질병으로 입원해 치료비를 구하기 위해 동분서주하는 상황이 되고는 한다. 내가 공무원이 되고 처음 겪게 된 상황은 영구임대아파트 입주보증금이 없어 발을 동동 구르는 모자 세대의 문제였다. 예정된 입주일은 다가오고 수중에 가진 돈이라고는 70여만 원 정도가 있었지만, 보증금 120여만 원과 이사를 위한 제반 비용이 없어 막막해 하고 있었다. 몇 년 전 부도가 나서 자살한 남편을 먼저 떠나보내고 안정된 직장도 없이 혼자 식당 등에서 일을 하며 하루하루를 어렵게 살아온 세대였다.

당시 거주하던 집은 초등학생인 딸과 함께 모녀가 살아가기에는 주거 환경이 너무 열악했다. 좀 더 나은 환경으로 이사 갈 필요가 있었지만, 보증금이 없는 데다 월세로 살아가는 형편에 수월한 일은 아니었다. 신발 밑창 공장을 운영하는 사장인 동정자문위원에게 지원해 달라고 조심스럽게 이야기를 꺼냈더니, 흔쾌히 필요한 금액을 지원하겠다고 나서서 문제를 해결할 수 있었다.

그렇게 시작된 일은 이후 대학 입학금과 등록금, 동절기 난방을 위한 연탄, 쌀과 부식 등 도움을 필요로 하는 가정을 챙기기 위한 발걸음을 가볍게 했다. 지인들 중 그 정도는 후원하고 지원할 수 있겠다 싶은 사람들에게도 스스럼없이 도움을 청했다.

연말연시에 계획서를 만들어 협조를 구하면 열 중 아홉은 기꺼이 동의하고 지원을 아끼지 않았다. 후원자가 될 수 있는 사람들의 관심사항을 평소 잘 관찰해야 했고, 그들의 상황을 잘 알고 있어야 거절당하지 않기 때문에 지나가는 말 한 마디도 흘려듣지 않았다.

대구 산격동 마을금고 S이사장, K한의원 K사장, 칠성동 D수산 G사장, 자율방범대 K대장, 침산 2동 J고무 J사장, S냉동 L사장, 침산 1동 H산업 L사장은 어려운 이웃을 돕기 위한 활동에 마치 부탁하면 열리는 '개인 금고'처럼 적극적으로 나서주었다. 사업이나 가정사에 좋은 일이 있을 때 찾아가 어려운 이웃을 돕자고 하면, 어김없이 적극 도와주었다.

대구의 대규모 대학부속병원은 시스템을 잘 갖추고 있어서 환자들이 병원을 이용하기 편리하도록 되어 있다. 병원마다 대부분 사회사업실 또는 사회사업과를 갖추고 있어 병원비 마련에 어려움을 겪는 환자들은 이곳을 많이 찾았다. 사회사업과는 병원비를 일정부분 감면하거나 후원자와의 결연을 통해 저렴하게 병원을 이용할 수 있도록 지원하는 부서이다. 하지만 보통 병원이라고 하면 분초를 다투는 시급한 응급 상황이나 만성 질환으로 병원을 찾는 사람들을 생각하기 때문에 사회사업실을 잘 모르는 사람들이 의외로 많다.

한번은 영구임대주택에 거주하던 수급자의 아이가 새벽에 친구 오토바이를 타고 가다가 교통사고를 크게 당해 대구의 한 대학병원 응급실에서 수술이 필요한 상황이었지만, 수술비가 없어 수술을 못하고 있었다. 당직실을 통해 우리 집으로 연락이 왔다. 울며불며 아들을 살려달라는 수급자의 목소리에 급하게 일어나 달려 나갔다. 담당 공무원으로서 수술에 대한 보증을 서겠다고 약속한 후에야 수술을 할 수 있게 되었다.

보험 처리도 되지 않고 수술비와 중환자실에서의 장기간 입원 치료가 필요하지만 돈 문제를 해결할 수 없으니 수급자는 얼마나 답답했을까? 어려운 형편에 이렇게 급하게 수술이나 입원이 필요한 경우에는 사회사업실의 문을 두드려야 한다. 대상자별로 조금씩 차이는 있겠지만 당시 사회사업실에 부탁했던 사람들은 대부분 치료비를 감면받았고, 감면받지 못한 일부 금액은 부탁하면 열리는 개인금고 같은 분들이 도와 해결할 수 있었다.

이제는 후진 양성을 위해 학문의 길로 나가거나 퇴직을 했지만, 병원마다 나에게 비빌 언덕이 되어주었던 사람들이 있었다. 나는 K대학병원 사회복지과의 S담당, Y대학병원 사회사업과 J담당, K대학병원 사회사업실 J실장, P병원 사회사업실 B수녀 등과 늘 병원 관련 부탁을 위해 전화를 주고받았다. 어려운 주민들의 수술이나 치료 등이 사회복지사인 나에게는 언제나 절실했고, 이분들에게 많은 도움을 받았다.

병원 측에 워낙 많은 환자들을 부탁하다 보니, 사회사업실에서는 내가 '뛰어다니는 발'로 통했다. 필요한 만큼 도움을 받을 수 있도록 설득하고 왜 도와주어야 하는지 병원 측에 설명하면, 사회사업실에서는 자신들이 해야 할 일을 내가 대신해 준다고 좋아했다.

이 병원 저 병원마다 아픈 환자도 참 많았다. 병원마다 입원해 있는 주민들은 꼭 찾아가 보고 그들에게 도움이 될 수 있는 것을 찾아 이리저리 뛰어다녔던 기억이 난다. 오지랖 넓게 대상자들의 일에 간섭하며 지원받을 수 있는 사람들을 찾아 혜택을 받을 수 있도록 도왔다. 지금도 일선 현장에서는 그때의 나처럼 발로 뛰며 어려운 이웃을 돕기 위해 노력하는 사회복지공무원들이 있다. 그렇게 직접 뛰어다니며 후원자를 개발해 적정한 곳에 지원하는 그 모든 일들이 돌이켜 보면 바로 지금의 '서비스 연계'이다.

긍정적 사고로
험난한 복지업무 즐기기

알루미늄 목발에 한번 맞아 볼래?

그러면서 다시 알루미늄 목발을 들고 또 한번 날 내려치려고 했다. 나도 또 다시 머리를 들이밀며 …… 이제부터 병실에 누워 편하게 월급 한번 받아 보는 게 소원이라고 말해주었다.

인사이동으로 인해 동사무소로 발령받기 몇 주 전, 복지담당자와 민원실 여직원에게 함부로 응대하던 A씨가 이를 만류하는 다른 민원인을 흉기로 폭행해 그 민원인이 입원하는 불상사가 일어났다. A씨는 하지 절단으로 두 발 대신 의족을 하고 알루미늄 목발에 의지해 다니는 사람이었다. 평소에도 주위 사람들과의 잦은 다툼으로 이웃들의 생활에 많은 불편과 어려움을 주고 있었다.

당시 동사무소 통폐합에 따라 앞서 근무하던 동이 폐지되고 이전에 함께 근무하던 동장이 급하게 나를 선발해서 보낸 모양이었다. 평소 A씨는 석가탄신일이나 사찰에 특별한 행사가 있는 날이면 전국 주요 사찰을 찾아다니며 주지 스님이나 보살, 신도 등에게서, 크리스마스나 교회에 특별한 행사가 있으면 교회에서 소위 '빵'이라는 것을 뜯으며 살아가고 있었다. 또 일상적으로 역이나 고속터미널 등에서 절단된 다리를 내어 놓고 의족과 알루미늄 목발을 전시해 놓고 구걸하면서 살아가고 있는 거택보호대상자였다.

아울러 한번씩 동에서 취로사업을 추진하면 이름만 올려놓고 돈을 받아가던지, 아니면 따라다니며 취로사업에 참여하는 사람들에게 온갖 욕설을 퍼부으며 못살게 굴었다. 취로사업에 참여하는 사람들이 A씨만 나타나면 잘 진행하던 취로사업도 못하겠다고 하면서 제발 A씨랑 함께 하지 않도록 해달라고 사정을 했다. 자초지종을 들어보면 취로사업에 참여하는 사람들의 고충은 이만저만이 아니었다.

내가 새로운 동사무소로 발령받은 지 얼마 지나지 않았을 때, 그동안 취로사업장에 보이지 않던 A씨가 나타나 대장 노릇을 하겠다고 했다. 취로사업에 참여하는 10명 남짓한 사람들이 A씨 때문에 불평이 가득해 부득이 내가 개입하게 되었다. 이전에도 A씨와 한 차례 신경전이 벌어진 적이 있는데, 또다시 부딪치게 되었다. A씨는 알루미늄 목발을 내 머리에 갖다 대며 날 죽이겠다고 위협했다. 나도 칠 테면 한번 쳐보시라고 강단 있게 머리를 좀 더 내밀어보니, A씨는 움찔하면서 조금 물러섰다. 기회를 놓치지 않고 바짝 다가서면서 내가 하고 싶은 말을 모두 전달하니, A씨는 몹시 흥분하면서 갑자기 차량이 꽤 많은 4차선 도로로 뛰어들어 길 한가운데에 큰 대자로 누워 고래고래 고함을 쳤다.

"복지공무원이 장애인을 친다!"
"복지공무원이 장애인을 친다!"

A씨가 계속 큰소리로 외치며 도로에 누워있으니 지나가던 차들이 멈춰 서 빵빵거렸고, 서있는 차 안에서는 욕지거리가 한 마디씩 날아왔다. 순식간에 벌어진 일이었고, 내가 뭔가 큰 잘못을 한 것처럼 보였다. A씨는 이렇게 담당자를 곤혹스럽게 만드는 재주가 있었다. 앞선 복지담당자들도 A씨를 감당하지 못해 A씨가 하는 대로 그냥 둔 모양이었다. 막무가내로, 그것도 두 발을 사용하지 못하는 장애인이 고래고래 소리를 치니 당연히 내 편은 한 명도 없었다. 겨우 구슬려 인도로 데리고 나오니 더 크게 소리를 외쳤다.

"복지공무원이 나 같은 장애인을 못살게 괴롭힌다!"
"이런 공무원은 잘라야 한다!"
"이런 공무원은 잘라야 한다!"

A씨는 다음날부터 내가 동사무소 공무원에서 제명될 때까지 자신을 따르는 장애인 50여 명을 데리고 와서 매일 시위를 하겠다고 했다. 장애인을 이렇게 함부로 대하는 공무원은 두 번 다시 보지 않도록 장애인 단체가 나설 것이라고 했다.

나는 지나가는 말로 넌지시 A씨에게 이렇게 말했다. "장애인 100명 이상이 시위를 해야 내가 눈이라도 깜짝하지, 시위 인원이 너무 적다. 당신을 좇아 시위에 참석하는 장애인도 모두 당신 편이 아니라 내 편도 제법 많을 것이다."

　이 말을 들은 A씨는 갑자기 신규 직원이 너무 드세고, 민원인을 거칠게 대한다고 이야기하며 자신에게 까불지 말라고 했다. 그러면서 다시 알루미늄 목발을 들고 또 한번 날 내려치려고 했다. 나도 또다시 머리를 들이밀며 한번 쳐보시라고, 나도 이제껏 당신 같은 사람들 때문에 고생이 많았는데, 이제부터 병실에 누워 편하게 월급 한번 받아 보는 게 소원이라고 말해주었다.

　A씨는 자신이 알고 있는 장애인 중 내 편이 더 많다는 이야기에 놀랐는지, 아니면 강단 있는 내 모습에 기가 꺾였는지 모르겠지만, 조금 움찔하면서 나더러 재차 신규직 공무원이 아니냐고 물어봤다. "아니, 신규 공무원이면 이렇게 함부로 막 대해도 되느냐"고 나는 되물었다. 그리고 속사포처럼 이야기를 퍼붓기 시작했다. "나도 나름 공무원으로서 산전수전 다 겪어 당신 같은 사람은 하나도 겁나지 않는다. 영구임대아파트에서 5년, 노숙인 상대하며 5년 등 10년 이상 현장에서 굴러다녔다"고 하니, A씨는 더 이상 말을 잇지 못했다.

　그는 다음에 다시 오겠다는 이야기를 남기고 조용히 떠났다. 그후 살아있다는 전화만 어쩌다 한 번씩 오고, 너무 드센 신규 공무원은 상대하고 싶지 않은지 나를 열심히 피해 다녔다. 어느 곳에나 처음 만남에서 간을 보려는 사람들이 있다. 드센 사람일수록 거기에 휘둘리면 사회복지공무원 생활이 힘들어지고 형평성이 깨질 수 있다. 사회복지공무원이라면 중심을 똑바로 잡고 옳지 못한 것에는 굴복하지 않는 담대함이 필요하다.

이러시면 앞으로 누가 손해일까요?

나는 …… 아울러 "앞으로 제가 몇 년 동안 이 동사무소에 근무하게 될 텐데, 첫 만남에서 좋지 못한 인상을 남기면 누가 손해를 볼까요?"라고 아주 낮지만 단호한 어조로 귓속말을 전해 주었다.

월드컵의 열기로 뜨거웠던 2002년, 새로운 동사무소로 전보 발령이 났다. 불황기로 접어들었던 안경 산업을 주업으로 삼았고, 사람들 대부분이 가내 공업 또는 대규모 사업장에서 일을 하며 살아가는 동네의 동사무소였다.

안경 산업으로 초호황을 누리며 번영을 이룬 곳이었지만, 이제는 안경 산업의 주요 일꾼들이 떠나고 폐광 지역의 흉흉함만이 남아있었다. 곳곳에 빈집이 즐비하고 사람이 살지 않는 집은 금세 쓰레기가 쌓이고 지붕이 내려앉아, 폐허로 변한 집들이 모여 있는 골목길을 지날 때면 한낮이라도 누군가 목덜미를 잡을 듯한 으슥함과 소름 돋는 섬뜩함이 느껴져 좀체 다니기 어려웠다. 특히 비오는 날, 우산을 들고 지나기에도 좁은 골목길을 걷고 있으면 남자인 나도 무서울 정도였다.

오봉산 산자락에 위치한 이 동네에는 집값이 저렴하거나 세를 거의 받지 않아서, 언제부터인지는 몰라도 정신질환을 앓고 있거나 알코올 중독 등으로 혼자 사는 사람들이 주로 거주하고 있었다. 이곳에 거주하는 사람들은 아무도 살지 않을 것 같은 집에 주소를 두고는 쓰레기 더미를 쌓아놓은 채 살고 있었다. 그리고 이곳에는 A씨가 살았다.

전보 인사 후 업무 인수인계를 받기 위해 동사무소를 지키고 있는데, 약주를 한잔 한 A씨가 동사무소를 찾았다. A씨와의 첫 대면은 조금 살벌하게 시작되었다. 그는 사무실에 들어오자마자 다짜고짜 큰 소리로 시비를 걸었다. 전례가 많이 있었다는 듯 동사무소 동료직원들은 나보고 피하라고 했고, 보통 억센 사람이 아니라고도 했다. A씨와 나는 민원대와 책상을 사이에 두고 있어 최소 1.5m 정도의 거리를 두고 있으니 어떻게 할 수 없을 것이라는 생각이 들었고, 나 또한 만만한 사람은 아니었다.

나는 동사무소 동료직원들의 만류와 충고에도 아랑곳하지 않고 민원실에서 행패를 부리는 A씨를 우선 민원실 의자에 앉혔다. 그리고 손으로 귓속말을 하겠다는 시늉을 하며 의자에서 일어나 민원대쪽으로 고개를 내밀며 이야기 할 자세를 취하니, A씨도 귀를 내밀며 이야기를 들어보겠다는 자세를 취했다. 나는 그에게 내가 며칠 전 이곳으로 발령받은 사회복지담당담자 ○○○이고, A씨를 오늘 처음 보는데 서로에게 최소한의 예의는 갖추자고 말했다. 아울러 "앞으로 제가 몇 년 동안 이 동사무소에 근무하게 될 텐데, 첫 만남에서 좋지 못한 인상을 남기면 누가 손해를 볼까요?"라고 아주 낮지만 단호한 어조로 귓속말을 전해 주었다.

"이러시면 누가 손해죠?"

그리고 더 이상 상담하기 싫다는 듯 자리에서 일어나 바깥으로 나가니, A씨가 얼른 따라 나왔다. 그는 미안하다고 자신이 잘못했다고 말했다.

"뭘 잘못하셨나요?" 하고 내가 물었다.

"술 먹고 사무실에 와서 행패를 부린 일이요."라고 A씨가 답했다.

"왜 그렇게 하셨나요?"라고 물어보니, "그냥요."라고 싱겁게 답하며 자초지종을 이야기하기 시작했다.

가까이 사는 수급자들끼리 모여 거의 매일 술을 마시는데, 오늘 아침에도 어김없이 모여 술을 마시다가 동사무소 담당자가 새로 왔다는 소리를 들었다고 했다. 그중 대장노릇을 하는 A씨가 동사무소에 내려가 담당자 군기 좀 잡고 오겠다고 큰 소리를 쳤다. 보통 사람들은 자신의 기세에 눌리거나 꺾여야 하는데 그러지 않는다고 하면서, 앞으로 자기 밑에 있는 사람들(A씨 집 근처에 거주하는 수급자들)은 동사무소에서 절대 행패를 부리지 못하도록 단속하겠다고 약속했다.

A씨에게 술을 마시지 말라고 직접적으로 말하기보다는 조금씩 줄여나가야 한다고 타이르듯 말하면 꼭 알겠다고 대답을 했다. 그리고 술을 끊겠다고 먼저 말하곤 했다. 어쩌다 A씨가 사는 곳 근처로 출장을 나가면, 낮부터 모여 술을 마시다가 후다닥 도망치는 사

람이 하나 있었다. A씨는 그렇게 본인이 말한 약속을 지키지 못해 오랫동안 나를 피해 다녔다. A씨와 함께 술자리를 하던 사람들도 엉거주춤하곤 했다. 대부분이 수급자인 그들은 A씨처럼 도망도 못 가고, 그렇다고 술잔을 기울일 수도 없어 참으로 답답했을 것이다.

사회복지공무원으로서 만나는 주민 중 가장 응대하기 어려운 사람들은 주로 알코올 중독자들이나 알코올성 정신질환자들이다. 그들은 일상생활에도 어려움이 있지만, 그보다 대인 관계에서 많은 장애를 갖는다. 단절된 사회와 조금이라도 관계를 이어주기 위해 노력하는 사회복지공무원과 상담을 할 때에도 돌발 상황이 자주 발생한다.

당시에는 정신병원에 입원시키는 것 외에 달리 알코올 중독자를 치료할 수 있는 방법이 없었기에 알코올로 사회와 갈라진 사람들이 다시 관계를 회복하고 정상적으로 살 수 있도록 사회복지공무원들이 좀 더 적극적으로 나서야 했다.

알코올 중독자들은 시비와 폭력, 트집과 화풀이로 읍·면·동 사무실을 난장판으로 만들 때가 많다. 이럴 때는 그 사람이 알코올을 의존하게 된 원인을 찾아 해소하고, 사회적 관계를 회복할 수 있도록 조치해야 한다. 이를 위해 사회복지공무원들은 지역 보건소에 설치되어 있는 정신건강센터 등 전문기관을 통해 알코올 중독자들이 전문적 치료를 받을 수 있도록 긴밀히 협력해야 한다.

2017년 주요 긴급복지 지원사업명

보건복지부	긴급복지 교육지원
	긴급복지 사회복지시설 이용지원
	긴급복지 생계지원
	긴급복지 연료비 및 전기요금
	긴급복지 의료지원
	긴급복지 장제비지원
	긴급복지 주거지원
	긴급복지 해산비지원

134

청와대 대통령 각하 전(前) 상서와 장례

부모님도 돌아가시고, 오빠도 술 때문에 세상을 떠났다고 한다. 이제 동생마저 술로 잃었으니 …… "고 주임, 나 좀 살려주소! 나, 도저히 동생 시신을 못 쳐다보겠으니 화장해서 잘 모셔 주이소."라고 떨리는 목소리로 말했다.

2000년 7월 초 장마철, 억수같이 비가 쏟아지던 어느 날 아침이었다. 동사무소에 출근하자 전화벨이 울렸다. 당뇨와 알코올 중독으로 자활 보호를 받는 40대 후반의 남자분이 자택에서 돌아가셨다는 전화였다. 집주인, 담당 통장과 함께 파출소에서 온 연락을 받고 급히 집을 찾아갔다. 지금은 좀처럼 보기 어렵지만 예전에는 흔했던 주거형태로, 낮은 부엌과 허리춤 높이의 단칸방이 있는 구조였다.

　과하게 술을 마신 후 목이 말라 물을 찾았던 것일까? 아니면 화장실이 급했던 것일까? 문턱에 발을 걸치고 부엌으로 머리를 향한 채 엎드려 숨진 모습이었다. 밖에서 누군가 불렀던 건 아닐까? 결혼 한번 못하고 유명을 달리한 모습은 참으로 서글펐다.

보통 수급자가 자택에서 사망하면 파출소에서 검사지휘를 받아 시신을 처리하게 되어 있다. 연고가 없는 사람의 경우에는 범죄수사규칙에 따라 경찰관이 검사지휘를 받아 조사하고, 마지막 처리는 행정관서에서 인계받아 무연고 묘지 등에 매장하거나 화장 후 유골 등을 따로 모시게 되어 있다.

경찰관들이 유가족을 수소문해 찾아보니 고인에게는 누나가 한 명 있었다. 이름을 보는 순간 어디서 많이 들어본 것 같아 확인해 보니, 내가 잘 아는 분이었다. 예전에 영구임대아파트를 관할하는 동사무소에 근무할 때 내가 담당했던 아파트에 거주하던 분이었다. 그분에게는 허혈성 심장질환이 있었고 남편과 사별한 후 혼자 딸 하나를 키우는 모자세대로, 정부가 지원하는 생계비로 생활하는 거택보호대상자였다. 그분은 생활이 넉넉하지 않고 잦은 통원치료로 치료비가 많이 들어가다 보니 생활이 어렵다며 동사무소를 자주 찾아왔고, 나는 특별히 도와줄 방법이 없어 주로 이야기만 듣는 입장이었다. 그분은 청와대에 '대통령 각하 전 상서'라는 장문의 편지로 자신이 겪고 있는 어려움과 병원비 등의 도움이 필요하다는 민원을 수시로 제기했고, 이러한 민원 편지는 시청과 구청을 거쳐서 동사무소에 근무하는 나에게 다시 돌아와, 응급구호금 등의 명목으로 병원비 등을 자주 지원했었다.

동생의 주검을 보고 얼마나 놀랐을까! 심장이 허약한 그분은 평범한 사람도 받아들이기 어려운 상황 앞에서 무엇인가 체념한 듯한 창백한 얼굴이었다.

영구임대아파트에 입주하기 전에는 본인도 같은 동네에 살았지만, 작은 대폿집을 생업삼아 살아가던 부모님도 돌아가시고, 오빠도 술 때문에 세상을 떠났다고 했다. 이제 동생마저 술로 잃었으니, 온 가족을 술로 떠나보내야 하는 그 마음이 얼마나 아팠을까?

동생의 장례 절차 등을 의논하면서 떨리는 목소리로 말했다.

"고 주임, 나 좀 살려주소! 나, 도저히 동생 시신을 못 쳐다보겠으니 화장해서 잘 모셔 주이소."

나는 대상자들이 사망하면 장례 때마다 적극적으로 도와주는 장례업자에게 연락해 도움을 청했다. 저렴한 수의로 갈아입힌 시신을 수입된 관에 안치하고, 사망일시가 24시간 지난 후 검사지휘만 떨어지면 화장을 해 납골당으로 모시기로 했다.

사망의 사인이 분명한 경우 보통 '타살 등의 혐의점이 보이지 않고 …… 하므로 시신을 유족에게 인계할 것'이라는 검사지휘서가 나와야 하는데, 저녁때까지 기다려도 나오지 않았다. 기다리다 지친 사람들은 입관된 주검을 놔두고 각자 집으로 흩어졌다.

다음 날 아침, 장마철이라 억수같은 비가 쏟아졌고, 마침내 검사지휘가 떨어졌다. A씨가 비교적 젊은 나이에 사망했기 때문에, 검사는 수사가 필요하다고 판단한 모양이었다.

'부검하여 사인을 확인한 후 유족에게 인계할 것'이라고 쓰인 검사지휘서는 경찰서에서 타자기로 작성한 쪽지로, 담당 검사와 글을 받아 쓴 경찰관의 실명이 들어 있고 날인되어 있었다. 전날 우리는 이미 시신을 염하고 수의를 입혀 입관해 놓았고, 화장장으로 갈 수 있도록 모든 준비를 마쳤지만 이 모든 것이 허사가 되었다.

부검을 위해 시신을 다시 꺼내려면 관 뚜껑을 다시 열어야 하는데, 시신이 든 수입관은 쇠못으로 고정되어 있어 못을 하나씩 일일이 빼야 했다.

관 뚜껑을 연 후 시신에 입혔던 수의를 모두 벗겨 내고 화장장으로 가기 위해 준비해 두었던 구급차에 시신을 싣고 부검장으로 향했다.

시신 부검장 건물은 대구의 한 대학교 치과대학 교정에 자리해 있었다. 한쪽에 외로이 홀로 자리 잡은 작고 오래된 붉은 벽돌 건물은 큰 나무들로 둘러싸여 건물 안으로 햇살이 들어오지 않아 어딘지 모르게 음침한 기운이 느껴지는 곳이었다.

평소 대학 병원에 가기 위해 한 번씩 지나다니며 본 건물이었는데, 정확한 용도는 알지 못해도 무엇인가 싸늘하고 무거운 기운이 느껴졌던 곳이다.

'ㄱ'자 건물 한가운데 자리한 부검장에는 하얀 타일을 붙인 시멘트 침상이 놓여 있었고 머리맡에는 수도꼭지가 붙어있었다. 부검을 하는 동안 보호자나 관계자들이 부검장을 지켜 볼 수 있도록 계단식 좌석이 준비되어 있었다. 장례업자와 내가 시신을 부검장 침상으로 옮겨 놓으니 곧 바로 부검이 시작되었다.

도저히 눈을 뜨고 부검 현장을 볼 수가 없어, 한참 동안 부검장 밖에서 서성이며 기다렸다. 어느새 두어 시간이 홀쩍 지나갔다. 별다른 타살혐의점이 보이지 않는다는 부검결과서를 경찰관이 받아가고 장례업자와 나만 남았다. 개복한 가슴 부위와 머리 부위를 대충 꿰맨 시신을 미리 깔아두었던 비닐과 함께 다시 관에 넣고 빠르게 시립 화장장으로 향했다.

주검의 사인을 분명히 확인하고, 억울한 죽음은 없도록 하는 것이 마땅하지만, 나에게 익숙한 일이 아니기 때문에 참으로 견디기 힘든 이틀이었다.

가족이나 연고가 있는 사람이 죽었을 때는 당사자들이 장례 절차를 진행하지만, 연고가 없거나 가족 간의 관계가 단절되어 시신을 인수하는 사람이 없을 때는 사회복지공무원이 그 주검을 마지막까지 책임져야 한다. 눈물겹고 고된 역할이지만, 사회복지공무원이 반드시 해야 하는 일 중 하나이다.

급변하는 사회 현상으로 어느 때보다 혼자 살아가는 사람들이 많아지고 있다. '혼밥 족', '혼술 족' 등의 용어도 이제 더 이상 낯설지 않고, 사회의 무관심 속에서 외로운 죽음을 맞이하는 사람들도 점점 늘고 있다. 이렇게 혼자인 사람들이 겪고 있거나 처한 현실은 모두가 자신의 일처럼 깊이 생각해 보아야 한다. 인간은 혼자 살아가는 존재가 아니라 함께 더불어 살아가야 하는 존재이다. 사회복지공무원들은 뜨거운 열정과 사랑으로 혼자인, 그리고 혼자여야만 하는 이웃들에게 큰 관심을 기울여야 한다.

● 무연고 사망자 처리방법

1) 무연고 사망자란?

   무연고 사망자란 연고자가 없거나 알 수 없는 사망자와 연고자가 있으나 시신
   인수를 포기한 사망자 및 기타의 이유로 시신을 처리할 인수자가 없거나 불분
   명한 경우

2) 무연고 사망자의 처리

   무연고 사망자가 발생하면 사망진단서(또는 사체검안서)를 첨부하여 관할(시
   신 발견 장소) 지자체 장에게 신고해야 하며, 변사한 것으로 의심되는 경우에는
   관할(시신 소재지) 경찰서장에게 신고해 범죄수사규칙에 따라 처리해야 함

   ※ 범죄수사규칙 제37조(시체의 인도)

   ① 사법경찰관은 변사체를 검시한 결과 사망의 원인이 범죄로 인한 것이 아니
      라는 점이 명백히 인정되었을 때에는 검사의 지휘를 받아 소지품 등과 같이
      시체를 신속히 유족 등에게 인도해야 한다. 다만, 시체를 인수할 자가 없거나,
      그 신원이 판명되지 않은 때에는 시체가 현존하는 지역의 시장, 군수, 구청장
      에게 인도해야 한다.

   ② 제1항의 규정에 따라 시체를 인도했을 때에는 인수자로부터 별지 제13호 서
      식의 시체 및 소지금품 인수서를 받아야 한다.

   ③ 변사체는 후일을 위해 매장함을 원칙으로 한다.

특정 단체의 지령을 받는 사회복지공무원

"독도는 우리 땅! 우리가 지켜야 한다!"…… 나는 일단 A씨에게 내가 일본을
적으로 생각하는 같은 편이라는 사실을 분명히 인식시켜 주었다. …… A씨도
흔쾌히 같은 편이니 서로 존중하고, 일본이 도청할 수도 있으니 전화는 조금
삼가자고 답했다.

공무원이 되고 난 이후 나는 다양한 민원을 경험했고, 집요하게 계
속되는 고질적인 민원을 많이 겪었다. 사회복지공무원이라면 누구
나 다루기 힘들었던 민원에 대한 경험이 있고, 기억하기 싫은 경험
도 많이 있을 것이다. 일반 민원과 다른 특이한 민원들은 사회복지
공무원이 혼자 해결할 수도 없고, 해결되지 않는 또 다른 민원으로
계속 이어진다.

세상살이가 매일같이 화창할 수는 없다. 오히려 햇볕만 계속 내
리쬔다면 그곳은 사하라사막 같은 건조사막이 될 것이다. 인생을
살다보면 화창한 날뿐 아니라, 갑자기 궂어지거나 비가 오는 날도
만나게 되어 있다.

사회복지공무원이라면 화창한 날씨에는 뜸하다가도 날씨가 궂어지면 변함없이 찾아오는 전화 민원을 많이 응대하게 된다. 한때 유행했던 심수봉의 〈비가 오면 생각나는 그 사람〉의 노랫말처럼, 자신을 생각해 달라는 듯 비가 오거나 날씨가 궂어지면 꼭 찾아오는 전화 민원들이 있었다. 특히 정신질환을 앓고 있는 사람들은 궂은 날씨를 견뎌내기 어려워한다. 동사무소로 전화를 걸어 자신이 겪고 있는 문제를 하나둘씩 꺼내놓는 경우가 많다.

지금은 행복e음 시스템을 통해 수급자들의 소득·재산을 관계기관으로부터 일괄 조회하여 적용하지만, 당시에는 소득·재산조사를 담당자 대부분이 상담을 통해 수기 또는 현장 방문 등으로 조사를 했다. 막노동 등 일용 인부로 생활하는 대상자들은 비가 오면 일을 하지 못하고 집에서 쉬어야 하기 때문에, 술을 마시고 사무실을 찾는 일이 많았다. 동사무소로 찾아와서 일거리가 없어 쉬고 있다며 자신의 어려운 형편을 한번 살펴달라고 항변하거나 협박조로 말하는 사람들도 상대해야 하지만, 전화 민원 또한 대상자의 형편을 살펴 챙겨야 하는 시간이 많았다.

지자체 구청에서 기초생활보장담당자로 업무를 수행한 이후, 어렵고 힘들다는 전화 민원을 하루에 수십 통씩 응대하게 되었다. 그중에서도 한번 전화를 걸면 오랜 시간 통화를 해야 하는 민원인이 있었다. 사무실로 전화해 항상 나를 찾았던 A씨다. A씨는 나와 일면식도 없지만, 날씨만 궂어지면 어김없이 전화를 주었다.

전화로만 이야기하려는 A씨는 외부인, 특히 사회복지공무원이 특정 단체의 지령을 받아 자신을 해치려 한다는 굳은 믿음이 있었다. 자신의 집으로 찾아오는 사람을 극도로 꺼렸고, 사회복지공무원이 가정방문을 할 때는 인근에 사는 친누나를 동행하지 않으면 대문을 사이에 두고서도 만날 수 없었다. 함께 근무했던 후배 사회복지공무원은 A씨의 집을 방문했다가 일방적으로 얻어맞고 쫓겨나기까지 했다. A씨는 감사실 등에 전화를 걸어 예전에 자신의 집을 방문했던 사회복지공무원 한 명을 처벌해 달라는 민원을 지속적으로 제기하곤 했다.

특히 날씨가 궂어지면 어김없이 전화를 해서 예전에 자신에게 위해를 입힌 사회복지공무원 ○○○를 처벌해야 한다고 말을 시작했다. 그리고 현재 동사무소 담당자도 자신을 해코지하기 위해 본인의 집 근처를 항상 감시하고 있다고 했다. 어려운 사람들을 도와줘야 할 사회복지공무원들이 오히려 자신을 감시하며 일거수일투족을 특정 단체에 보고하고 있다고 생각했다. 무엇이 A씨를 이렇게 집요하게 감시하는지 아무도 알 수 없었지만, 감시당하고 사는 삶이 온전할 수는 없을 터였다.

일본 순시선이 독도 인근 해상에서 측량활동을 위해 독도로 온다는 소식이 언론 매체에서 계속 보도되었고, 정부에서는 우리나라 영해를 침범하면 단호히 대처해 전쟁도 불사하겠다는 대통령의 성명서가 발표되었던 날이었다. 출근길부터 하늘이 흐리고 제법 비가 쏟아질 기세였다. 사무실에 도착한 나는 틀림없이 오늘도 A씨에게 전화가 와서 하루 종일 수화기를 붙들고 있느라 다른 일은 할 수도 없을 것 같은 불길한 예감이 들었고, 그 순간 전화벨이 울렸다.

아니나 다를까, A씨였다. 여전히 사회복지공무원 ○○○를 처벌해야 하고, 현재 동사무소 사회복지공무원도 자신을 감시하고 있으니 절대 본인의 집으로 보내지 말라고 했다. 그러면서 일본이 쳐들어오는데 공무원들은 모두 도망가고 없다며 흥분을 했다. 자신이 월남전에 참전했는데 일본이 쳐들어오면 반드시 나가 싸울 것이라고 다짐하기도 했다. 자신이 받고 있는 생계 급여를 모아 비행기를 사고 군함을 사서 일본과 전쟁을 할 것이라고도 했다.

"독도는 우리 땅! 우리가 지켜야 한다!"

처벌해야 할 사회복지공무원 이야기를 하다 '공동의 적'인 일본이 나타났다. 나는 일단 A씨에게 내가 일본을 적으로 생각하는 같은 편이라는 사실을 분명히 인식시켜 주었다. 그리고 함께 독도를 수호해 나가자고 다짐했다. 이제 같은 편이니 전화해서 피해를 주지 말자고 했다. A씨도 흔쾌히 같은 편이니 서로 존중하고, 일본이 도청할 수도 있으니 전화는 조금 삼가자고 답했다. 한동안 A씨에게서 전화가 없었고, 혹 전화를 해도 같은 편이라 그런지 짧은 통화로 마무리지을 수 있었다.

자신을 이해하거나 편들어 주지 못하는 이웃들 속에 홀로 남겨져 살아가야만 하는 A씨는 오늘도 홀로 전화통을 붙들고 담당 공무원과 싸우고 있을지 모를 일이다.

날씨만 궂어지면 공무원, 특히 사회복지공무원과 싸우기 위해 전의를 불태우는 이들이 수없이 많다. 오늘도 전국의 사회복지공무원들은 궂은 날마다 빗발치는 전화통을 붙들고 우리 사회를 지켜내고 있다. 대상자들을 모두 설득하고 이해시킬 수는 없지만, 그래도 같은 편에서 이야기 들어주었으면 좋겠다. 내 형제자매와 같이, 사랑의 마음을 가지고, 공감하고 소통하며…….

● 특수한 민원전화응대 요령

	1차 최초 응대 멘트	저희는 (선생님)의 문의에 도움을 드리고자 최선을 다해 노력하고 있습니다. 죄송합니다만, 지금처럼 욕설을 계속하시면 상담 진행이 어렵습니다. 제가 상담해 드릴 수 있도록 말씀해주시기 바랍니다.
욕설 등 언어 폭력	2차 계속해서 욕설 등을 하는 경우	현재 (선생님)께서 계속해서 욕설을 하고 있어 상담진행이 어렵습니다. 본 상담전화는 공공기관의 공적업무를 수행하고 있습니다. 또한 욕설의 경우도 심리적인 영향을 끼치는 폭력에 해당되기 때문에 법적인 처벌을 받을 수 있습니다. 제가 상담해 드릴 수 있도록 말씀해 주시기 바랍니다.
	3차 계속 욕설하여 상담 종료 시	죄송합니다만, 더 이상 상담진행이 어려워 다음 상담을 기다리는 분들을 위해서 전화를 이만 끊겠습니다. 차후 (선생님)께서 보건복지부 관련 문의(상담)가 있을 때 다시 이용해 주시기 바랍니다. 이만, 전화를 끊겠습니다. 죄송합니다. ☞상담화면 메뉴-*고객대응-ARS 버튼 클릭 *사례발생시 소속 팀장 부팀장에게 도움을 요청하고 상담 종료 후 소속 팀장 부팀장에게 보고

※ 통상적인 전화 민원응대 방법으로 해결할 수 없는 전화 민원은 선(線) 너머 왕으로서 군림하거나 자신의 존재를 확실히 각인시켜 준다. 대상자를 더 깊이 이해하고 항상 같은 편, 도와주는 사람으로 먼저 다가서야 한다. 필요시 반드시 찾아가서 얼굴을 보며 상담을 진행해야 한다.

☞ 특수한 민원응대 방안
1. 상대방과의 대화를 경청하고 공감(맞장구, 추임새를 넣거나, 자택으로 방문 상담)
2. 상대방과의 친밀한 관계형성(공통사항, 생활환경, 성격, 요구에 대한 이면취지 등)
3. 요구사항 해결 가능성 검토(확장, 축소, 분해, 자문, 연구 등을 통한 해결책 강구)
4. 요구사항 해결을 위한 공동노력(전문가를 통한 쟁점의 객관화)
5. 다양한 대안 제시(해결 불가 시)
6. 설득을 위한 노력(說得 = 言(말씀 언) + 兌(바꿀 태) / 得(얻을 득)
7. 지속적 사후관리

어느 자녀 성폭행범의 칼부림

그런데 그가 갑자기 품속에서 무언가를 꺼내들었고, 그것은 다름 아닌 날카로운 회칼이었다. 순간 아찔해지며 '아! 나에게도 이런 시련이 생기는구나!' 하는 생각이 들었고, 등골이 오싹해지며 식은땀이 흘러내렸다.

주민등록표는 세대별 주민등록표와 개인별 주민등록표로 나눠지며, 별도로 인감 증명이 필요한 사람을 위해 읍·면·동에서 개인별 인감 대장을 관리한다. 주민등록표 중 세대별 주민등록표는 주민등록상 한 가구로 구성된 단위로, 세대주와 세대원을 모두 기재해 작성한다. 세대가 분리되면 세대별 주민등록표를 새로 작성해 관리한다. 개인별 주민등록표는 출생신고 때 한 번 만들어져 주민등록 전 출입에 따라 주소지 읍·면·동사무소에서 이관하며 관리하게 된다.

이러한 주민등록 기록을 열람하기 위해 채권·채무관계가 있는 이해관계자들이 동사무소 민원실로 찾아와 민원 아닌 민원으로 잦은 실랑이가 벌어지곤 했다. 당시 근무했던 동사무소에서 사회복지담당자인 나는 주민등록 전출입담당자 바로 옆자리에 앉아있었다. 어느 날 민원인과 전출입담당자 사이에 시비가 붙었다. '민원인의 첫 인상도 그렇게 나쁘지 않고 온순하게 생긴 분인데 무슨 일일까?'하고 옆에서 조용히 이야기를 들어보니, 민원인 자신에게 두 딸이 있는데 우리 동네로 전입해서 살고 있으니 주소를 가르쳐 달라고 했다.

부모 자식 간의 가족관계가 확인되면 보통은 주소지를 알려주지만, 담당자가 이분에게는 가르쳐 줄 수 없다고 단호하게 말했다. 민원인은 막무가내로 두 딸의 주소지를 알려 달라고 행패를 부려서 옆에 있는 나도 개입을 하게 되었다. 당시 다른 남자 직원들은 출장을 떠나 남은 사람이라곤 여직원 두 명과 나뿐이었다.

두 딸의 주소를 알려달라던 민원인은 나와 눈이 마주치자 주소지를 알려줄 수 없냐고 사정을 했다. 전출입담당자는 주민등록표가 보관된 캐비닛으로 나를 따로 불러 새로 작성한지 얼마 안 된 주민등록표 하나를 보여주었다. 잦은 주소지 변경 이력이 남아있는 세대별 주민등록표 위에는 예쁜 손 글씨 편지가 있었고, 편지와 함께 법원에서 발급한 접근 금지 가처분 판결문이 붙어 있었다. 대강 훑어보니 내용은 이러했다.

아버지는 술만 마시면 두 딸을 상습적으로 구타하고 성폭행 했는데, 이것이 오랜 기간 지속되었고 이웃 주민들의 신고로 아버지가 구속되어 법의 심판을 받았다고 한다. 실형을 선고받아 교도소에서 1년 6개월을 복역했다. 두 딸들은 아버지를 피해 이곳저곳으로 이사를 다니고 있으며, 최근에 우리 동으로 전입해 왔다고 했다.

그리고 출소 후 자신들을 찾고 있는 아버지에게 절대 주소를 알려주면 안 된다고 적혀있었다.

두 딸들이 거주했던 이전 동네의 동사무소에서도 민원인의 잦은 행패를 이겨내지 못하고 현재 거주지가 있는 우리 동사무소를 알려준 모양이었다. 담당자는 민원인에게 두 딸은 현재 우리 동에 거주하지 않으며, 어디로 이사를 갔는지 우리도 알려줄 수 없다고 답했지만, 말도 안 된다며 민원실에서 고함을 치고 행패를 부렸다. 나는 그에게 이렇게 고함을 치면 다른 민원인에게 피해가 되니, 밖으로 나가서 이야기하자고 하며 그를 동사무소 뒤쪽으로 데리고 나갔다.

그런데 그가 갑자기 품속에서 무언가를 꺼내들었고, 그것은 다름 아닌 날카로운 회칼이었다. 순간 아찔해지며 '아! 나에게도 이런 시련이 생기는구나!' 하는 생각이 들었고, 등골이 오싹해지며 식은땀이 흘러내렸다. 그와 약간의 거리를 두고 말로 하자고 사정을 해도 막무가내로 칼을 휘두르며 나를 위협하는데, 빠져나올 방법이 보이지 않았다. 한참을 대치하다가 겨우 몸을 돌려 그의 뒤에서 칼을 오른손을 꽉 붙잡고 대로변으로 나가 같이 넘어졌다.

넘어진 상태로 그의 몸 뒤에서 칼을 잡은 오른손을 쥐고 주위를 지나는 사람들에게 파출소에 신고해 달라고 요청해도, 지나치는 사람들은 멀리 도망치기만 할 뿐 아무도 신고를 하지 않았다. 흐르는 땀으로 범벅이 된 채 서로 뒤엉켜, 그는 칼 잡은 손을 움직이고자 힘을 쓰고 나는 그 칼을 사용하지 못하도록 힘을 쓴 지 한참이 지난 후에야 경찰차가 도착했고 경찰관들이 그를 체포함으로써 상황은 종료되었다. 사회복지공무원들은 더 이상 이러한 가정이 생겨나지 않도록 가정을 보호해야 한다.

행복해야 할 가정에서 일어나서는 안 될 일들이 지금도 버젓이 일어나고 있다. 그러한 일들로 인해 이전의 관계로 돌아갈 수 없는 가족들은 육체뿐 아니라, 마음속에 깊은 상처를 가지고 살아간다. 가정 내 폭력, 성폭행, 아동학대 등을 그대로 방치하면 가까운 미래에 반드시 사회적 후유증으로 나타나게 된다. 우리 사회에서는 복지비용에 대한 상반된 시각이 존재한다. 미래에 발생할지 모르는 다양한 사회 문제들을 사전에 해결하기 위해 복지비용이 지출된다면, 복지비용은 투자 개념으로도 볼 수 있다. 비교적 적은 금액으로 미래의 잠재적 문제를 지울 수 있는 복지비용은 사회구성원 모두가 투자로 인식해야 한다. 정부는 가정을 바로 세울 수 있는 복지정책을 만들어야 하고 사회복지공무원들 또한 행복한 가정을 지켜내기 위해 책임감을 가져야 한다.

사회복지사 선생님이 이러시면 안 되죠

집을 찾아가 보니, 동사무소를 찾아와 생계비를 더 달라고 큰 소리치고 아들을 전입시켜야 한다고 소란 피우던 모습은 전혀 찾아 볼 수 없었다.

젊지 않은 나이지만 예쁘장하게 생긴 L씨는 까까머리로 머리카락을 모두 밀어버려 여승 같은 모습으로 동사무소에 전입신고를 하러 왔다. 까까머리지만 그 미모는 숨길 수 없었다. 1인 단독가구로 전입신고를 하면서 전 남편과 주소를 함께 두었던 아들을 자신과 함께 전입신고 하겠다고 했다. 호적등본을 살펴보니 몇 년 전 남편과 이혼하고, 아들은 모친을 친권자로 판결 받아 등재되어 있었다.

담당자는 L씨에게 전출·입 신고 시 세대주의 날인이 필요하기 때문에, 아들을 전입시키기 위해서는 현재 아들의 세대주인 전남편의 동의와 날인이 필요하다고 설명하고 있었다. L씨는 담당자의 설명은 제대로 듣지도 않고 무작정 아들을 자신 밑으로 넣어야 한다고만 했다.

왜 아들을 넣어야 하는지 옆에서 물어보니 이유는 간단했다. L씨는 호적등본에 따르면 엄마인 자신이 친권자로 기재되어 있으니, 기초생활보장수급자인 자신이 아들과 살 수 있도록 2명분의 생계급여를 받아야 하는데 그러지 못하고 아직까지 1명분의 생계비만 받고 있다는 것이었다.

전 남편 밑에서 고생하는 아들을 하루라도 빨리 찾아오기 위해서는 월세 방이 아닌 주택도 마련해야 하는데 생계비를 1명분만 받고 있어서 아들을 데리고 올 수 없다고 했다. 아들을 전입시키기 위해서는 전 남편과 통화하고 서명을 받아야 한다고 하니, 민원실에 있는 물건을 던지고 고함을 치며 한바탕 소란을 피웠다.

L씨는 아들의 친권자인 본인에게 주민등록을 전입시키는데 왜 전 남편에게 확인을 받아야 하는지 의아해 했다. 남편에게 전화를 걸어야 한다고 해서일까? 본인만 주민등록 전입신고를 하고 나갔다.

L씨가 떠난 뒤, 나는 그녀가 진짜 수급자인지 궁금해졌다. 앞으로 사회복지담당자로서 시달림을 당할 것 같은 예감이 들어, 이전 거주지 동사무소로 전화를 걸어보았다. 후배 사회복지공무원이 전화를 받았다. 나는 그가 L씨를 아는지 물어보았다.

그 동네에서는 어떻게 생활했는지 물어보니, 정신질환으로 기초수급을 받고 있으며 보름마다 한 번씩 동사무소를 찾아와 호적등본을 보여주며 자신과 아들 2명분의 생계비를 달라고 주장한다고 했다. 그래도 다행인 것은 두 달 정도 거주하다 다른 곳으로 이사를 다니고 있어 자신도 몇 번만 보았다고 했다.

두 달 동안 네 차례 정도 동사무소를 찾아와 아들 전입신고 문제와 2명분 생계비를 달라고 하는 것만 견디면 다른 곳으로 이사를 간다고 하니, 그나마 다행이라 생각되었다. 후배 말대로 정확히 보름 후 L씨가 찾아왔고, 생계비 문제와 아들 전입 문제로 한 바탕 고함을 치고 소란을 피웠다. 아들의 전입신고를 할 수 없고, 생계비도 더 줄 수 없다는 이야기를 하면, 꼭 이런 말을 붙였다.

"사회복지사 선생님이 이러시면 안 되죠."

몇 번만 견디면 동사무소를 찾아와 부리는 L씨의 억지를 더 이상 보지 않아도 된다고 생각했는데, 두 달이 지나고 세 달이 지나도록 보름마다 L씨가 계속 찾아왔다. 나는 'L씨가 다른 곳으로 이사를 가야 하는데, 이사할 시기가 지났는데도 왜 이사를 가지 않을까?'라는 의문이 들었다.

L씨는 현재 살고 있는 집이 좋다고 했다. 집은 허름하지만 월세가 아주 저렴해 없는 사람들이 많이 모여 사는 지역으로, 어렵게 사는 이야기를 서로 나눌 수 있는 사람들이 많아서 편안하고 좋다고 했다. 그리고 동사무소도 좋다고 말했다. 하지만 보름마다 찾아오는 L씨 때문에 사회복지공무원인 나를 포함해 옆자리에 있는 민원 담당자들도 힘들어 했다. L씨는 집요하게 말꼬리를 물고 늘어지며 고함을 치고 민원실 물건들을 마구 집어 던지는 행동에 주저함이 없었다. 한 번은 내 책상 바로 앞에 있던 명패를 집어 던져 책상 위에 깔아 놓은 유리가 깨지고 아수라장이 된 적도 있었다.

서너 달이 지나고 시간이 흐를수록 L씨의 폭력적 행동이 점점 심해져 뭔가 특별한 대책이 필요했다. 자신에게 불리한 말이 나올 때면 꼭 말끝마다 내게 이렇게 말했다.

"사회복지사 선생님이 이러시면 안 되죠."

이번에는 L씨가 동사무소를 찾기 전 내가 먼저 그분 집을 찾아 나섰다. 혼자 사는 여성의 자택을 방문하는 것이어서 주소지를 관할하는 여자 통장님과 함께 현장방문을 나가게 되었다. 집을 찾아 가 보니, 동사무소를 찾아와 생계비를 더 달라고 큰 소리치고 아들을 전입시켜야 한다고 소란 피우던 모습은 전혀 찾아 볼 수 없었다. 다른 사람들과 눈도 잘 마주치지 못할 정도로 지나치게 온순해져 평소 내가 알고 있는 L씨가 맞는지 의심이 들 정도로 변모된 모습이었다.

자신의 본 모습을 보이게 되어 부끄러웠는지, 수줍음으로 고개를 들지 못하는 L씨의 전혀 다른 모습에 놀라지 않을 수 없었다. 누추한 자신의 집이 보여서는 안 될 치부라는 생각이 들어 위축된 모양이었다. 가정 방문을 하면, L씨는 한동안 동사무소를 찾는 일이 줄어들었다. 그래서 이제 관할 담당 통장님과 시간을 맞추어 좀 더 정기적으로 가정방문을 나갔다.

그런데 어느 때부터인가 L씨는 방문 나갈 때마다 주위 사람들이 밤마다 자신을 찾아와 강간하고 괴롭혀서 살기 어렵다고 했다. 밖에 빨래를 널어놓으면 누군가 자신의 속옷을 가져간다고 했다. 그리고 이곳에서는 도저히 살 수 없다고 다른 집을 알아봐 달라고 했다. 영구임대아파트로 이사할 수 있게 해달라고 요청했다.

이러한 요구들을 말없이 듣고만 있으면 L씨는 꼭 "사회복지사 선생님이 이러시면 안 되죠."라고 외쳤다. 자신의 요구사항을 해결해 주지 못하는 사회복지사에 대한 불신 때문에 그런 말을 했던 걸까? L씨는 2년이 넘도록 살아온 집이지만, 이제 더 이상은 살 수 없다고 다른 지역으로 전출을 가겠다고 했다.

그렇게 하시라고 대답하니, "사회복지사 선생님이 이러시면 안 되죠."라는 말을 남기곤 다른 동으로 전출을 갔다. 기초수급자 관리카드를 전출지(轉出地) 동사무소로 보내면서 L씨와 있었던 일들과 상담·대응 방법 등을 적은 편지를 담담히 써서 함께 보냈다. 언젠가 또 다른 L씨를 만나게 될 사회복지공무원들은 먼저 현장을 찾아 선제적으로 업무를 해결하는 지혜가 필요하다.

부도난 약속어음

공장부도 후, 영구임대아파트에 거주하는 Y씨를 중간에서 소개해 준 책임자로서 약속어음에 이서한 것이 나에게 큰 올가미가 되었다. …… 나는 하는 수 없이 내 이름으로 은행대출을 받고 …… 친척들에게도 도움을 청해 일정부분 원금을 해결했다.

Y씨는 하반신이 절단된 지체장애 1급이다. 내가 담당했던 영구임대아파트에 재혼한 부인과 함께 거주하고 있었다. 수급자는 아니지만 아파트 반장이라 알게 되었고, 원리원칙을 잘 지키고 고지식하며 참 열심히 사는 분이었다. 장가를 간 Y씨의 아들은 대규모 방적공장에서 기술자로 근무했지만, 공장이 부도난 이후 공장의 직조기 몇 대를 인수받아 아버지인 Y씨와 함께 하청공장을 운영했다.

당시 섬유공장은 대구의 대표산업이었으나, 큰 공장은 중소규모 공장 몇 개로 분할되고 중소규모의 공장도 소규모 가내공장 몇 개로 분할되어 운영되는 시기였다. 처음 공장을 인수받아 기계를 가동한다고 Y씨는 아파트 주민들과 나를 포함한 몇 사람을 데리고 하청공장으로 나가보았다. 직조기 5대로 24시간 천을 짜고, 몇 주에 한 번씩 완성된 제품을 중간 도매상에게 납품하고 3개월짜리 어음을 받는다고 했다.

직원을 따로 두지 않고 가족끼리 생산라인에 붙어 만든 완제품은 약속어음으로 변경되어 손에 쥘 수는 있으나 현금은 아니었다. 가족들이 생활하기 위해서는 어음을 일정 할인율에 따라 30% 정도 할인해 현금과 교환하는 속칭 '깡'이라는 방법을 썼는데, Y씨는 어음을 할인해 줄 사람이 없어 늘 고민이었다. 자주는 아니었지만 Y씨가 나에게도 한 번씩 어음할인을 요청해서, 나는 그에게 동사무소 동료직원 중 아파트 중도금을 가지고 있는 직원을 소개해 주었다. Y씨는 나의 동료직원에게서 할인율에 따라 현금을 받을 수 있었다. 이후 나는 Y씨에게 몇 차례 더 다른 사람을 소개해 주었고, 나중에는 인근 마을금고 직원까지 소개를 하게 되었다.

그런데 약속어음이라는 것이 부도가 나게 되어 있는지, 원청 공장이 부도난 이후 그동안 할인받은 약속어음은 몇 번 정확하게 원금을 돌려받긴 했으나 나머지는 휴지조각이 돼버리고 말았다. 약속어음은 다른 사람에게 넘어갈 때 반드시 어음을 소지한 사람의 이름과 주민등록번호, 주소를 남기는 '이서'라는 행위를 하도록 되어있다. 그리고 이서한 사람은 약속어음에 대한 책임을 면할 수 없다.

공장부도 후, 영구임대아파트에 거주하는 Y씨를 중간에서 소개해 준 책임자로서 약속어음에 이서한 것이 나에게 큰 올가미가 되었다. 동료직원은 부도난 약속어음에 대한 원금을 돌려 달라고 했지만, Y씨는 도저히 줄 수 있는 형편이 아니었다. 동료직원은 아파트 중도금을 납부해야 해서 원금을 꼭 갚아야 하는 실정이었다. 나는 하는 수 없이 내 이름으로 은행대출을 받고 Y씨 명의로는 저소득계층에게 대출되는 생업자금을 지원받아 동료직원에게 일부 원금을 돌려주었다. 하지만 남은 원금도 만만치 않았다. 부족한 금액은 시골에 계신 부모님과 친척들에게도 도움을 청해 차용한 금전으로 일정부분 원금을 해결했다.

이후 3~4년간 Y씨에게서 푼돈으로 조금씩 돈을 돌려받았지만, 워낙 적은 돈이라 흔적 없이 사라지고 대출원금만 내 이름 앞에 남게 되었다. '사채 놀이하는 사회복지공무원'이라는 좋지 못한 소문이 돌고, '죽음'이라는 단어까지 떠올리게 된 때였다. 눈을 뜨면 대출금을 갚아야 한다는 답답하고 막막한 현실과 마주해야 했고, 그러다 보니 이런 저런 이유로 직무에 충실하지 못했다. 열심히 살기 위해 발버둥치는 Y씨를 외면하지 못하고 형편을 살펴주다 결국 내가 모든 덤터기를 쓰게 된 일로, 너무 끔찍해 두 번 다시는 떠올리고 싶지도 않다. 보증도 아닌 '약속어음'에 이서한 행위로 인해 뼈 아픈 교훈을 얻었다.

이후 생활이 어려워 찾아오는 사람들은 대부분 돈이 없어 동사무소를 방문했고, 돈 때문에 자신뿐 아니라 가정까지 망가져 있었다. 특히, 사업에 실패했거나 친지·지인의 보증을 잘못 서주어 살림이 거덜 난 경우가 많았다. 그들의 심정은 이해할 수 있지만, 그 상황을 벗어나게 할 수는 없어 마음만 답답했다. 내가 겪었던 경험이 업무에 큰 도움은 되지 않았지만, 그래도 돈 문제 때문에 찾아오는 사람들을 이해하고 그 마음을 헤아릴 수 있었기에 대상자들이 정부의 지원을 받을 수 있도록 도움을 줄 수 있었다.

친할수록 절대 돈거래를 하면 안 된다는 어른들의 이야기를 많이 들었지만, 결국 겪어보고 나서야 뒤늦게 깨달았으니 한심한 노릇이다. 어쩌다 한 번씩 동료직원은 내게 어음 깡을 해준다는 농을 걸기도 하지만, 나에겐 큰 상처로 남은 일이었다.

지금 생각해 보면 가난에서 벗어나 자립하고자 하는 Y씨의 열망을 다르게 도울 수 있는 방안도 많았을 텐데, 당시 지인들까지 동원해 Y씨를 도와주려던 나의 지나친 노력은 이후 오랫동안 돌이킬 수 없는 큰 아픔과 고통으로 남았다.

당시 사업 부도나 파산, 또는 지인들 간의 잘못된 보증이나 연대보증으로 가산을 모두 탕진하고 생활보호대상자로 살아가는 사람들이 많았다. 특히 'IMF 외환관리체제' 이후 수많은 사람들이 이렇게 어려운 나락으로 떨어졌다. 한번 저소득층으로 떨어지면 두 번 다시 회복되기 어려운 시기도 있었다. 하지만 2002년 정부에서 '신용회복위원회'를 설치해 '개인 워크아웃'이나 '프리 워크아웃' 등의 프로그램을 통해 채무를 조정하고 회생할 수 있도록 지원하게 되었고, 이를 통해 많은 사람들이 개인회생 절차를 거쳐 새로운 삶을 살아가고 있다.

"엣~헤이! 선생님이 책임져 줄 거요!"

할머니에게는 속주머니 안에 항상 넣고 다니는 서류뭉치가 있었다. ……
1970년 3월 10일 오전 7시 30분에 저탄장 석탄이 무너져 일하던 인부 2명이
석탄더미에 깔려 사망했다는 내용이었다.

삼십대 중반에 산업재해로 남편을 먼저 떠나보내고 혼자 세 아이
를 키우며 살아온 A할머니(?)는 오십대 후반의 나이지만 실제 나
이보다 10년 정도는 더 들어 보였다. 주로 사찰의 승려들이 입는 회
색 저고리와 바지를 즐겨 입고 다녔다. 괴나리봇짐 같은 것을 등에
메고 시내 전역을 다니면서 마치 탁발하는 승려처럼 가게마다 들
러 생활비를 벌었다.

 가게에 들어가 탁발을 하지 않으면 어김없이 욕지거리를 해서
시비를 걸고 가게 주인을 때리거나 화나게 해 일부러 맞고 넘어졌
다. 그렇게 해서 진단서를 끊거나 입원해 치료를 받으면서 가해자
로부터 돈을 받아 생활할 때가 많았다. 아울러 대중교통인 버스를

특유의 입담으로 무료 이용해 대구 시내에서 못 가는 곳이 없었다.

한번은 무상으로 시내버스를 이용하다가 운행 중 급정거를 하는 바람에 A할머니가 좌석에 앉아 있다가 버스 바닥으로 굴러 오랫동안 병원에 입원한 적이 있었다. 어느 날 동사무소로 찾아온 버스 기사의 이야기에 따르면, 처음에는 할머니가 많이 다치지도 않고 상태가 좋아보여서 무사고 운전으로 개인택시면허를 취득하려고 보험처리를 하지 않았다고 한다. 그리고 본인이 할머니의 치료비를 물어주겠다고 했다가 막무가내로 퇴원을 못하겠다는 억지에 동사무소로 찾아오게 되었고, 이웃과 가족을 만나보아도 누구 하나 해결할 사람이 없었다고 한다. 오랜 시간 입원해 버스 기사는 할머니의 병원비를 감당할 수가 없었고, 할 수 없이 경찰서에 사고로 신고해 보험처리를 했다고 한다.

당시 생계비를 받을 수 있는 거택보호대상자가 되기 위해서는 65세 이상의 노인이거나, 18세 미만의 아동, 6개월 이상의 치료가 필요한 자, 3급 이상의 장애가 있는 자, 혹은 이런 식구가 있어야 생계비를 받을 수 있었다.

하지만 동사무소로 찾아온 A할머니(당시 59세)는 막무가내로 자신을 거택보호대상자로 지정해 생계비를 달라고 떼를 썼다. 남편이 나라를 위해 죽었으니 자신이 생계비를 받는 것이 당연하다고 주장했다. 그러면서 새로 이사 온 아파트도 몇 십 년 전 나라를 위해 희생하다 세상을 떠난 남편 덕에 받았다고 했다.

사무실이 무너질 정도의 큰 소리로 "엣~헤이!"라고 외칠 때면, 연약한 몸에서 나온 쩌렁쩌렁한 목소리가 사방으로 울려 퍼져 주위 사람들을 모두 깜짝 놀라게 했다. A할머니는 큰 소리를 치며 자신이 생계비를 받아야 하는 이유를 설명했고, 이런 할머니의 이야기를 들어주다 보면 한 나절이 그냥 지나가 버리기도 했다.

A할머니가 동사무소를 방문할 때면 동료직원들은 슬금슬금 내빼며 도망가기 바빴다. 덕분에 담당자도 아니었던 나는 지나가다 할머니에게 붙들렸고, 온종일 나를 따라다니며 하소연을 했다. 할머니가 담당자와 이야기하는 중에 옆에서 담당자의 말을 한번 거들기만 해도 바로 "엣~헤이!"라고 외치며 할머니 특유의 발음으로 "슨상님('선생님'의 경상도 사투리)께서 책임져 줄 거요?"라고 따져 물었다.

남편을 앞서 보내고 힘든 시기를 살아왔으니, 그 충격에서 헤어나오지 못하는 모습은 지금이야 '외상후 스트레스 증후군', 또는 '트라우마'라고 분류해 지속적인 상담과 약물투약 등으로 체계적인 치료를 병행하면 어느 정도 회복될 수 있지만, 당시에는 그런 체계적인 치료 시스템도 흔치 않았다. 남편을 먼저 떠나보내고 아버지 없이 남겨진 어린 자식들을 양육해야 하는 형편이 되어, 하늘이 무너지는 큰 슬픔과 어려움을 온 몸으로 막아내며 생긴 마음의 상처를 누가 어루만져 줄 수 있었을까?

할머니에게는 속주머니 안에 항상 넣고 다니는 서류 뭉치가 있었다. 비닐봉지에 안에 고이 접혀 있는 오래된 신문지 한 장. 기사는 1970년 3월 10일 오전 7시 30분에 저탄장 석탄이 무너져 일하던 인부 2명이 석탄 더미에 깔려 사망했다는 내용이었다. 도시의 주택에서는 연탄을 사용하던 때라 난방용 연탄 생산에 여념이 없을 때였다.

1970년 3월 10일은 '근로자의 날'이라 모든 근로자들이 하루를 온전히 쉬는 날이었다. 하지만 그 날 새벽에도 A할머니의 남편은 아내가 차려준 따뜻한 밥을 먹고 출근했다. 어려운 형편이긴 해도 평범한 가정의 아내처럼 A할머니는 행복하게 남편의 출근길을 배웅하며 하루를 시작했을 것이다.

그리고 A할머니의 남편은 여느 날처럼 대구역 저탄장에서 산더미처럼 쌓인 석탄 더미를 나르며 작업을 하다가 갑자기 무너져 내린 석탄 더미에 깔려 그렇게 허망하게 돌아가셨을 것이다. 지금이나 그때나 저임금 근로자의 생명은 귀하게 생각지도 않았을 것이고, 당시 보상금이라고 해봐야 얼마나 되었을까? 하지만 A할머니는 한 푼의 보상금도 받지 못했다고 한다.

당시에는 본인이 세상물정을 너무 몰랐기 때문에, 거주하던 곳의 통장이 나서서 수습을 했다고 한다. 누군가 중간에서 보상금을 빼돌렸는지 모를 일이지만, 할머니는 이후 경북도청(당시 행정구역상 경상북도 대구시)과 대구시청을 오가며 보상을 요구했고, 요구할 때마다 해당 관청에서 적은 돈을 손에 쥐어준 모양이었다.

A할머니가 사회복지부서나 민원실의 민원 대기용 장의자에 누워 "엣~헤이!"라고 큰 소리로 외치면 윗사람 눈치를 보느라 하위직 공무원들이 십시일반으로 돈을 모아 주거나 불우이웃돕기 성금 등을 활용해 할머니의 요구를 들어주었을 것이 뻔하다. 주기적으로 행정 관청을 찾아 행패를 부리며 얼마간의 생활비를 마련하고, 탁발승처럼 가게마다 찾아다니며 얻은 돈으로 생활하는 A할머니를 누구도 감당을 할 수 없었다.

A할머니는 이후 기초생활수급자로 선정되어 생계급여를 받은

뒤에도 주기적으로 동사무소와 구청, 시청을 찾아다니며 "엣~헤이!"라고 외쳤다. 그렇게 소리치면 도깨비 방망이처럼 무언가 나온다는 사실을 알고 있었기 때문이다.

사람과의 관계에 있어 처음 만남이 중요하다. 도움이 필요하고 따뜻한 관심과 격려가 필요한 사람으로서가 아니라 과중한 업무로 여겨 힘들어하거나, 자신을 무시하거나 함부로 대해 기분이 나쁘거나, 자신의 약점을 찌르거나 건드려 화를 돋게 하거나, 해결하지 못하는 요구사항으로 골치 아파하는 모습으로 그분들을 홀대하거나 무시는 하지 않았는지 생각해 보아야 한다. 문제의 원인이 나를 비롯한 공무원에게 있었던 것은 아닌지 돌이켜 보아야 하는 것이다.

또한 공격적으로 다가오는 민원인들과 싸우지 않아야 한다. 그리고 반사적인 반응은 자제해야 한다. 감정이 흔들리면 민원인의 힘은 더욱 커질 수 있다. 사람이 아닌 문제를 직시하고 싸워나가는 사회복지공무원이 되기를 기대한다.

소주병을 침대삼고 라면봉지 이불삼아

사정과 협박을 동원해 며칠 만에 겨우 문을 열고 집으로 들어선 순간, 나는 말문이 막히고 말았다. 월세 방치고는 제법 넓은 안방과 옛날식 부엌에는 그동안 B씨가 마신 소주병이 빼곡하게 층층이 쌓여있었고 …… 한쪽 벽면에는 서양식 도끼 한 자루가 장식물처럼 자리를 잡고 있었다.

동네 이웃 주민들의 민원이 잦은 집에 B씨가 살고 있었다. 천식이 있는 B씨는 건강이 매우 나빠 기침을 한번 시작하면 멈추지 않는 큰 기침소리 때문에 골목이 떠나갈 정도였다. B씨가 어디론가 사라져 며칠 또는 몇 주간 집을 비웠을 때는 동네가 조용했다. 나는 어느 날 상담을 위해 B씨의 집으로 가정방문을 하게 되었다. 잠긴 문은 아무리 두드려도 좀체 열리지 않았다. 집안에서 심한 기침소리가 들려오더니 낮은 소리로 누군가 이렇게 외쳤다.

"제발 나를 좀 괴롭히지 마시오!"
"난 정부의 도움이나 남의 도움 따위는 필요 없소!"

"그냥 이대로 내버려 두시오!"

B씨는 이렇게 말하며 한사코 문을 열어주지 않았다. 사정과 협박을 동원해 며칠 만에 겨우 문을 열고 집으로 들어선 순간, 나는 말문이 막히고 말았다. 월세 방치고는 제법 넓은 안방과 옛날식 부엌에는 그동안 B씨가 마신 소주병이 빼곡하게 층층이 쌓여있었고, 식사였는지 안줏거리였는지 알 수 없는 라면봉지는 소주병과 짝을 이뤄 마치 푸른 화단 위에 핀 화려한 꽃처럼 방안을 가득 채우고 있었다.

그리고 한쪽 벽면에는 서양식 도끼 한 자루가 장식물처럼 자리를 잡고 있었는데, 날이 치마처럼 넓게 펴져 있고 손잡이가 물결처럼 휘어진 도끼로 영화에서 본 듯한 물건이었다. 어릴 적에 보았던 소방차에 달린 도끼처럼 생긴 큰 도끼는 찾아오는 사람들에게 위압감을 주었다.

상담에 앞서 도끼에 대한 질문을 하지 않을 수 없었다. 위압감에서 벗어나고자 도끼 좀 벽에서 내리면 안 되겠냐고 부탁했지만 돌아오는 답변은 '절대 손대지 마라.', '손대면 죽인다.' 등으로 매우 단호했다.

제대로 날이 선 도끼는 사연이 많아보였고, 나는 도끼의 위세에 눌려 자꾸만 위쪽으로 눈길이 향했다. 천식과 간경화로 몸이 안 좋은데도 매일같이 소주와 라면 등으로 하루하루 끼니를 때우니 건강이 심히 악화되어 치료를 위해 병원으로 데려가야 했다. 나는 119구급차를 불러 B씨를 입원시켰다. 긴급지원제도가 처음으로 시행됐던 시기라서 다행이도 긴급의료비 지원이 가능했고, 담당

의사선생님도 B씨가 입원해 최대한 빨리 정확한 검사와 치료를 받아야 한다는 결론을 내렸다.

　B씨를 입원시킨 후 소주병과 라면봉지 등 쓰레기가 가득한 집을 청소하기 위해 B씨에게 동의를 구했다. 살림살이가 거의 없는 B씨는 벽에 붙어 있는 도끼 빼고는 모두 치워도 된다고 했다. 새마을부녀회의 협조와 환경미화원의 도움을 받아 안방과 부엌을 가득 채운 소주병과 라면봉지 등 온갖 쓰레기를 깨끗이 치웠다. 찾아오는 사람도, 이웃 친구도 거의 없는 B씨의 집에서는 소주병이 400여 개나 나왔다. 봉사자들은 끝없이 나오는 소주병을 청소용 마대자루에 채웠고, 큰 마대자루를 반씩 채운 소주병을 인근 슈퍼로 가져가 빈병 보증금을 받으니 10여만 원에 이를 정도였다. 슈퍼마켓 주인은 이 병들이 모두 B씨 집에서 나오지 않았냐고 물으며 매일같이 소주 두 병, 라면 한 개를 사갔던 B씨를 기억하고 있었다.

　B씨가 한시적인 긴급지원 혜택을 받아 기초생활보장수급자로 책정되어 지원받을 수 있도록 주민등록등본, 호적등본을 확인했다. 호주인 B씨는 부모님은 모두 돌아가셨고 결혼으로 제적된 두 동생이 있었지만, 만성간경화와 천식으로 3개월 이상 치료가 필요하다는 진단서를 첨부할 수 있어 어렵지 않게 기초수급자로 책정되었다. 나는 P병원 사회사업실 B수녀님을 통해 입원해 있는 B씨의 근황을 자주 확인했고, 눈에 띄게 몸이 좋아지고 있다는 이야기를 들었다.

　얼마 후 현장을 방문하는 길에 골목에서 우연히 마주친 B씨는 자신이 며칠 전 병원에서 퇴원했다는 소식을 전했다. 현재는 이전에 일하던 공사장에서 불러 일을 하고 있다고 했다. 몇 달 전 입원시킬 때의 초췌한 모습은 사라지고 중후하고 멋진 중년 남자의 모습으로 변해있었다. 건축공사 현장에서 미장일을 한다는 B씨는 등에 '흙칼'이라 불리는 미장 장비들이 담긴 가방을 메고 일하러 나가는 모습이 활기차 보였다. 씩씩하게 걸어가는 모습을 보니 이제 두 번 다시는 술에 입을 대지 않고 열심히 살아가겠다는 새로운 출발을 향한 의지가 보이는 듯 했다.

그렇게 B씨를 만나고 한 달이 채 지나지 않은 어느 날, 오후 8시까지 투표소를 운영하는 보궐선거가 있었던 날이었다. 투표종사자로서 투표사무를 보던 나는 휴식을 취하기 위해 잠시 나왔다가 사무실 앞을 지나가는 B씨를 보게 되었다. 여전히 미장일을 위해 가방을 등에 멘 B씨는 간이 좋지 않은지 황달을 넘어 '흑달'이라 할 만큼 새까만 얼굴이었고, 배에는 복수가 차올랐는지 출산을 앞둔 임산부처럼 배가 볼록 나와 있었다. 힘든 걸음으로 사무실 앞을 지나쳐 가는 B씨를 본 나는 투표에 참여하지 않는지 물어보기 위해 그를 잠시 세웠다가 중환자 같은 그의 모습을 보고 깜짝 놀랐다. 불과 며칠 전까지만 해도 건강이 회복된 모습이었는데 순식간에 이렇게 건강이 악화되었다니 믿기 힘들었다.

나는 B씨가 사무실 앞에 잠시 앉아서 쉬게 하고 119 구급차를 불러 P병원 응급실로 그를 보내게 되었다. 당시 투표사무 때문에 B씨와 함께 갈 수 없어 그를 혼자 병원으로 보내는 것이 마음에 걸렸던 나는 P병원 사회사업실 B수녀에게 전화를 걸어 B씨를 잘 챙겨달라고 부탁했다. 그리고 호적등본에서 찾은 연락처로 친동생에게 연락해 형의 사정을 이야기하니, 그는 친형이 살아있는지 다시 한번 물어보며 20여 년간 한 번도 서로 연락을 못했다고 말했다.

보궐선거 마감 시간인 오후 8시가 되어 투표사무를 마감하고 개표장소로 투표함을 인계한 후 B수녀에게 연락을 하니 찾아올 필요가 없다고 했다. 현재 병원에서 손을 쓸 수 없는 상태이고 앞으로 며칠 살기 어렵다는 진단을 받아 가족들과 마지막으로 함께 시간을 보내기 위해 동생이 B씨를 데리고 나갔다고 했다. 친동생에게 다시 연락을 하니 재취(再娶)로 들어온 자신의 어머니가 마지막 하루라도 B씨와 함께 보내고 싶다고 해서 집으로 데려왔다고 했다.

다음 날, B씨가 운명했다는 소식을 전해들은 나는 조문을 위해 곧장 병원 장례식장으로 갔다. 가족들과 만나 대화를 나누다보니 B씨와 상담 중 맞추기 어려웠던 퍼즐이 조금씩 맞춰져 그의 삶을 조금은 돌아볼 수 있었다. 농고를 졸업한 뒤 잠시 동안 직장생활을 했던 B씨는 방위로 군복무를 하게 되었다. 집에서 출퇴근하며 방위로 근무를 하다가 계모에게 미안한 마음이 들었는지 아니면 다른 이유가 있었는지 모르겠지만, '먹고살기 어려운 형편이니 밤에라도 돈을 벌겠다.'는 이야기를 남기고 집을 나간 후 20여 년이 지나도록 지금까지 얼굴을 보지 못했다고 했다. B씨의 동생은 형을 만나자마자 이별하는 건 슬프지만 그래도 죽기 전 집으로 돌아와 얼굴이라도 볼 수 있게 해주어 고맙다고 했다. 아울러 자신의 모친도 먼저 돌아가신 아버지에게 늘 미안한 감정으로 살아왔는데, 아들의 마지막 하룻밤을 함께 보내며 씻기고 입히고 먹일 수 있어 고맙다고 했다.

동생에게 이야기를 들어보니 B씨는 방위병으로 복무 중 만났던 선임의 괴롭힘을 피해 탈영을 했고, 오랜 도피생활을 하다가 자수해 영창을 다녀오게 되었다. 그 후 줄곧 선임병에 대한 분노를 품고 그를 죽이겠다는 일념으로 살아오다가 얼마 전 그 사람을 만났다고 한다. 그래서 어떻게 되었는지 더 이상 묻지는 않았지만, B씨가 이제 도끼와 관련된 사람을 용서한다고 말했다고 한다.

자신의 인생을 망친 사람을 향한 분노와 증오심이 서서히 B씨의 숨을 조였고, 살아야겠다는 삶에 대한 의지마저도 한 순간 빼앗아가 버렸다. 그래도 이제 모두를 용서하고, 친모가 아닌 어머니의 미안한 마음도 잘 풀어주고 떠났으리라 생각한다. 오랫동안 가슴 속에 남아있던 분노 때문에 평범하게 살지도 못하고 짧은 생을 마감해야 했던 그의 심정을 그 누가 헤아릴 수 있을까?

주위 사람들이 조금만 더 관심을 기울여 B씨가 일찍 치료를 받을 수 있었다면 아직도 살아있을 수 있다고 생각하니, 아프고 소외된 이웃들에 대한 우리 사회의 무관심을 다시 한번 돌이켜보게 됐다. 사회복지사를 포함한 우리 모두가 홀로 사는 이웃들에게 좀 더 따뜻한 관심을 기울이고, 자주 방문해 격려하고 용기를 준다면 그들도 분명 살아야 한다는 의지가 강해질 것이다.

혼자 사는 1인 가구가 늘어나고 있다. 네 가구 중 한 가구 이상은 혼자 사는 시대다. 저 출산 고령화로 혼자 사는 가구는 급격하게 늘어날 것이다. 혼술, 혼밥이 유행하고 있는 요즘 고독사하는 사람 또한 늘고 있다. 인구절벽을 향해 달려가는 우리 사회가 조금이라도 긍정적으로 변할 수 있도록 복지정책 또한 바꾸어 나가야 한다.

학교 갔다 온 공무원

자기 친구들이 학교(교도소)에서 나오면 동사무소에 있는 우리 직원들을 혼내 줄 예정이라고 했다. 나는 갑자기 장난기가 발동해, 나도 학교에 갔다 왔는데…….

저 멀리서 누군가 "행님!" 하면서 크게 절을 한다. 동사무소 인근에 사는 A씨다. 나보다 한 10살은 많아 보이지만, 언제 어디서나 나만 보면 "행님!"이라고 큰 소리로 외치면서 조직폭력배처럼 허리가 구십 도로 꺾이는 인사를 해온 지 오래다.

"난 학교(교도소)에 갔다 왔는데, 뭐 줄 게 없나?"라고 말하며 동사무소를 기웃거리고 마냥 시비조로 공공근로담당자를 찾는 A씨가 있었다. 동네에서 학교에 갔다 온 것을 훈장처럼 떠벌리는 40대 중반의 남성이었다. 식당을 운영하는 모친과 부인, 아들 둘과 함께 사는 A씨는 공공근로 대상이 아니었지만, 술만 마시면 학교 갔다 온 본인이 공공근로에 참여할 수 있도록 해야 한다고 요구하며 입만 열면 학교 이야기부터 시작했다.

모친과 부인이 제법 그럴듯한 식당을 운영하는데다 자기 집과 상가까지 가지고 있는 A씨는 술만 마시지 않으면 수줍음이 많고 조용한 성격이었지만 술이 취하면 동사무소를 자신의 놀이터처럼 이용했다.

나와는 담당 민원인으로 만난 건 아니지만, 내 옆자리에서 있던 공공근로 담당자와 학교 이야기로 자주 실랑이가 붙어 나를 비롯한 다른 동료들이 업무를 볼 수 없도록 방해했다.

한번은 학교 이야기를 하다 나와 시비가 붙었다. 당시 대구에는 '향촌동파'와 '동성로파'라는 양대 산맥의 폭력조직이 있었고, 내가 근무하는 ○○동에는 주로 양쪽 계파의 행동대원이 많았다.

A씨 자신도 행동대원으로 활동하다가 학교에 다녀왔는데, 아무도 자신을 챙겨주는 사람이 없다고 했다. 자기 친구들이 학교에서 나오면 동사무소에 있는 우리 직원들을 혼내 줄 예정이라고 했다.

나는 갑자기 장난기가 발동해, 나도 학교에 갔다 왔는데 내 친구들이 나오면 당신도 조심해야 한다고 경고를 했다.

A씨가 의아해하며 학교에 갔다 온 사람이 어떻게 공무원을 하느냐고 따지듯 물었다.

"난 가능하다."('대학을 마치고 왔으니 당연히 학교에 갔다 왔지.')
"어떻게 학교에 갔다 온 사람이 공무원을 할 수 있나?"

한참 실랑이를 벌인 후에야 A씨를 집으로 겨우 돌려보냈다. 그

후로 A씨는 이제 동사무소만 찾아오면 나에게 시비를 걸었다.

"어이 학교 갔다 온 친구!"
"친구들 학교에서 나왔나?"

그럼 나도 나도 웃으며 대답해 준다.
"아직 친구들이 학교서 안 나왔다."

A씨는 조금 있으면 자기 친구들이 학교에서 나온다며 거의 협박 수준으로 시비를 걸었다. 그러던 어느 날 아침부터 술에 취해 나에게 또 시비를 걸어왔다.

"어이! 학교 갔다 온 친구!"

온종일 따라다니면서 시비를 걸어 사무실 직원들이 업무를 볼 수 없는 지경에 이르렀다.

사무실 바깥으로 나가니 A씨도 나를 따라 나왔다. 친구들이 이제 학교에서 나올 때가 되었는데 조심하라고 경고하면서, 도대체 내 친구들은 왜 학교에서 나오지 않는지 궁금하다며 매우 난폭하게 나에게 달려 들었다.

당시 근무하던 동사무소 앞길에는 제법 넓은 차도가 있었지만, 양쪽으로 이어지는 길이 없고 막다른 도로인데다 오전이라 차량 통행이 항상 한적한 곳이었다. 도로 한복판에서 주먹이 오고 가는 시비 끝에 술을 마셔 제대로 힘을 쓰지 못하는 A씨는 나에게 쉬이 제압당했다. 발로 목을 살짝 누르면서 나에게 까불지 말라고 이야기했다. 나도 학교에 갔다 왔고, 학교에서 내 친구들이 나오지 않아도 당신 하나쯤은 내가 말끔히 처리할 수 있다고 말했다. A씨는 살려달라고 애원했다. A씨의 살려달라는 외침과 주민들의 보는 눈이 있어, 동사무소에서 다시는 행패를 부리지 않겠다는 A씨의 다짐을 받아내고서 나는 그를 풀어 주었다.

나와의 다툼에서 A씨가 생명의 위협을 느끼고 많이 놀랐는지 움찔하면서 갑자기 나를 "행님!"이라고 큰 소리로 불렀다. 앞으로 꼭 '행님'으로 깍듯이 대접하며 모시겠다고 했다.

그 일이 있은 후 동네에서 나만 보면 잘 보이지 않는 먼 거리에서도 깍두기처럼 구십 도로 허리를 숙이며 "행님!"이라고 큰 소리로 외치며 인사를 했다. 다른 생각이나 업무로 인사를 받지 못하면, 내가 쳐다보고 인사를 받아 줄 때까지 줄기차게 "행님! 행님!"이라고 외치며 서 있곤 했었다.

사회복지공무원들은 감당하기 힘든 업무량 때문에 찾아오는 사람들을 소홀히 대하게 될 때가 있다. 하지만 사회복지공무원을 찾는 모든 사람들에게 더 깊은 관심과 애정을 갖고 다가서야 한다. 그들이 겪는 사정과 처지를 모두 알고 해결할 수는 없어도, 적어도 그들의 이야기를 귀 기울여 들어주는 자세가 필요하다.

그러면, 나가 죽으라고 하세요~!

"우리 아들더러 나가서 굶어 죽으라고?" 나는 어느 날 참을성의 한계를 느꼈고, 결국 고함을 치며 사회복지사로서 절대 해서는 안 될 말을 하고 말았다. "예! 그렇게 하라고 하십시오!"

칠순을 바라보는 할머니 한 분이 매일같이 동사무소로 찾아와 하나뿐인 자기 아들이 좀 먹고살 수 있게 나라에서 도와달라고 민원을 제기했다. 아들 명의로 된 10평 남짓의 주택은 칠성시장과 이어지는 4차선 도로와 붙어있는 요지에 위치해 있었고, 작은 땅이라 독자적으로 개발할 수는 없지만 중심 상권이 이어진 곳으로 나름 재산적 가치가 있는 곳이었다. 인근 땅에 빌딩을 짓고자 매입이 추진되었지만, 매입 가격을 합의하지 못해서 넓은 땅은 우선 주차장으로 사용되고 있었다.

할머니의 아들은 어디에서 무엇을 하고 있는지 알 수 없었지만, 나라에서 자신의 아들이 일을 할 수 있게 해주거나, 생계비를 지원해 혼자 살 수 있도록 해달라고 도움을 요청했다. 자신은 그동안 남편과 함께 칠성시장에서 장사를 하면서 세금을 많이 냈고, 이제 늙어서 더 이상 아들을 도와주며 살 수 없다고 했다. 이렇게 매일같이 계속되는 할머니의 성화에 못 이겨 나는 몇 번이나 아들이 살고 있다는 자택을 방문해 상담을 해보려고 했다. 결혼도 하지 않고 혼자 살고 있다는 A씨는 집에도 들어오지 않고 도대체 어디에서 무엇을 하는지 알 수가 없었다.

할머니 부부는 칠성시장에서 장사를 하며 벌어놓은 얼마간의 재산으로 출가한 딸의 자식인 외손녀를 양육하며 인근 중구청 관할 지역에서 거주하고 있었다. 자식을 사랑하는 부모님의 마음은 모두 한결같아서, 자식을 위해 뭔가 붙잡을 수 있다면 손에 잡힐 때까지 악착같이 노력한다.

A할머니도 정부의 도움을 받아 아들에게 생계비를 주거나 일자리를 만들어 주겠다는 일념으로 찾아오셨다. 나는 할머니에게 정부의 지원을 받으려면 당사자를 직접 만나 보아야 하고, 그 사람의 의지를 알아야 생계비나 일자리를 줄 수 있다고 답했다. 할머니와 나의 의견이 팽팽하게 맞설 때마다, 할머니는 늘 이렇게 말씀하셨다.

"그럼 우리 아들더러 나가서 굶어 죽으라는 말이냐?"
"그런 말이 아니지 않습니까? 사람을 봐야 한다고요!"
"복지담당자라는 사람이 없는 놈은 나가 죽으라고 말하네?"
"본인 앞으로 재산이 있어 생계비는 주기 어렵습니다."

매일같이 되풀이되는 할머니와의 대화는 아무런 해결 방안도 없이 다람쥐 쳇바퀴 돌듯 이어졌고, 몇 주째 아무런 소득도 없이 할머니의 동사무소 방문만 이어지고 있었다. 할머니는 짜증 섞인 말투로 또 이렇게 말했다.

"우리 아들더러 나가서 굶어 죽으라고?"

나는 어느 날 참을성의 한계를 느꼈고, 결국 고함을 치며 사회복지사로서 절대 해서는 안 될 말을 하고 말았다.

"예! 그렇게 하라고 하십시오!"

하지만 후련해진 속도 잠시, 이후 일어난 상황은 내가 감당하거나 제어할 수 있는 선을 넘어버렸다.

"그래 누가 이기나 한번 해보자!" 할머니가 큰 소리로 외쳤다.

그러고는 바깥으로 뛰쳐나가셨는데, 나는 그제야 내가 해서는 안 될 말을 해서 큰 사고를 쳤다는 사실을 깨달았다. 뒤늦게 후회해 봤자 아무 소용이 없었다. 입 밖으로 갑자기 튀어나온 잘못된 말한마디가 어떤 곤혹스러운 일로 이어질지 알 수 없었다.

잠시 후 경북도의회 공무원이라는 여성에게 전화가 왔다. 어떤 할머니가 오셨는데, 사회복지사인 내가 할머니 아들보고 죽으라고 했다던데 사실이냐고 물었다. 사실은 할머니가 자신의 모친이고 그 아들이 자신의 오빠인데, 아들을 위해 방문한 민원인에게 정말 '나가 굶어 죽으라고'했냐며 묻고 또 물었다. 그리고 '잠시만 기다리라'는 말을 남기고는 근무시간 중에 택시를 타고 동사무소로 달려왔다.

그분은 할머니와 함께 사무실로 찾아와 죽으라고 했는지 안 했는지 말하라며 나와 한참동안 실랑이를 벌였고, 결국 도저히 이길 수 없다고 판단한 내가 그렇다고 대답을 했다. 그분은 지금까지 내가 한 말을 모두 녹음했다며 나 같은 공무원은 두 번 다시 공직에 발을 들일 수 없도록 싹을 모두 잘라버려야 한다고 목소리를 높였다. 녹음된 파일은 감사원으로 보내겠다고 큰 소리로 외치며 동사무소에서 나갔다. 자존심이 상할 대로 상한 나도 "제발 그렇게 하세요."라고 답해버렸다. 옆에서 조용히 지켜보던 동장님이 많이 놀라셨는지 휘둥그레진 눈으로 뛰어나가 민원인을 잡으려고 했지만, 민원인은 어느새 가버리고 동장님만 허탈한 웃음을 지으며 들어오셨다. 아무리 화나도 그렇지, 민원인에게 그러면 안 된다고 하시면서 할머니 자택으로 함께 찾아가자고 하셨다.

마음은 내키지 않았지만, 동장님의 재촉으로 어쩔 수 없이 일어나 음료수를 구입해 길을 나섰다. 동사무소와는 경부선 철로를 사이에 두고 가까이 있는 중구청 근처 아파트로 찾아가게 되었다. 할머니는 매몰차게도 입구를 막고 서서 문을 열어주지 않았고, 할머니 뒤에 계시던 할아버지는 손님이 왔으니 일단 문은 열어주라고 하셨다. 문 앞에서 철문을 사이에 두고 잘못했다고 말을 하다가 막상 문이 열리고 할머니 얼굴을 보니, 한 달이 넘는 동안 시달려온 기억들이 악몽처럼 되살아나는 듯 했다. 집안으로 들어서자 동장님은 먼저 할머니·할아버지께 큰 절을 올리고 무조건 잘못했다고 말씀드리며 무릎을 꿇어서 나도 뒤에서 그렇게 따라하며 무릎을 꿇고 잘못했다고 용서를 빌었다. 이후 한동안 절대 용서할 수 없다는 할머니를 할아버지가 설득해 다독였고, 우리에게도 이제 그만 돌아가라고 하셨다. 마지막으로 한 번 더 잘못을 구하고 집을 나오는데, 집안에서 할머니의 서슬 푸른 목소리가 쩌렁쩌렁 귓가에 울렸다.

"저런 놈이 공무원이라니~!"
"그것도 어려운 사람을 돕는다는 사회복지공무원이라니!"
"목을 쳐서 다시는 공무원을 못하게 해야지~!"

그렇게 힘든 자리를 겨우 벗어나 사무실로 돌아오니, 할머니 딸에게서 온 전화가 빗발치고 있었다. 왜 무례하게 자신의 부모님 집을 찾아갔냐는 것이었다. 아직도 정신을 못 차렸다고 나무랐다. 그런 와중에 칠성시장에서 '어르신'으로 불리며 많은 사람이 따르고 영향력이 큰 N회장님이 이 사실을 알게 되었다. 나는 N회장님과 평소 친분이 있었는데, 할머니 자택에서 용서를 빌고 사무실로 돌아오는 사이 회장님이 내 소행을 알게 되었다고 한다. 그래서 할머니 집으로 전화를 넣어 자신이 평소 아끼는 사람이고, 절대 그렇게 막무가내로 업무를 보는 친구가 아니니 자신을 봐서 용서해 달라고 부탁했다는 전갈이 왔다.

　이런 일을 겪은 후, 나는 그때 얻은 교훈을 가슴 속에 새기고 살아왔다. 사람들은 보통 어려운 발걸음으로 관공서를 찾기 때문에 담당 공무원의 대응이 조금이라도 잘못되면 마음에 상처를 입는다. 담당공무원들은 사회복지사를 찾아오는 사람이나 정부의 도움을 필요로 하는 민원인을 소중히 생각하고 어떤 일이 있어도 되도록 큰 소리가 나지 않도록 노력해야 한다. 민원인을 대할 때 되도록 먼저 잘못을 시인하고 용서를 구하는 자세 또한 필요하다. 내가 아무리 잘 한 것 같아도 다툼이 일어나면 아무 소용이 없고, 결국 자신만 손해를 보게 된다는 점을 알아두기 바란다.

부정적 감정을 긍정 에너지로

정부나 지자체 혹은 이웃들의 도움이 필요해 사회복지공무원을 찾아오는 사람들을 외면해서는 안 된다. 그들은 나의 도움이 필요하고 나에게는 그들을 도와야 할 책임이 있으므로…….

사회복지공무원들이 처한 업무환경을 보면 긍정적으로만 살아가기 힘들다는 사실을 깨닫게 된다. 사회복지사를 찾아오는 사람들은 대부분 사회에서 소외되거나 상처를 받아 이웃과 함께 정상적으로 생활하지 못하는, 자존감이 많이 낮아진 사람들이다.

이렇게 찾아오는 사람들은 빈곤의 굴레에서 벗어나지 못하고 나락으로 떨어져 어려움에서 벗어나지 못하는 경우가 많다. 이러한 빈곤 문제는 이것이 사회구조적 문제인지, 아니면 개인적 문제인지 시작이 달라 항상 논쟁거리가 된다. 복지정책을 만드는 사람이나 이를 연구하는 학자들 사이에는 닭과 달걀처럼 항상 논쟁을 불러일으키는 주제이다.

저소득층의 빈곤이 어디에서 기인하는지에 대한 논의는 우선 접어두고 사무실에서 접하게 되는 표면적 현상만 살펴보면, 사회 복지공무원 대부분은 다양한 민원인들의 요구와 폭증하는 복지업무 때문에 초심을 잃고 어느새 열정이 식어 부정적인 생각을 하게 된다.

모두 그렇지는 않겠지만, 빈곤한 가정을 상담해 보면 가족 대부분이 제대로 배우지 못한 저학력자가 많으며, 육체적·정신적 질환으로 일상생활에 어려움이 있거나, 일을 할 수 있는 능력은 있지만 안정적인 직장을 가진 사람은 거의 없는 실정이다.

이러한 빈곤의 굴레 속에서 헤어나지 못하고 살아가야 하는 현실 속에서 자신의 부족한 부분을 다른 사람과 비교하며 걱정하고 자책하다보니, 부정적인 마음이 증폭되어 공격적 성향을 띤 사람들이 많다.

자신에 대한 수치심과 분노, 실망감, 슬픔, 불안, 두려움 등 부정적 감정의 지배를 받게 되고, 그러한 감정과 인간적 고뇌를 나누어야 하는 사회복지공무원 또한 그 영향을 받게 된다. 평소 성격이 밝고 늘 긍정적으로 업무를 수행하던 사람도 이런 환경 속에서는 점차 부정적으로 변하기도 한다.

어려운 이웃을 위해 살아가겠다는 열정적인 마음을 품고 적극적인 자세로 사회복지업무에 임하겠다고 다짐했던 초심도 연차가 쌓이면서 점차 변하게 된다. 나 또한 1,862세대 5,000여 명이 거주하는 영구임대아파트 소재 동사무소에 근무하면서 늘 긍정적이고 낙천적이던 성격이 점차 부정적이고 냉소적으로 변해갔다. 공무원

내에서도 주류인 행정직 공무원과 달리 소수직인 '별정직 공무원'이라 승진 등 근무여건에 있어 항상 불이익을 받는 소수직렬의 비애, 폭증하는 업무스트레스, 넘쳐나는 민원은 나를 비롯한 사회복지공무원들을 부정적으로 만들었다.

아울러, 이런 외부 환경 못지않게 직장 내에서 생기는 인간관계의 갈등과 의도적으로 업무를 방해하는 관리자·중간 관리자들과의 갈등 또한 복지에 대한 가치관을 무너뜨릴 정도로 힘든 일이다. 나 또한 인격이 성숙하지 못해 누군가의 마음에 상처를 주고 비방을 하거나 이간질을 한 적도 있었다.

해결할 수 없는 문제를 들고 매일 사무실을 찾아오는 민원인들과 만나 시달리고 지쳐가는 내가 싫었다. 나도, 민원인들도 왜 이렇게 살아야만 하는지 납득이 되지 않았고, 저소득층에 세금을 퍼준다고 비난하는 동료들이 미웠다. 상대방을 설득해 제대로 문제를 해결하지 못하는 내가 아무짝에도 쓸모없게 느껴졌다. 당당하게 나서지 못하고 옹졸함에 빠져 살아가는 나 자신이 미웠다.

사람은 자신의 관점과 일치하지 않는 행동을 할 수 없다. 자신을 부정적으로 보거나 부정적인 사람은 매일같이 더 나쁜 일, 부정적인 것으로 일상이 채워진다. 물론 좋은 일도 겪게 되지만, 부정적인 일상을 변화시킬 수 없고 더 나쁘게, 더 부정적으로만 생각하게 된다. 긍정적인 사람은 늘 자신이 겪는 일을 더 좋게 생각하기 때문에, 즐거움을 느끼고 만족하며 살아간다. 긍정적인 태도는 부정적이고 나쁜 일을 겪게 되어도 그 일을 오히려 즐겁게 맞이하거나 긍정적으로 인식해 결국 좋은 일로 만든다.

수치심과 불안, 분노, 우울 등 부정적 감정으로 인해 생기는 고통은 주위 사람들의 삶에도 영향을 주겠지만 무엇보다 자신의 건강과 삶을 황폐하게 만든다. 이러한 모습은 스스로 바꾸어 나가기 위해 노력해야만 한다. 행복해지기 위해서, 아니 살아남기 위해 긍정적으로 변화해야 한다. 이 책을 읽고 있는 독자 여러분도 자신을 변화시켜 행복하게 살아야 자신의 업무에 충실하고 내 가족과 이웃을 지켜낼 수 있다.

부정적인 사람은 보통 자신과 남을 비교해 상대가 나보다 우월하면 기가 죽고 설설 기다가, 자신보다 못하다고 생각되는 사람 앞에서는 거만해지거나 상대를 무시하고 함부로 대한다. 사람들은 때로 심한 모욕을 받거나 회복할 수 없을 정도로 가치관에 대한 공격을 받기도 한다. 이러한 공격은 모멸감을 넘어 수치심을 느끼게 하기 때문에, 공격한 사람이나 받은 사람 모두의 정신과 육체에 해롭다.

정부나 지자체 혹은 이웃들의 도움이 필요해 사회복지공무원을 찾아오는 사람들을 외면해서는 안 된다. 그들은 나의 도움이 필요하고 나에게는 그들을 도와야 할 책임이 있으므로, 늘 긍정적인 모습을 지니도록 노력해야 한다. 사회복지공무원은 자신을 찾아오는 사람들에게 많은 영향을 끼치기 때문에 긍정적인 태도는 매우 중요하다. 긍정적 사고를 하고 보다 나은 삶을 영위하기 위해서는 무엇보다 자신의 가치를 인정하고 자존감을 지켜야 한다.

사회복지공무원은 자신의 가치와 자존감을 높이기 위해 하루를 마감하면서 어제 보다 더 나은 자신을 만들기 위해 무엇을 했는지 생각하고, 또 내일은 무엇을 해야 하는지를 머릿속으로 되새기는 연습이 필요하다. 긍정적 모습을 유지하면, 우리를 찾아오는 사람들의 가치와 자존감 또한 높일 수 있다.

나는 긍정적 에너지가 넘쳤던 초심을 되새기는 것을 좋아한다. 즐거우면서도 유익했던 행동과 열정적으로 뛰면서 힘들게 얻어냈던 결과물들을 떠올려 보곤 한다. 기대감을 갖고 희망찬 내일을 꿈꾸기도 하고, 부정적 감정에서 벗어나기 위해 끊임없이 노력했다. 나는 지금도 언제든 높은 파도처럼 밀려올 수 있는 부정적 감정을 이겨내기 위해 든든한 방파제가 되어줄 긍정적 에너지를 끌어올리려는 노력을 멈추지 않는다.

인간 성장에 대해 강의를 하는 존 맥스웰은 "자신의 가치를 알고 있거나 들여다보는 사람은 절대 무너지지 않는다."고 말했다. 사회복지사인 우리는 어려움을 겪고 있는 이웃들에게 도움을 줄 수 있는 일을 한다는 것 자체가 가치 있는 일이다. 이러한 가치를 항상 마음에 두는 것은 사회복지공무원으로서 무너지지 않고 일어설 수 있는 계기가 되고, 사회복지공무원의 삶을 긍정적으로 유지하는 데에도 도움이 된다.

늘 어려운 이웃을 도우며 살아가야 하는 사회복지공무원으로서 자신의 가치를 알고 있으면, 자존감도 더불어 높여 나갈 수 있다. 자신이 주는 세금으로 월급 받는 공무원이라고 힐난하며 부정적인 감정을 앞세워 찾아오는 분들을 따뜻하게 맞이하면, 긍정적인 감정이 부정적인 감정을 감싸 안아 어려운 이웃뿐 아니라 나를 비롯한 사회복지공무원들을 살려낼 것이다.

가슴을 열고 나누는 축제

복지 현장 동료들과 나눈 뜨거운 열기
(2008년 제1회 전국 사회복지공무원 워크숍)

복지현장에서 날마다 수급자들에게 정책을 실행하고 정부 정책에 대한 온갖
냉소와 불만들을 온몸으로 부딪치며 촛불마냥 자신을 조금씩 태워가고 있는
사회복지 동료들…….

사회복지공무원들의 모임에서 함께 활동하며 만나게 되었고, 평소
잘 알고 지내는 제주시청의 A계장으로부터 급한 전화가 왔다. 제
주시에서 큰 행사를 한번 진행해 보기 위해서 도움말을 듣고자 복
지부 청사에 한번 찾아오겠다는 것이다. 나는 언제든지 방문을 환
영한다고 말했고, 그로부터 며칠 후에 복지부를 방문하는 것으로
약속을 잡았다.

찾아온 용건은 제주시에서 각종 행사지원비용으로 1억 원의 예
산이 세워져 있는데 활용할 방안을 고민하다가 전국 방방곡곡에서
복지 대상자를 위해 불철주야로 고생하고 계신 사회복지공무원들
을 위한 행사를 한번 진행하는 게 어떠냐 하는 제안과 함께 계획서

를 가지고 찾아온 것이었다. A계장이 제주시청에서 예산의 활용방안을 직원 공모로 찾아보던 중 A계장의 기지로서 복지현장에서 날마다 수급자들에게 정책을 실행하고 정부 정책에 대한 온갖 냉소와 불만을 온몸으로 부딪치며 촛불처럼 자신을 조금씩 태워가고 있는 사회복지 동료들을 위해 사기 진작 차원에서 필요한 행사라고 판단한 것이라고 했다. 제주시의 자체적인 논의 과정을 거쳐 사회복지공무원을 위한 행사를 추진하는 것으로 방향을 잡은 것이다. 이러한 내용을 중심으로 간단한 계획서를 만들어서 복지부로 찾아온 제주시 A계장 일행을 복지부 청사(당시 종로구 계동)에서 만나 의논하고 당시 복지부 지역복지과장과 복지정책관에게 보고해 복지부가 적극적으로 행사 진행을 도와주는 것으로 결론을 짓게 되었다.

당시 복지부에서는 이런 행사나 유사한 행사를 진행할 수 있는 예산이 전혀 없는 상태이고 행사 진행에 있어 우리 부의 역할이 애매해 선뜻 나서기가 어려웠지만 그래도 과장과 복지정책관은 일선 사회복지 현장에서 고생하는 사회복지공무원을 위한 특별한 행사이니 적극적으로 도와주라는 말씀과 함께 제주시의 A계장 일행을 따뜻하게 맞이해 주었다. 행사 일정과 예산, 참석 인원 등을 조율하고 "제1회 사회복지전담공무원 워크숍 협조안내" 공문을 각 시도로 보내게 되었고 이에 따라 전국에서 많은 수의 사회복지공무원들이 행사 참가를 신청했다.

2008년 9월 25일부터 27일까지 2박 3일간의 일정으로 준비한 행사는 전국 시군구와 읍면동에 근무하는 1만여 명의 사회복지전담공무원 중 약 10%의 인원이 참가 신청을 했고, 대부분의 신청자

워크숍 참석자 접수   제1회 워크숍 개회식 및 제3회 정책비전대회

들이 행사장을 찾아 뜨거운 행사장을 만들어주었다.

개회식 장소로 사용된 제주학생회관 대강당(800여 명 수용)은 기존에 설치된 1·2층 좌석이 모두 찼고, 좌석과 좌석 사이의 복도까지 빼곡히 자리하고 앉은 사회복지공무원 1,065명의 뜨거운 열기를 아무도 꺼트릴 수 없었다.

우리나라 복지정책에 대해 사회복지공무원들의 마음속 소리를 담은 체계적이고 논리적인 정책발전 방안을 발표하고 경연하는 한국사회복지행정연구회(이하 한사연, 사회복지공무원의 전국 모임) 주최 제3회 공공복지정책비전대회와 함께 진행된 제1회 사회복지전담공무원 워크숍은 첫 대회라고 말할 수 없을 정도로 잘 짜인 행사로 진행되었다. 복지정책의 중추가 되고 있는 복지부 기초생활보장과, 기초의료보장과, 지역복지과에서 직접 과장이 참석해 정책방향을 설명하고 현장에서 겪고 있는 애로사항에 대해 가슴을 열고 현안을 주고받는 열정적인 자리가 될 수 있었다. 복지정책을 결정짓는 복지정책관(국장)의 특강으로 일선 복지행정 담당자와 정책책임자가 이해할 수 있는 터전을 만들었다. 아울러, 한사연 시·도 대표간의 간담회를 진행해 현장감 있는 복지정책을 만들어 추진할 수 있도록 정책 공유의 자리를 만들어나갔다. 국민들의 눈물과 애환을 위로하고, 아픔을 치유해 삶의 질 향상을 위해 나설 수 있는 계기가 되었다.

당시 지자체에서는 행사나 교육에 참가하는 직원들이 가고 오는 길에 커피나 마시라고 읍면동장이나 부서장이 조금씩 찻값을 챙겨 주는 곳이 많았다. 그리고 행사에 참석하는 동료들은 근무지에 남겨져 업무를 수행하는 동료들과 가족들을 생각해 기념품을 꼭 챙겨가는 열성과 관례들이 있었다.

이러한 관례들에 따라 9월에 처음 나오는 제주특산품 밀감에 대한 수요는 상상 이상으로 반응이 뜨거웠다. 워크숍에 참가한 사람은 누구나 할 것 없이 행사장 입구에 마련된 제주농협 임시 가판장에 몰려가 적게는 2박스에서 많게는 10여 박스까지 사무실로, 시댁으로, 친정으로, 그밖의 지인들에게 보낼 택배를 주문하기 위해 생기가 넘쳐났다.

밀감을 구입하기 위해 길게 늘어선 줄은 마치 조기를 비롯한 수산물이 많이 잡히는 곳에 만들어진다는 '파시'와 흡사한 모습이었다. 자신의 행사 참가로 남겨진 사람들에 대한 마음, 혼자 행사에 왔다는 미안한 마음 때문이었을까? 그 특산품에 동료들과 가족들에게 따뜻한 마음을 담아 보내고 싶은 열기로 뜨거웠던 시간이었다.

청정제주 빗물에 밥을 말아 먹고

(2008년 제1회 전국 사회복지공무원 워크숍)

누군가의 빠른 판단이 필요했고 그 판단의 몫은 나에게 돌아왔다. 비가 오더라도 야외만찬장을 그대로 이용하자는 판단을 했다. ······ 만찬장 이동을 지시한 내용이 이행되지 않자 불호령을 내리는 제주시장께서 나에게 "당신은 누구냐?"고 물으셨다.

비 소식이 들렸다. 첫 워크숍에서 만찬장으로 사용될 장소는 제주특별자치도 제주시 조천면 함덕해수욕장 동편 언덕 위에 있는 잔디광장으로, 조천면 청년회에서 관리하고 있는 곳이었다.

제주시 학생회관에서 개회식과 정책비전대회 등을 진행하는 동안에는 날씨가 맑고 아주 좋았지만, 만찬이 있을 시간에는 강수 확률이 매우 높다는 제주기상청의 예보를 듣게 되었다. 잠시 후의 사정도 잘 알 수 없다는 제주의 날씨를 실감하게 되었다.

개회식 행사장에서 만찬장까지의 거리는 약 20km 정도 떨어져 있어, 도로 여건 등으로 볼 때 약 40~50분의 시간이 소요되며, 천 명의 참가자가 버스를 이용하여 이동하기 위해서는 약 60여 대의

오와 열을 맞춘 만찬장

버스가 필요하므로 승차와 출발, 하차까지 이어지는 시간은 상당
히 소요될 것이 예상되었다.

날씨로 걱정된 마음에 먼저 만찬장을 찾았다. 잔뜩 찌푸린 날씨
가 금방이라도 빗방울을 떨어뜨릴 기세인데 완벽하게 세팅된 만찬
장의 모습이 장관이었다.

푸른 잔디 위에 오와 열을 맞춰서 자리 잡은 원형탁자와 예쁘게
탁자를 감싸고 있는 하얀 식탁보, 행사용 플라스틱 의자, 제주산 해
산물 위주의 먹음직스러운 상차림, 저녁이 되어 함덕 해안으로부
터 서물서물 올라오는 해무가 내 눈을 시원하게 해주는데 당장이
라도 비가 오면 어떻게 해야 하나 걱정이 되었다.

개회식장에서 1,000명의 동료가 저녁식사를 위해 이곳 만찬장
으로 출발했고, 한 방울씩 떨어지는 빗방울을 원망해 보아도 내리
는 비는 아무도 막을 수 없을 것 같았다.

만찬장을 준비하는 지배인에게 대략적인 준비사항과 비가 오면 실내로 옮길 수 있는지 등을 점검하니 새롭게 세팅하는데 두 시간 정도 걸리며, 전체가 동시에 이용할 수 없고 두세 차례 나눠서 이용이 가능하다고 했다.

참 답답한 노릇이 아닌가!

이때 제주시장이 만찬장에 도착하셨다. 조금씩 굵어지는 빗방울로 만찬 장소를 실내로 옮기라는 제주시장의 지시가 내려졌다. 행사지원을 위해 참석한 제주시청 직원들과 만찬장 준비를 위해 자리한 업체 직원들의 불만이 여기저기서 터져 나왔다.

불만의 내용은 바깥 잔디광장에 있으나 실내로 옮기나 워크숍 참석자는 저녁을 먹기 어렵다는 이야기였다. 차려진 음식들을 실내로 옮겨서 세팅하는데 2시간 정도가 소요되며 많은 인원이 한번에 들어갈 장소가 없어 3차례 나눠서 먹어야 하는데 1차 이용자는 그렇게 해서 식사를 한다고 하지만 2차·3차 이용자는 10시 이전에 식사를 할 수 없다는 것이었다.

누군가의 빠른 판단이 필요했고 그 판단의 몫은 나에게 돌아왔다. 비가 오더라도 야외 만찬장을 그대로 이용하자는 판단을 했다. 굵어지는 빗속에서 식사를 하려면 대책이 필요해 행사지원 업체에 부탁을 했다.

내리는 빗물에 젖지 않도록 음식물을 덮어줄 천막을 설치해 주고 참석자에게 배분할 일회용 우의를 최대한 빨리 준비해 달라고 부탁하고 장소 이동 없이 그대로 만찬을 진행하기로 했다.

만찬장 이동을 지시한 내용이 이행되지 않자 불호령을 내리는

비가 내리는 가운데 자유 배식을 하고 있는 모습

제주시장께서 나에게 당신 누구냐고 물으신다.

난 복지부 직원이고 이번 행사를 준비하는 복지부 담당자라고 대답했고, 저녁 만찬 행사는 곧 도착할 참가자들이 만찬장 모습만 보아도 느낄 수 있으니 그냥 진행하자고 말씀드렸다.

조금씩 내리는 빗물과 함덕 해안가에서 잔디광장을 감싸고 올라오는 해무, 광장을 둘러싼 주황빛 나트륨 가로등 불빛, 오와 열을 맞춰서 파란 잔디 위에 늘어선 하얀 탁자의 모습에서 충분히 청정 제주의 아름다움을 느낄 수 있었을 것이다.

육지와 달리 제주에서는 바람이 무척 세게 불어 보통 육지에서 사용하는 천막은 사용할 수가 없었다. 기둥과 기둥을 고정하는 몽골 천막만이 설치가 가능하다는데 지금 시간에는 구하기가 어렵고, 설치에 많은 시간이 걸린다는 것이다.

보통 육지의 행사장에서 사용되는 접이식 천막은 구하기도 쉽고 설치가 간편해 행사마다 잘 활용되지만, 제주에서는 접이식 천막은 거의 사용할 수 없고 구하기도 어렵다는 것을 알게 되었다.

만찬장에 도착한 참가자들이 자리를 찾아서 앉음과 동시에 제주 하늘에서도 전국에서 모여든 사회복지공무원을 환영하는 빗방울이 마구 떨어졌다. 조금 늦게 도착한 일회용 우의를 입고 비닐 아래 덮여 있는 음식물을 접시에 담아서 온몸으로 빗방울을 막으며 음식을 입에 넣었다. 어느새 축축해진 음식이었지만 그래도 청정 제주의 깨끗한 빗물이라 다행이다.

우여곡절 끝에 만찬 행사를 잘 마무리하고, 남은 음식들은 숙소인 제주대명콘도 실내로 옮겨 새롭게 세팅했다. 제대로 저녁을 먹지 못한 참가자들은 남겨진 음식들을 담아서 어느새 비가 그친 만찬장과 리조트 근처 벤치, 방 등에서 삼삼오오 모여 앉아 밤을 새우며 웃고 떠들다 하나둘씩 잠자리를 찾아서 꿈나라로 여행을 떠났다.

참가한 모든 동료들의 뇌리에 깊이 남아 있을 청정 제주의 빗물과 함께 먹었던 첫 번째 워크숍의 만찬. 그 음식들이 동료들 가슴 속에 오랫동안 남아, 따뜻한 음식으로 기억되었으면 하는 바람을 가져본다.

'신종 인플루엔자'를 넘어서다
(2009년 제2회 사회복지공무원 워크숍)

공급이 잘 안 돼 부족한 것으로 생각하고 많이 들고 온 음식들이 식탁 밑에 거의 손도 대지 않고 버려져 있는 것을 보면서 음식을 먹지 못한 동료들의 배고픈 심정을 되새겨 보았다.

전년도에 사회복지직 공무원들만 참여한 제1회 워크숍 행사에 대해 복지업무를 수행하는 행정직 등 다른 직렬 공무원분들의 항의가 많았고 그로 인해 제2회 워크숍 행사부터는 '사회복지담당공무원 워크숍'으로 명칭을 변경해 복지업무를 수행하고 있는 분은 누구나 참여할 수 있도록 추진하게 되었다. 신청자를 접수한 결과 약 1,600명이 참가하는 대규모 행사로 기획되었다. 이러한 행사는 숙소와 교통편(항공권 예약) 등을 확보하기 위해 최소한 3개월 전부터 준비가 진행되어야 한다. 사회복지공무원이 대규모로 참여하는 행사인 만큼 철저하게 준비를 해야 했다.

2009년 4월, 멕시코에서부터 발생한 '신종 인플루엔자(이하 신종 플루)'가 전 세계를 공포로 몰아넣었다. 항공으로 전 세계가 하나로 연결되어 있어 우리나라도 '신종 플루' 대유행을 비껴갈 수 없는 형편이었다. '신종 플루'에 의한 공식적인 사망자가 발생한 8월 중순 이후부터는 매스컴을 통해 '신종 플루'를 예방하기 위한 개인위생, 기침할 때의 예절, 사람들이 많이 모이는 곳을 피하도록 하는 등의 홍보를 했다.

지방자치단체에서 추진하는 대규모 행사들은 대부분 취소되거나 연기되었고, 300명 미만의 행사로 축소하도록 행정자치부가 지속적으로 독려하고 있을 때였다. 문제는 '전국 방방곡곡에서 약 1,600명 규모의 사회복지직 공무원들이 모이는 워크숍 행사를 치르기 위해 계속 진행해야 하는가?' 하는 데에 대해 내·외부의 압력을 받고 있는 것이었다.

행사를 진행해야 하는 주최 측인 제주시청·한국사회복지행정연구회와 행사를 후원하고 지원하는 보건복지부의 상반된 의견이 서로 충돌하고 있었다. '신종 플루'로 행사를 취소하면 숙소·항공권 등의 계약 취소에 따른 위약금 문제도 있었고, 행사에 참석하기 위해 준비를 마친 동료 사회복지직 공무원들의 사기에 영향을 줄 수 있다는 점을 감안하지 않을 수 없었다. 그리고 당시 행사를 취소하라는 정부의 방침이 정확히 세워지지 않아서 복지부 내 관리자의 반대를 나름대로 막아낼 수 있었다. 하지만 행사 개최 여부에 대한 사회복지공무원들의 의견들이 반분되어 한사연 홈페이지 등 온라인을 통해 팽팽하게 맞서고 있었다.

워크숍을 진행하기 위해서 보건복지부(질병관리본부)에서 마련한《신종 인플루엔자 유행 대비 감염예방 편람》에서 규정하고 있는 내용들을 행사에 반영하여 추진하는 것으로 제주시청, 한국사회복지행정연구회와 협의했다. 방역대책 기구를 구성하고, 방역물품과 행사 진행요원을 통한 지속적인 모니터링 체계 등을 반영한 행사계획서를 작성해 실·국장을 설득했고, 장관도 흔쾌히 행사에 참석하는 것으로 결정했다.

제2회 사회복지담당공무원 워크숍(2009.9.2~4)은 ICC제주컨벤션센터에서 1,600명이 함께 모여 진행되었다. 행사장 입구부터 '신종 플루' 감염자를 사전에 확인하기 위해 열감지카메라를 설치했고, 의사를 배치해 발열이나 호흡기에 이상이 있는 참석자가 있는지 관찰하게 했다. 개인위생을 위해 개인용 손세정제를 지급하고 차량마다 손세정제를 지원해 '신종 플루' 환자가 발생하지 않도록 예방조치를 취했다. 행사가 시작된 그 시각, 안전행정부에서는 '신종 플루'로 인해 대규모 행사는 취소하라는 공문이 시달되었고, '신종 플루'가 확산되지 않도록 노력하라는 국무총리 지시(2009-6호)가 내려졌다. 다행히 행사가 시작되고 난 이후에 대규모 행사를 취소하라는 공문을 받게 되어 행사 진행에는 지장이 없었지만, 저녁 만찬장에서 문제가 발생했다.

'신종 플루'를 예방하기 위한 안전대책의 일환으로 제주시 위생과장이 행사장 위생 책임을 맡았다. 안전한 음식물 섭취를 위해 음식 조리 후 3시간 이내 소비를 해야 하는 원칙 때문에, 저녁 만찬 3시간 이전에는 음식 조리를 못하도록 현장을 끝까지 지켜야했다. 야외에서 1,600명이 함께 모여 만찬을 한다는 것은 평소 우리가 상

정책비전대회 시상

카멜리아힐 잔디광장 만찬장 전경

상하는 것 이상이었다. 약 1,000명 정도만 들어갈 수 있는 제주 '카멜리아 힐'의 잔디광장에서 1,600명이 식탁을 마주하고 앉아 있으니 장관이었다. 하지만 먹어야 하는 문제는 현실이었다. 참석한 인원에 따라 준비된 엄청난 음식들은 제대로 배달이 되지 않았고, 3시간 이전부터 준비하지 못한 조리음식들은 먹는 사람에 비해 나오는 양이 턱없이 부족했다. 급기야 내 전화통이 불이 나기 시작했다. 참석하지 않은 시·도 담당자들의 항의, 현장에 참석해 있는 동료 직원들의 원성, "거지도 아니고 배고파 죽겠다" 하는 빗발치는 원망이 전화기를 타고 들어왔다. 만찬장에 음식물 공급이 제대로 되지 않으니 성질 급한 참석자들은 조리 장소로 들어가서 나오는 족족 챙겨가고 차분한 사람들은 직원들이 음식물을 세팅해 주기만 기다리면서 배를 곯았다. 음식이 부족한 것에 대한 불평은 참석자들에 의해 두고두고 회자되겠지만, 참석자들이 다 먹을 수 있을 만큼 넉넉하게 준비한 것도 사실이었다.

많은 사람들이 함께 식사를 하기 위해서는 미리미리 음식이 준비되어야 했다. '신종 플루'로 제주시의 위생을 책임지는 위생과장이 조리 장소를 직접 관리감독을 하고 있으니 음식 조리는 엄두도 낼 수 없었고, 야외 만찬장을 세팅하기 위해서는 전문적 경험이 있는 직원들이 많이 있어야 하나, 대부분 아르바이트생으로 만찬장을 운영하여 음식 세팅 및 조달에 큰 차질을 빚게 되었다. 부족한 음식들은 정확한 위치에 세팅을 해야 참석자들이 차분하게 식사를 할 수 있을 것이다. 참석자들이 모두 숙소로 이동한 뒤에 만찬장을 정리하면서 배달이 제대로 되지 못하고 남겨진 많은 음식으로 가슴이 무척 아팠다. 공급이 잘 안 돼 부족한 것으로 생각하고 많이 들고 온 음식들이 식탁 밑에 거의 손도 대지 않고 버려진 것을 보면서 음식을 먹지 못한 동료들의 배고픈 심정을 되새겨 보았다.

'신종 플루'로 대규모 행사들이 줄줄이 취소되는 상황이었지만, 질병에 대한 안전대책을 사전에 수립해 진행한 '제2회 사회복지담당공무원 워크숍'은 보건복지부 장관을 비롯한 내부의 평가가 아주 좋았다. 행사에 직접 참석한 장관은 전염병으로 행사가 축소되거나 취소되어 지역 경제가 어려운 가운데 열감지카메라를 설치하고 손세정제와 같은 개인위생용품들을 준비하는 등 전체적으로 안전대책을 잘 세우고 행사를 멋지게 진행한 모범적인 사례라고 칭찬했다. 이후 국무회의 등에도 보고되어 타 부서 또는 타 부처에서 각종 행사 진행에 있어 안전 대책의 모범 사례로 삼아 오랫동안 자랑거리가 되었다.

태풍 곤파스 속에서 길을 헤매다

(2010년 제3회 사회복지공무원 워크숍)

태풍 '곤파스'가 지난 후, 제주의 날씨는 사회복지공무원들이 한자리에 모인
행사를 축복이나 하듯이 한라산 정상부를 제주 어느 곳에서나 볼 수 있도록
맑은 하늘을 허락해 주었다.

제3회 사회복지담당공무원 워크숍(2010. 9. 3~5)도 이전의 행사들
처럼 참 어렵게 개최되었다. 행사 전날 태풍 '곤파스'가 중대형 태
풍으로 성장해 우리나라를 통과할 예정이며 태풍의 규모와 이동경
로로 볼 때 많은 피해가 예상된다고 예보되었다. 태풍이 생성되어
제주도부터 직접적인 영향을 주면서 통과하는 것은 보통 2~3일 걸
린다. 예상 진로 또한 제주 서쪽 해안을 지나 경기도 지역으로 상
륙할 예정이었다. 태풍의 경로상 동쪽 지역이 서쪽보다 피해가 많
이 발생하므로 태풍으로 인해 이재민들이 대량으로 발생할 우려가
있었다. 태풍이 지나는 각 지역마다 피해를 최소화하기 위해 공무
원들이 총력적으로 나서야 하는 상황인 것이다.

태풍이 발생하면 그 피해를 예방하기 위한 안내 및 순찰활동과 피해 지역의 빠른 복구를 위해 모든 지방자치단체 공무원들에게 비상근무를 명하고 이에 따라 한마음으로 움직여야 한다. 이러한 중차대한 시기에 각 지역을 지켜야 할 사회복지공무원 1,500명 이상이 제주도에서 워크숍을 한다면 분명히 언론이 비판적으로 다룰 사안이었다.

보건복지부 S실장으로부터 행사를 취소하라는 연락이 오고, 담당 국장, 담당 과장으로부터 행사를 취소하는 것이 좋을 것 같다는 연락이 계속 왔다. 하루 전날 행사를 취소하면 단체로 예약된 항공권과 숙소·음식 등의 위약에 따른 부담이 너무 크고, 우리 부에서 부담할 수 없어 어렵다고 대답했다. 항공 운항 등 모든 교통편이 취소되면 위약금 등의 문제가 해결될 수 있지만 그렇지 않다면 행사를 취소할 수는 없다는 결론을 내렸다.

행사 사전 준비를 위해 나를 포함한 복지부 직원 몇 사람은 전날 김포공항을 통해 제주도로 가기 위해 오후 5시경 공항에 도착했다. 한국사회복지행정연구회 회장과 몇몇 사람들도 함께 이동하기 위해 공항에 도착했다. 먼저 출발하는 비행기를 이용한 사람들은 예정대로 출발했지만 우리가 이용할 비행기부터는 제주공항이 태풍의 직접적인 영향을 받아 운항이 취소되었다. 김포공항이나 김해공항은 바람을 체감할 정도로 불지 않았지만, 제주공항의 기상 사정이 좋지 못해 비행기 이착륙이 전혀 되지 않는다고 했다. 일행들은 태풍이 서해를 통해 경기도로 상륙한다는 기상청 예보를 듣고 부산 지역은 바람이 약할 것으로 판단해 김해공항으로 이동했다.

이른 아침에 제주도로 들어가야 하기 때문이었다. 제주공항으로 들어가기 위해 부산으로 이동한 순간부터 실장, 국장, 과장으로부터 행사를 취소할 수 없으면 우리 일행은 당장 복지부로 복귀하라는 명령을 받았다. 하지만 교통편이 없어 복귀할 수 없다고 대답해, 일단 당일 복지부 복귀는 유예되었다.

태풍 '곤파스'는 당초 기상청 예보보다는 빠르게 우리나라를 통과했고, 비를 동반하지 않았기에 비로 인한 피해는 거의 없고 바람으로 인한 피해가 대부분이었다. 다행스럽게도 태풍 피해로 인한 복구나 피해자 구호 등의 큰 문제가 발생하지 않았다. 행사 당일 오전 6시 35분경 강화도 인근에 상륙한 태풍 '곤파스'는 그 뒤 열대성 저기압으로 바뀌어 소멸되었다. 언제 지나갔는지 모를 정도로, 태풍은 밤사이 큰 피해를 주지 않고, 휘익 하고 지나가는 바람처럼 사라진 것이다.

이른 아침부터 각종 태풍 관련 예보들이 일제히 해제되었다. 제주공항을 비롯한 전국의 모든 공항들은 아침부터 정상적으로 운영되었다. 태풍으로 인해 행사 참석 여부로 노심초사 마음을 졸이던 동료 직원들은 뜬눈으로 밤을 지새우며 비상근무를 마치고 대부분 행사장인 제주컨벤션센터로 발길을 옮길 수 있었다.

인간이 감당할 수 없는 태풍은 항상 피해만 주는 것이 아니라 인간에게 유·무형의 헤아릴 수 없는 큰 이득도 안겨준다. 바다 밑에 쌓여 있던 퇴적물을 깨끗하게 씻어주기도 하고, 바다를 삶의 터전으로 살아가는 수많은 동식물의 환경을 변화시켜 이전보다 좋은 바다 생태계를 만들어주기도 한다. 제주는 섬 지역의 특성상 날씨

제3회 워크숍 국민의례 광경

한화리조트 잔디광장 만찬

가 고르지 않고 제주 시내에서 한라산 백록담을 한눈에 볼 수 있는 날이 흔치 않다. 하지만 태풍 '곤파스'가 지난 후, 제주의 날씨는 사회복지공무원들이 한자리에 모인 행사를 축복이나 하듯이 한라산 정상부를 제주 어느 곳에서나 볼 수 있도록 맑은 하늘을 허락해 주었다. 행사에 참가한 사회복지 동료들에게 제주도의 멋진 풍경을 선물로 안겨주고 떠나간 것이다.

오후 2시부터 시작된 제5회 정책비전대회와 제3회 사회복지담당공무원 워크숍은 태풍도 막을 수 없는 사회복지공무원들의 열정으로 열띤 토론의 장이 되었다. 행사 개최에 반대 입장이었던 보건복지부에서도 큰 피해 없이 지나간 태풍 '곤파스'로 담당 국장, 과장 및 현장 복지업무와 연관이 있는 기초생활보장과 등 대부분의 부서에서 업무 담당자가 참석해 현장에서 느끼고 생각하는 복지정책에 대한 고민을 함께 나누는 귀중한 자리가 되었다.

　　무엇보다 사회복지공무원들의 힐링을 위해 연초부터 땅을 고르고 잔디 씨를 뿌려서 새롭게 꾸며놓은 야외 잔디광장에서의 만찬장이 최고의 압권이 되었다. 전년도에 개최된 좁은 행사장과 전문적이지 못한 서빙 등을 획기적으로 바꾼 것이었다. 제주 밤하늘을 수놓은 무수한 별빛처럼 참가자 하나하나가 어울려 가는 모습들이었다. 각 지역마다 장기 자랑을 했고, 모두가 하나로 뭉쳐가는 축제의 장이 되었다.

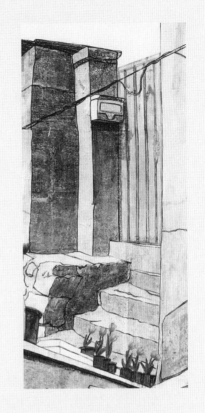

아이들의 미래를 만드는
꿈의 산실

밤을 꼬박 새운 복지 현장 이야기

현장에서 겪고 있는 현안 문제들에 대해 속마음을 터놓고 나누면서 이해의 폭을 넓게 할 수 있었다. 한번 터진 이야기보따리가 끊임없이 이어져 가슴속에 품고 있는 모든 이야깃거리를 꺼내며 밤을 꼬박 새웠다.

지역아동센터가 아동복지법이 규정한 아동복지시설로 자리를 잡은 이후 보건복지부에서는 매년 우수 지역아동센터와 그곳에서 근무하는 분들에 대한 포상이 있어왔다. 우수 단체와 개인들에 대한 장관 표창장을 수여하는 자리는 따로 갖지 않고, 표창장을 우편으로 보내주거나 보건복지부 회의실 등에서 수여해 왔다. 지역아동센터에 종사하며 아이들을 위해 헌신하고 계신 분들은 1년 365일 하루도 빠짐없이 아이들과 함께하며 부모와 같은 마음으로 아이들을 돌보았다.

아동복지시설 중 근무여건이나 환경, 규모가 가장 열악한 곳이 지역아동센터이다. 근로기준법에 따른 주차·월차휴가는 명목상 존재하고 센터를 찾는 아이가 한 명이라도 있으면 명절도 가족과 함께하지 못하고 오롯이 아이들만 돌봐야 한다. 지역아동센터를 대표하는 6개 단체 관계자나 현장 근무자를 만나보면 비록 해외여행은 못가더라도 쉼과 힐링을 위해 국내여행이라도 편안한 마음으로 가보면 좋겠다는 바람을 가지고 있다는 것을 알게 된다.

　이러한 요구와 바람을 반영해 우수 지역아동센터와 종사자, 유공 공무원 등 60명의 포상자와 지역아동센터를 대표하는 6개 단체의 대표자, 실무책임자가 함께하는 「2011년 돌봄 서비스 우수지역 탐방 및 유공자표창계획」을 수립해 포상 행사(2011. 11. 17~11. 19, 강릉·동해·태백·영월)를 진행하게 되었다. 4,000개소의 지역아동센터를 관리하고 지원하는 담당부서인 보건복지부 아동권리과에는 포상 행사를 진행할 수 있는 경비가 전혀 없었다. 타부서와 타 사업 등에서 남는 예산을 조금씩 '긁어모아' 경비를 조달해야 했다.

　백두대간의 장엄한 산세와 푸른 동해바다를 좌우로 거느리며, 강릉 옥계해수욕장의 백사장과 해송이 숲을 이루는 아름다운 곳에 조각배 모양의 건물이 자리 잡고 있었다. 어머니의 감성이 필요한 지역아동센터를 위해 우수 단체와 개인, 관련 단체 등 120여 명이 함께하는 자리를 강원도 강릉시에 위치한 한국여성수련원에서 개최했다. 여성수련원이라는 특성에 맞게 건물 구석구석에 여성의 감성이 고스란히 담겨 마치 어머니의 품처럼 모든 것을 품어주는 듯한 공간이었다.

　다른 어떤 표창장을 받는 것보다도 보건복지부 장관 명의로 된 예쁘고 멋진 '지역아동센터 우수기관' 현판을 더 기뻐하는 것 같았다. 업무유공 공무원과 센터 종사자도 표창장을 손에 받아들고 즐거워했다. 하지만 자신이 근무하는 센터와 아이들을 남겨두고 온 안타깝고 짠한 마음이 표정에 묻어나오는 것 같았다. 대부분의 참석자는 아이들을 맡아 돌보는 일을 자신의 천직으로 맞이한 이후로 처음 마음 편하게 여행을 떠나왔다는 설레는 마음으로 연신 웃음꽃을 피웠다.

지역아동센터를 대표하는 6개 단체(전지협, 한지연, 지아연, 한지공협, 전가공협, 나눔과 기쁨-규모순)를 대표해서 참석한 분들과 지역아동센터를 지원하는 중앙지원단, 시도지원단 관계자도 참석했다. 아울러 우수 지역아동센터 대표, 시·군·구 유공 공무원이 모두 한자리에 모인 뜻 깊은 자리는 금세 소통의 자리로 변화되었다. 현장에서 겪고 있는 현안 문제들에 대해 속마음을 터놓고 나누면서 이해의 폭을 넓게 할 수 있었다. 한번 터진 이야기보따리가 끊임없이 이어져 가슴속에 품고 있는 모든 이야깃거리를 꺼내며 밤을 꼬박 새웠다.

터놓고 밤을 새며 이야기를 나눈 이후에는 보건복지부와 지역아동센터 단체 간에 상반된 의견으로 이전까지의 대결 구도에서 벗어나 한 목표를 향해 한 배를 타고 함께해야 한다는 인식을 나누게 되었다. 예산확보와 사업지침 개정 등에 대해 적극적으로 의견을 제시해 주었고, 최대한 현장의 의견이 반영될 수 있도록 지침개정 작업을 진행하게 되었다. 신뢰를 바탕으로 한 작은 발걸음이 돌봄서비스 정책의 완성도를 높이는 데 크게 기여한 것이다.

강릉 옥계해수욕장을 바라보는 곳에 싱싱하고 푸짐한 횟감으로 마련된 만찬장은 센터 종사자와 지자체 공무원, 센터 지원단 관계자 모두가 하나 될 수 있는 귀중한 자리가 되었던 것 같다. 그러한 열정들을 모아서 행사 둘째 날은 동해시 추암바위, 해오름지역아동센터, 천곡천연동굴, 태백시 황지연못, 검룡소, 삼수령, 영월 별마루천문대 등을, 그리고 마지막 날에는 단종릉, 청령포를 둘러보면서 강원도의 중요한 관광지를 둘러보는 유익한 시간이 되도록 진행했다.

시와 별이 잘 어울리는 영월에서의 둘째 날 숙소는 시스타(詩star)리조트였다. 동강이 굽이굽이 휘돌아 감고 나가는 아름다운 곳에 자리 잡은 숙소였다. 영월군에서의 마지막 저녁식사 시간은 행사에 참가한 사람들에게 뜻 깊은 자리가 되었다. 행정관청의 지도

한반도지형 체험

감독을 받는 지역아동센터장 등 참석자들이 식사를 하는 자리로 영월군수가 직접 찾아와 아이들의 복지를 위한 노고에 항상 고마운 마음이 있다고 하면서 넙죽 큰절을 올리며 감사의 마음을 나타냈다. 평소 자신이 근무하고 있는 지역에서 담당 공무원도 보기가 어려웠는데 이렇게 지역을 대표하는 군수가 식사자리에 함께해 큰절도 올리고 영월군에서 생산되는 기념품을 선물도 주고 가니 참가자 모두가 감격하고 앞으로 아이들을 위해 더 열심을 내겠다고 다짐했다.

강릉시 K과장, 동해시 L계장, 태백시 J계장, 영월군 S계장 등 평소 나와 친분이 있는 사회복지 동료들이 지역아동센터 선생님들의 행사를 무척 반겨주고 멋진 행사가 되도록 적극적인 도움을 주었다. 지역마다 관광지를 무료로 이용할 수 있도록 안내해 주었고, 맛집을 소개하고 토산 음식물을 제공해 풍성한 행사가 될 수 있도록 지원을 아끼지 않았다.

우리 아이들이 아름답게 자라가기를 바라는 같은 목표와 서로가 함께 나아가야 한다는 당위성을 참석한 모두가 알게 된 귀중한 기회가 되었다. 자신을 돌아보고 힐링하면서 맡겨진 아이들을 더 잘 돌보겠다는 다짐을 하면서 행사가 마무리되었다.

꿈을 품고 멋지게 자라나는 아이들

지역아동센터가 아동복지시설로서 아이들의 미래를 책임지는 중대한 역할을 잘 감당하고 센터 또한 잘 운영되기 위해서는 아이들을 향한 명확한 비전과 전문적인 자질을 반드시 갖춰야 한다.

보기 좋은 떡은 먹기도 좋다. 우수센터로 장관 표창을 받은 동해 해오름지역아동센터 센터장께서 자신이 근무하는 센터에 꼭 지역아동센터 수상자와 참석자를 모두 초청하고 싶다고 했다. 행사 일정에 따라 태백 지역의 우수한 지역아동센터를 방문할 계획이 있었다. 평소 낡고 오래된 상가건물 구석에 자리 잡고 있는 허름한 지역아동센터들만 보아온 나로서는 센터에 대한 시각을 바꾸어 나가기가 참 어려웠다. 그래서 많은 참석자가 시설을 방문하려면 적어도 몇 차례 나눠서 들어가야 할 것이라고 지레짐작만 했다. 행사 참석자를 모두 초대한 센터장의 마음은 정말 고마웠지만, 원래 행사 일정대로 태백 지역에 있는 지역아동센터를 방문할 예정이라고 대답했다. 하지만 그는 나의 말은 아랑곳하지도 않고 다음날 일정에 포함되어 있는 추암 촛대바위와 가까이 있다면서 무조건 본인이 근무하는 센터에 꼭 방문해 달라고 했다. "대형버스도 충분히 들어올 수 있고 참석자 모두가 찾아와도 아무런 문제가 되지 않는다." 며 꼭 찾아달라고 거듭 부탁했다.

다음날 행사장을 출발해 TV 방송에 늘 애국가와 함께 나오는 추암 촛대바위의 풍경을 본 후에 편안한 마음으로 해오름지역아동센터를 방문하게 되었다. 지역아동센터는 해오름교회와 함께 있었다. 푸른 잔디 운동장에선 아이들이 공을 차며 뛰놀고, 기도소리를 듣고 절대자가 금방 대답해 줄 것만 같은 아주 조그만 예배당은 사람들의 관심을 끌기에 충분했다. 북카페가 있어서 동네 주민 누구나 지나가다가 들어와서 차를 마시고, 수다를 떨거나 책을 보며, 부족한 지식을 채워나갈 수 있는 공간이었다.

해오름지역아동센터는 이러한 시설들과 잘 어울리며 멋지게 자리 잡고 있었다. 백두대간의 허리에 위치한 두타산과 청량산은 눈을 들어 바라보면 피라미드 같이 우뚝 솟아 있는 모습이 큰 꿈을 키우기에 부족함이 없을 것 같은 모습이었다. 지금은 종교법인으로 운영 주체가 변경되었지만 당시 개인이 운영하는 시설로 규모와 환경 모두가 상상하는 보통 지역아동센터와 전혀 다른 모습이었다.

해오름지역아동센터를 운영하고 있는 센터장의 운영현황 브리핑에서 묻어 나오는 당당함과 자신감은 이곳에서 멋지게 자라나고 있는 아이들의 모습을 투영하고 있는 것 같았다. 진행하고 있는 지

해오름지역아동센터 전경   북카페와 잔디축구장 전경

역아동센터의 프로그램은 행사 참석자에게 큰 도전을 심어주었다. 복지 인프라가 부족한 지역에서 많은 어려움이 있었겠지만 센터장의 그 열정 앞에서는 그 무엇도 장애가 되지 않았을 것 같았다.

지역아동센터와 해당 지방자치단체가 청소년영화제를 주최하고 지역아동센터 아이들이 직접 대본을 각색하고 연출하고 배역을 나누어 맡아 연기를 하고, 촬영과 편집까지 해서 청소년영화제에 참여했다고 한다. 언젠가 이 아이들이 자라서 세계 영화계를 움직이는 박찬욱 감독이나 스티븐 스필버그와 같은 거목이 되어 우리를 찾아올지도 모른다. 아이들의 꿈은 무한하다. 해오름지역아동센터의 아이들이 만들어나간 그 꿈들이 어떻게 이루어질지 기대하고 소망한다. 우리 아이들의 미래와 함께할 수 있는 소중한 인연이 해오름 지역아동센터 선생님에게 주어진 것 같다.

해오름노인복지대학으로 사용되는 공간에서는 참석자 모두가 진지한 모습으로 지역아동센터가 나아갈 방향을 헤아려 보았다. 마치 꿈꾸는 아이들처럼, 자신에게 맡겨진 센터를 더 멋지게 운영하고 아이들의 그 무한한 미래를 열어주겠다는 다짐도 함께했다. 주어진 환경은 열악하지만, 아이들을 위해 더 즐겁게 헌신할 것을 다짐했다.

해오름지역아동센터는 참석자 모두에게 큰 도전을 주었다. 그동안 지역아동센터에 대해 가졌던 그릇된 인식에 변화를 가져온 계기가 되었다. 지역아동센터를 운영하려면 꼭 모범적이고 우수한 센터들을 찾아서 초기에 있을 수 있는 시행착오를 최소화하고 아이들을 위한 올바른 비전과 그것을 이룰 수 있는 시설이 마련될 수 있도록 지역아동센터 시도지원단을 통해 협조를 요청해야 한다. 지역아동센터가 아동복지시설로서 아이들의 미래를 책임지는 중대한 역할을 잘 감당하고 또한 센터가 잘 운영되기 위해서는 아이들을 향한 명확한 비전과 전문적인 자질을 반드시 갖춰야 한다. 아울러, 타 기관의 운영 사례를 배울 수 있는 기회가 항상 제공되어야 하고 열린 마음으로 배워나가야 한다.

이제 지역아동센터를 새로운 시각으로 바라볼 수 있게 되었다. 해오름지역아동센터를 통해 변화된 마음으로 센터와 아이들이 함께하는 길을 본 것이다.

경주 월지 야경을 보며
(두 번째 우수사례지역 탐방)

정부에서 지원되는 운영비만 가지고서는 센터 난방비도 턱없이 부족한 현실 속에서 발로 뛰며 기업체와 군부대, 대학 등으로부터 유·무형의 지원을 이끌어낸 솜씨는 참석한 모두의 마음속에 울림을 주고 큰 도전이 되었다.

「2012년 돌봄 서비스 우수지역탐방 및 유공자표창계획」을 수립해 포상 행사(2012. 11. 29~11. 30, 경주·포항)를 진행하게 되었다. 2011년에 이어 두 번째 행사로 약 120명이 참석한 가운데 진행했다. 천년 고도 경주를 방문하면 많은 사람들이 유적지를 찾아 옛 선조의 발자취를 관람한다. 밤이면 화려하고 아름다운 풍경을 뽐내는 곳들이 많이 있지만, 그 어느 곳보다도 화려한 야경은 월지[月池, 안압지(雁鴨池)]와 새로 복원된 월정교(月淨橋)가 손에 꼽힌다. 하늘에 떠있는 달이 호수에 내려앉은 모습이 아름다워서 월지라고 부르게 되었다고 하는데, 연못 주위에 세워져 있는 전각 처마마다 예쁘게 채색된 단청무늬가 아름답다.

우수지역아동센터 포상   경주 월지(안압지) 야경

　야간에 비추는 나트륨 등의 붉은 조명은 물 위에 그려지는 화려하고 아름다운 모습을 보고 있는 사람들에게 상상 이상의 즐거움을 준다. 어느 옛 시인이 노래한 가사에, "하늘에 떠있는 달 하나, 월지에 비춰진 달 하나, 그대 눈빛에 맺혀있는 달 하나, 내 술잔에 떠있는 달 하나"라고 '네 개의 달과 함께하는 즐거움'을 노래하고 있듯이, 누구라도 시인이 되기에 부족함이 없는 풍경이다. 월지와 월정교의 화려한 조명이 주는 인위적인 풍경들이 조금은 식상하다면 가까운 곳에 한국의 정취를 느낄 수 있는 서출지(書出池)의 소박한 야경을 꼭 한번 보기를 추천한다. 자그마한 연못에 이어져 있는 서민들의 가옥이 은은한 조명이나 달빛에 비춰면 시심이 저절로 나올 것 같은 서정적 정취를 풍겨준다.

　우수 단체와 개인에 대한 장관 표창식이 끝나고 행사 참석자 모두가 가을밤 정취를 물씬 느낄 수 있는 경주 월지를 찾았다. 매일 아이들과 좁은 지역아동센터에서만 지내오던 참석자들은 월지의

물 위를 수놓은 아름다운 모습에 처음 소풍 나온 아이들처럼 좋아했다. 경주 인근인 대구·경북 지역에서 참가한 사람들은 지역아동센터를 이용하는 아이들과 자주 찾는 곳이지만, 경주 월지 야경은 보지 못한 사람이 많았다. 삼삼오오 모여서 멋진 야경을 사진에 담고 즐거운 시간을 보내면서도 마음 한 자락에 자리한 아이들 생각과 걱정에 멋진 풍경과 사물도 눈에 잘 들어오지 않는 것 같았다.

둘째 날 아침, 참가자 모두가 들뜬 마음으로 부산하게 움직였다. 먼 길을 가야 하는 참가자가 많아서 일정을 조금 당겨 불국사 경내 관람과 우수센터 탐방에 나섰다. 경주시청 M계장이 사전에 불국사 주지에게 연락을 취해서 모두가 전문 해설가의 설명을 들으며 청운교와 백운교, 그리고 수리중인 석가탑과 다보탑을 둘러보았다. 야사를 곁들여서 열정적으로 설명하는 해설가의 해설이 이어질 때마다 조용한 경내가 웃음으로 가득해졌다. 아이들의 움직임을 관찰하며 안전을 책임져야 하는 부담에서 벗어나, 가벼운 발걸음으로 편안하게 여행을 즐기는 것 같았다.

경주에서 버스를 타고 포항빛살지역아동센터로 탐방을 나서는 길에서는 얼마나 하고 싶은 이야기가 많은지, 자신만이 가지고 있는 이야기보따리를 풀 때마다 같은 일을 하고 있다는 일체감 때문인지, 비슷한 경험을 나누며 서로에게 힘이 되는 시간이었다. 포항 북부해수욕장 바닷가를 바라보며 포항시청 Y계장이 미리 준비해 둔 싱싱한 해산물이 올려져 있는 푸짐한 식탁을 마주할 때는 든든한 마음이 밀려왔다.

오랫동안 관공서로 사용되던 건물을 인수받아서 지역아동센터를 운영하는 빛살지역아동센터에도 아이들을 사랑하는 센터장의 그 마음이 구석구석 묻어 있다. 정부에서 지원되는 운영비만 가지고서는 센터 난방비에도 턱없이 부족한 현실 속에서 발로 뛰며 기업체와 군부대, 대학 등으로부터 유·무형의 지원을 이끌어낸 솜씨는 참석한 모두의 마음속에 울림을 주고 큰 도전이 되었다.

억척같은 경상도 아줌마의 투박한 손길에서도 돌봄이 필요한 아이들 한 명 한 명에게 그 마음이 전해지고, 그렇게 전해진 마음들을 받은 아이들이 햇살처럼 밝고 빛나게 자라서 좋은 대학에 진학하고, 그 아이가 다시 센터를 찾아 후배에게 반듯한 모범이 되는 참 아름다운 센터로 기억된다.

역동적으로 움직이는 지역아동센터를 담당하면서 현장에서 실무를 담당하는 분들을 참으로 많이 만났다. 잘못된 선입견을 깨기 위해 더 많이 이해하려고 노력해야 했고, 현장을 알 때쯤에는 무엇인가 보탬이 되지 못해 안타까웠다. 지금도 웃으며 만날 수 있는 지역아동센터 관계자들이 그립다. 아이들을 향한 그 뜨거운 열정들을 조금이라도 더 닮아가고 싶은 마음이 가득하다.

아이들을 위한 순수하고 따뜻한 마음

원하는 만큼 주지 못하는 입장 때문일까? 열악한 환경에서 어려운 아이들을 돌보는 데서 비롯된 안타까운 마음 때문일까? …… 터놓고 이야기를 하다보면 상대를 이해하게 되고, 이해가 쌓이면 서로의 입장에서 업무를 수행할 수 있다.

보건복지부에서 시행하는 여러 사업 가운데 중요한 것 하나는 예산의 확보와 확보된 예산을 시행하기 위한 지침 개정 작업이다. 사업지침은 현장의 의견을 반영해 담당 사무관과 주무관이 주축이 되어 개정 작업을 추진하고 자체 전결 규정에 따라 국장 전결로 처리한다. 하지만 많은 예산을 수반하는 것이나, 사회적 파장이 예상되는 안건은 더 높은 결재자에게 보고하고 진행하게 된다. 지역아동센터에 지원되는 운영비는 확보되는 예산에 따라 시·도와 시·군·구청을 거쳐 보조금을 지원한다.

　지역아동센터 지원금으로 확보되는 예산을 획기적으로 늘리지 않는 이상 아이들을 위한 돌봄 서비스를 제공하는 신규 설치 센터 운영에 필요한 운영비 지원이 어려운 실정이다.

확보되는 예산에 따라 신규 설치 후 운영비를 지원 받는 시기는 대략 15~30개월 정도 경과된 시점이다. 센터를 설치하는 시기와 지역별 예산 사정에 따라 운영비가 지원되고 있어 신규로 설치한 센터는 처음 운영비를 지원받기까지 예측할 수 없고 지역별로 차이가 있다. 형평성이 부족하거나 지역별 운영비 지원의 편차에 대한 불만 민원은 빨리 해소할 필요가 있다. 이러한 지역별 편차를 줄이기 위해 24개월 운영 이후 운영비를 지원한다는 지침을 만들어 시행하게 되었다.

아동복지법상 아동복지시설로 분류되어 있는 여타의 시설과 달리 지역아동센터는 개인도 시설을 운영할 수 있으며, 법인 또는 개인 시설에 관계없이 운영비를 정부의 보조금으로 지원하고 있다. 개인이 운영하는 시설에도 운영비를 지원하게 됨으로써 운영비 지원 시기와 상관없이 향후 운영비를 받을 수 있다는 믿음으로 센터를 설치한다. 그리고 곧이어 운영비를 지원받기 위한 민원을 제기하는 경우가 많다. 신규설치 신고를 처리하는 시·군·구 담당자는 신고를 수리하는 순간부터 운영비 지원에 대한 민원으로 힘들어한다.

여유가 있으면 우선 지원도 가능하지만 언제부터 운영비가 지원된다는 기준이 없어서 대다수 시·군·구청은 24개월 이전에 지원하는 것은 생각도 할 수 없는 실정이다. 현장에서도 운영비 지급 시기를 확정해 주는 것이 신규로 설치하는 시설 운영을 위해 절실하다는 의견을 수렴해 2010년 10월 15일 지침을 변경해 시행했다.

처음 센터를 설치해서 돌봄 서비스가 필요한 아이들에게 제공하려는 순수하고 따뜻한 마음은 운영비 지원 시기를 예측할 수 없게 되면 금세 그 열정이 식게 된다. 그 마음을 더욱 뜨겁게 만들어주기 위해서는 빠른 시일 내에 운영비 지원이 이루어지는 것이 절실하게 필요하지만 예산확보가 녹록치 않은 현실이므로 정확하게 지원받을 수 있는 시기를 특정해주는 것이 정책 시행에 있어 가장 기본이라고 할 수 있다. 그렇게 함으로써 센터를 언제까지 스스로 운영해야 하는지 마음가짐을 갖고, 아이들에 대한 돌봄 서비스 제공에 전념할 수 있게 된다.

센터 설치 이후 운영비를 지원받는 시기가 시·군·구 별로 천차만별이니 운영비를 바라며 센터를 설치한 사람들의 모든 관심이 운영비가 언제부터 나올지 집중되어 담당 공무원은 운영비 지원에 대한 민원에 시달리고, 아이들은 운영비에 관심을 가진 센터장으로 인해 제대로 된 돌봄 서비스를 받을 수 없는 일들이 반복된다. 이렇게 운영비에 대한 민원의 악순환을 끊기 위해 운영비는 시설 설치 이후 24개월부터 지원하겠다는 지침에 모든 구성원들이 환영을 하게 되었다. 예산만 확보되면 더 빨리 운영비를 지원하는 것이 최선이지만, 그렇게 하지 못하는 우리나라의 예산 사정이 안타깝다.

지역아동센터 관계자와 만나보면 관공서, 특히 사회복지직 공무원에 대한 불만이 많고, 자신들의 이야기를 잘 들어주지 않는다는 하소연들이 이어진다. 원하는 만큼 주지 못하는 입장 때문일까? 열악한 환경에서 어려운 아이들을 돌보는 데서 비롯된 안타까운 마음 때문일까? 서로에 대한 이해를 높여야 할 필요가 있을 것 같다. 터놓고 이야기를 하다보면 상대를 이해하게 되고, 이해가 쌓이면 서로의 입장에서 업무를 수행할 수 있다.

　운영비를 지원받지 못하는 것보다 지원받을 수 있는 시기에 대한 불확실성과 타 기관과의 형평성에 사람들은 분노하게 된다. 이러한 분노를 다스리고 서로가 더욱 발전하기 위해서는 형평성에 입각하고 예측 가능한 행정이 필요하다. 상대를 배려하는 행정, 이것이 서로 소통하는 행정이라고 생각인 것이다.

● 2011년 10월 15일 지역아동센터 지침변경 내용

(2) 시설설치신고
시·군·구(아동복지담당부서)에
신고서 접수

(신고서 접수시 확인 사항)
※ 관련 서류 중 사업계획서 및 예산서에
　는 지역아동센터의 적정한 운영을 담
　보하여 이용아동에게 돌봄서비스가
　충분하게 제공될 수 있도록 재정운영
　계획 및 재원확보를 확인할 수 있는 증
　빙서류 첨부필요
※ 재정운영계획에는 신고시설과 동일
　한 규모의 운영비 지원액에 상응하는
　운영비(최소 24개월) 및 월 임차시설
　의 경우 시설운영기간(최소 60개월)
　중 임대료 확보방안을 포함할 것

(2) 시설설치신고
시·군·구 검토(신고심사)
※ 지방자치단체는 지역아동센터 수급
　계획을 수립하여 시설의 적정 설치
　유도 및 수급균형 도모
※ 수급계획에 배치되거나 시설 과잉지
　역에 설치할 경우 이용아동의 적정성
　(일반아동 비율, 출석율) 등을 중점
　점검하여 향후 보조금 지원대상 선정
　심사

※ 지방자치단체는 지역아동센터 수급
　계획을 수립, 지역복지계획 연도별 시
　행계획에 포함하여 시설의 적정 설치
　유도 및 수급균형 도모
※ 수급계획에 배치되거나 시설 과잉지
　역에 설치할 경우 이용아동의 적정성
　(일반아동 비율, 출석율) 등을 중점
　점검하여 향후 보조금 지원대상 선정
　심사에 반영 차등지급(-50~20% 이
　내) 가능

(3) 시설변경신고(시설명칭, 시설장, 소
　재지, 정원)
(이하 내용 동일)
※ 시설의 장은 변경신고 가능하나, 시설
　의 설립주체인 운영주체(대표자)는
　변경 불가하며, 운영주체 변경 시 폐지
　신고 후 신규 신고해야 하고, 이 경우
　예산지원은 신규 시설과 동일하게 처
　리한다(개인시설의 대표와 시설장이
　동일할 경우, 시설장의 변경은 가능하
　나 대표 변경은 불가).

(이상 내용 동일)
※ 소재지 변경신고 시 지역아동센터의
　적정한 운영을 담보하여 이용아동에
　게 돌봄서비스가 충분하게 제공될 수
　있도록 신규 신고와 동일하게 재정운
　영계획 및 재원확보를 확인할 수 있는
　증빙서류 첨부 필요

'신뢰보호의 원칙'

사회복지공무원은 무엇보다도 발로 뛰어야 한다. 책상 앞에만 앉아서 민원을 해결하다 보면 해결이 더 어려울 때가 많다. 문제가 생기면 언제 어느 곳이나 발로 뛰어 현장을 먼저 찾는 사회복지공무원이 되어야 한다.

지침을 정확하게 이해하지 못했거나 위반한 현장 담당자의 작은 실수가 돌이킬 수 없는 다툼의 소재가 되곤 한다. 조그마한 소도시 지역의 한 곳, 50~60여 가구가 모여 사는 작은 마을에 두 교회가 있었다. 그리고 이들 교회에서 각각 운영하는 지역아동센터 두 곳이 있었다. 교단을 달리하는 두 교회와 지역아동센터는 누구의 잘 못이랄 것도 없이 서로에 대한 미움의 씨앗이 자라고 있었다. 할아 버지·할머니들만 모여 사는 농촌지역에 지역아동센터를 두 곳이 나 인가해 준 담당자가 너무도 밉게 느껴졌다.

처음 민원을 접하게 된 것은 해당 지역의 담당자로부터 올라온 국민신문고를 통한 민원접수였다. 이후 여러 차례 이해관계가 있는 사람들로부터 국민신문고를 통해 지속적으로 민원이 접수되고 있었다. 민원의 요지는 이랬다.

작은 마을에 있는 교회에서 운영하는 지역아동센터의 시설장을 교회의 담임목사가 맡아왔는데 2년 전에 담임목사가 바뀌면서 시설장도 바뀌게 되었다. 처음에 종교단체인 교회 명의로 지역아동센터를 등록했고, 담당 공무원은 이를 근거로 법인에 준해 시설장을 교체하고 2년 동안 운영비를 지급해 온 사실이 있었다. 법인이 아닌 종교시설(담임목사)이 지역아동센터 운영 주체로 등록되어 있었던 것인데, 담당자는 운영비를 계속 지급할 수 있는 것으로 알았던 것이다. 그런데 인근 교회에서 운영하는 지역아동센터에서 문제를 제기하면서 소동이 일어났다. 지역 내 다른 센터들도 개인이 운영하는 시설로서 시설장을 변경해도 운영비가 계속 지원될 수 있도록 해달라고 요구하게 된 것이다. 담당자는 지침에 따라 개인시설은 시설장이 변경되면 운영비를 지급할 수 없다고 답변했고, 이로 인해 민원이 발생했다.

당시 지역아동센터를 운영하는 주체(시설장) 변경에 대한 업무지침은 개인 시설이 법인 시설로 변경하거나 동일한 법인 시설 내에서 인사에 따른 시설장 변경의 경우에만 운영비를 계속 지원할 수 있도록 특례로 규정하고 있었다. 해당 지침은 지역아동센터에 대한 소유권을 사고 팔지 못하도록 강제성을 띠고 있었다. 이러한 지침에 따라 작은 마을에서 운영하고 있는 두 곳의 지역아동센터 간 다툼이 지역 내 다른 지역아동센터로 확산되었고, 해당 지역의 기초의원과 광역의원까지 나서서 행정행위가 잘못되었다고 주장하게 되었다.

해당 지역 담당자의 민원에 따라 관련된 내용을 명확히 정리해 답변했다. 종교단체인 교회는 법인이 아니므로 지역아동센터를 설치할 수 없고, 교회를 책임지는 담임목사 개인으로 시설설치 신고를 받아야 한다. 아울러 교회의 이름으로 등록되었으면 그 교회가 소속된 법인으로 등록 변경을 하는 것이 좋겠다고 했다. 개인 시설에서 법인 시설로 변경하면 사업지침 특례규정에 따라 운영비는 계속 지원 받을 수 있다는 근거를 제시해 주었다. 더불어, 담당자가 잘못 판단해서 담임목사 변경 신고를 처리해 2년 동안 지원한 운영비의 환수에 대한 민원은 아이들의 돌봄 서비스를 제공하는 목적대로 사용되었으므로 신뢰보호의 원칙에 따라 환수를 하지 않아도 된다고 답변했다.

지침에 따라 시설장이 변경되면 운영비를 받을 수 없는 시설들이 담당자가 잘못한 것을 꼬투리 잡고서 몇몇 센터를 중심으로 자신들의 시설도 시설장이 변경될 수 있도록 조치해 주고 운영비도 지속적으로 지원해 달라는 민원이 봇물처럼 터졌다. 이렇게 한 사람씩 이의를 제기하면서, 기초의회와 광역의회까지 민원의 불똥이 날아가니 해당 지역 담당자가 곤혹스러워 하게 된 사건이었다.

나는 현장으로 출발하기에 앞서 담당자에게 민원 이해 당사자는 물론이고 해당 지역에서 지역아동센터를 운영하는 모두와 간담회를 하는 것이 좋겠다고 부탁하고 현장으로 찾아갔다. 60여 명의 지역아동센터장이 한자리에 모였고, 기초의원과 광역의원까지 참석해 간담회를 시작했다.

우선 민원을 제기한 사람들의 이야기를 충분히 들었다. 담당자가 지역아동센터 시설장 변경 업무를 잘못 처리했으니 그동안 잘못 지급된 2년간의 운영비 2억 원을 환수 받아야 한다는 요지였다. 아울러, 지원한 운영비를 환수 받지 못한다면 자신들이 운영하는 지역아동센터도 시설장 변경을 받아주고 운영비도 계속 지원해 달라고 요청했다.

담당자가 지침에 위배된 행위를 했으면 그에 상응하는 징계를 받아야 한다고 답변을 하면서, 담당자가 잘못한 행위에 대한 징계는 보건복지부나 시·도에서 해당 지역으로 요청하는 것이 타당하다고 대답했다. 그리고 잘못된 행위를 알면서 자신들도 그렇게 처리해 달라고 하는 것은 도둑 같은 심보라고 대답했다. 담당자의 잘못으로 2년 동안 2억 원이 넘는 운영비를 지원받은 지역아동센터는 운영비를 목적에 맞도록 아이들에게 사용했으므로 신뢰보호의 원칙에 따라 환수 받지 않아도 된다고, 공문으로 답변한 것과 같은 내용으로 답변을 해주었다. 해당 지역에서 참석한 대부분의 센터장들이 수긍을 했고, 민원을 제기한 분들도 일정 부분 이해를 했다. 중앙부처에서 직접 현장을 찾아서 민원을 들어주고 해결하기 위한 노력에 참석자 모두로부터 감사의 대답도 듣게 되었다.

참석자 몇 분과 저녁식사를 마친 후, 민원을 제기한 지역아동센터와 시설장 변경으로 고초를 겪은 센터가 있는 동네를 늦은 시간이었지만 찾아가 보았다. 낮은 언덕에 마을이 있고 지역아동센터를 운영하는 두 교회는 아주 가까운 지척에 자리를 잡고 있었다. 지근거리에 몇 명 안 되는 아이들을 두고서 지역아동센터가 경쟁을 했고, 교회는 동네 주민을 두고 서로가 경쟁하며 지켜보고 있었다. 현장에 나오지 않고서 지역아동센터 설치 신고서를 처리한 것이 눈에 훤히 보였다.

두 지역아동센터를 방문해 초등학생과 중·고등학생을 나누어서 특화시키는 것이 좋을 것 같다는 의견을 주고받으며, 서로가 존중하고 배려하는 것이 필요하다는 의견을 나누었다. 얼마 후 운영비 환수 문제로 곤욕을 치른 경험이 있는 교회의 지역아동센터가 결국 문을 닫게 되었다. 사회복지공무원은 무엇보다도 발로 뛰어야 한다. 책상 앞에만 앉아서 민원을 해결하다 보면 해결이 더 어려울 때가 많다. 문제가 생기면 언제 어느 곳이나 발로 뛰어 현장을 먼저 찾는 사회복지공무원이 반드시 필요하다.

● 민원 답변 내용(2012. 9. 18)

가. 민원요지

① 지역아동센터(○○지역아동센터)의 실제 운영 주체가 개인에서 개인으로 2010년 1월 14일 부로 변경되었으며, 운영비 또한 계속 지급되었음. 이와 같은 사실에 대해 ○○시는 '착오처리'되어 발생한 행정적 착오로 인정했음.

② 이와 관련하여 ○○시는 '해당 지역아동센터의 입장을 우선 고려하여 운영비 환수 등을 소급적용하는 것은 바람직하지 않다고 판단'하여 환수하지 아니함.

③ 또한 이 지역아동센터에 대해 2012년 운영 주체 변경의 특례를 적용하여 신규기관으로 신고 수리한 사안 등에 대한 적법성 여부에 대해 보건복지부의 법리해석을 요구함.

나. 답변내용

• 전북 ○○시 소재 ○○지역아동센터는 시설 신고상 운영 주체는 ○○교회(재단법인 ○○유지재단 소속)로 ○○교회 담당목사 변경에 따른 운영주체가 변경되어 2010. 1. 14 아동복지시설 폐지·설치신고를 하고 운영비를 지급받음.

 - ○○시의 행정적 착오에 의해 개인 시설로 운영 주체 변경 후에도 운영비를 지급받았다고 하더라도 신뢰보호 원칙과 보조금 지급조건에 따라 목적사업 등에 정당하게 사용했다면 환수할 수 없음.

• 또한, ○○지역아동센터 운영 주체로서 ○○교회가 소속되어 있는 법인(재단법인 ○○유지재단)을 실제 운영 주체로 하여 2012. 7. 25 시설 폐지·설치 신고했다면 운영비 지급이 가능함.

드림투게더 '새싹꿈터'를 만들다

아이들이 마음껏 뛰놀 수 있는 공간을 확보하는 일에 누군가는 나서야 하는데, 참 어려움이 많았다. 그래도 누군가는 나서야 했기에, 나는 결국 또 나섰다. …… 넓은 잔디 운동장에서 마음껏 뛰어 노는 아이들의 모습이 참 예뻤다.

2010년 KT사회공헌센터가 주축이 되고 KBS·하나투어·매일유업·대명리조트 등 사회공헌활동에 관심이 있는 10여 개 기업체들이 모여서 드림투게더를 만들었다. 드림투게더는 지역아동센터 아이들에게 꿈과 희망을 심어주기 위한 활동을 펼쳤다.

지역아동센터를 이용하는 아동들이 진로를 올바로 선택할 수 있도록 KT가 주축이 되어서 2년 여 동안 회원사를 탐방하고 현장에서 직업을 체험하는 비전캠프를 운영했다. 그로 인해 지역아동센터를 담당하는 업무 담당자로서 드림투게더 관계자와 자주 만나게 되었다. 이러한 만남을 통해 드림투게더가 추진하는 새로운 일들에 직간접적으로 서로 힘을 보태게 되었다. 단지 회원사를 중심으로 비전캠프만 운영하는 것을 벗어나 지역아동센터 아이들이 이용할 수 있는 공간을 확보하고, 그 공간을 통해 아이들에게 더 큰 꿈과 희망을 심어줘야 한다는 원대한 목표를 명확히 하고 있는 단체였다. 이후 절차를 거쳐서 법인으로 운영되었지만 당시는 협의체 개념으로 운영된 임의단체였다.

활동의 주간사 업체(主幹事 業體)인 KT에서 경기도 지역의 폐교를 활용해 지역아동센터 아이들이 이용할 수 있는 시설을 만들겠다는 프로젝트를 가지고 만나게 되었다. 드림투게더 핵심 간사가 경기도 지역의 폐교를 모두 방문하고 난 후 2~3개소의 후보지를 정리해 가지고 왔다. 그중에는 당시 ㈜LS전선에서 자체 훈련원으로 사용되던 건물이 임대 물건으로 나와 있었다. 사용하지 않는 학교는 개·보수비용이 만만치 않게 들어간다. 그런데 훈련원 건물은 계속 사용하고 있었기 때문에 그렇게 큰돈을 들이지 않아도 돼서 가장 적합한 장소로 선정되었다.

폐교를 임차하기 위해서는 입찰공고라는 절차를 거쳐야 하는데, 드림투게더는 법인으로 등록되지 않은 임의단체라서 입찰에 참여할 수 없었다. 담당 간사와 함께 현장을 방문하고 해당 교육지청 담당자와 여러 차례의 전화 통화와 만남을 통해 드림투게더에서 '새싹꿈터'로 사용할 수 있도록 도움을 요청했으나 안 된다는 답변만 듣게 되었다.

공익법인이나 정부에서 사용하면 입찰절차 없이 사용이 가능한 일이었다. 교육지청 담당자는 보건복지부의 사업인 것은 맞지만 복지부가 직접 사용하는 것이 아니므로 어렵다고 했다. 그래도 가능한 방법을 찾아달라고 사정하고, 부드러운 '협박'과 아이들의 미래를 위해 교육지청이 나서야 하는 일이라고 설득해 겨우 답변을 받았다. 담당자는 해당 건물의 임대에 대한 보건복지부의 정식 요청 공문을 제출해 달라고 했다. 보건복지부 내의 재산을 관할하는 부서에서 난색을 표했다. 그리고 모두들 "왜 우리 부가 나서야 하는지 모르겠다."고 했다. 공무원은 자신에게 맡겨진 일, 그것도 근거가 있는 업무 외에는 하면 안 된다는 교훈을 얻게 되는 것일까?

나는 부모로부터 제대로 돌봄을 받지 못하는 지역아동센터 아이들이 눈에 어른거렸다. 아이들이 마음껏 뛰놀 수 있는 공간을 확보하는 일에 누군가는 나서야 하는데, 참 어려움이 많았다. 그래도 누군가 나서야 했기에, 나는 결국 또 나섰다. 과장, 국장을 설득해 일단 보증을 서기로 했다. 결정이 되고 나서도 '왜 해야만 하는지?', '공무원이 나서야 하는지?' 계속 의문을 제기하는 사람들이 많았다.

'새싹꿈터' 사업이 보건복지부의 사업으로서 계약기간 동안의 임차료와 각종 공과금 등에 대한 지급보증과 임대계약을 드림투게더를 대신해 지역아동센터 중앙지원단이 할 수 있도록 협조를 요청하는 공문을 보냈다. 그렇게 공문을 보낸 후 금방 계약이 체결되고 아이들이 이용할 수 있도록 시설 개·보수 작업이 일사천리로 진행되었다.

드림투게더에 참여하고 있는 인테리어 회사가 리모델링 작업을 책임 있게 진행했다. 두 달 남짓 작업으로 그동안 칙칙했던 모습의 ㈜LS전선 훈련원이 아이들의 꿈을 키우는 '새싹꿈터'로 새롭게 탈바꿈했다. '숲속의 방'·'바다 속의 방'·'빙하 속의 방'·'우주스페이

새싹꿈터 증개축 기공식

새싹꿈터 바닷속 물속의 방

스 방' 등, 다양한 주제로 아이들이 꿈꾸며 이용하게 될 숙소가 만들어지고 단체 활동을 위한 다양한 공간이 만들어졌다. 지역아동센터에서 '새싹꿈터'까지 이용할 아이들을 태워줄 캐릭터 버스도 구입했다. 넓은 잔디 운동장에서 마음껏 뛰어 노는 아이들의 모습이 참 예뻤다. 조금만 더 수고하고 희생하면 그렇게 좋은 공간이 만들어지는 것이 신기했다.

지역아동센터 아이들이 큰 꿈을 품고 '새싹꿈터'에서 그 꿈을 키울 수 있도록 모두가 나서서 도와야 한다고 생각했다. 이후 전라남도와 제주특별자치도까지 '새싹꿈터' 2호·3호가 연이어 생겨날 수 있는 기반을 만들어간 역사적 현장을 함께하면서 행복했던 기억을 오래도록 간직하고 싶다.

만남은 문제해결의 출발점

서로간의 팽팽한 입장을 좁히지 못한다고 해도 언제나 서로를 이해하는 출발점은 만남에서 비롯되고 풀린다. …… 그렇게 만나다보면 서로의 입장을 이해하고 보다 나은 정책과 서비스가 제공될 수 있다.

한국 기독교 역사에서 빠지지 않는 선교의 현장이 있다. 주민의 90% 이상이 개신교인이며, 술과 담배를 팔지 않는 유명한 관광지. 그곳은 바로 전남 신안군에 있는 증도라는 섬이다. 이 섬은 태평염전과 엘도라도리조트, 람사 습지로 지정된 증도갯벌 등 천혜의 아름다운 자연환경을 품고 있는 곳이다. 기독교 선교 역사에서 중요한 곳인 증도에는 문준경 전도사라는 여성 한 분의 헌신과 희생정신이 지금까지 전해져 한국 기독교의 큰 뿌리로 남아 있게 되었다. 이곳 증도에 있는 신안군갯벌체험센터에서 「2012년 거점형 지역 아동센터 역량강화 교육」(2012. 6. 28~29)이 개최되었다.

거점형 지역아동센터는 각 지역에서 선도적으로 활동하고, 운영

역량을 가지고 있으며, 모범적으로 돌봄 서비스를 제공하고 있는 지역아동센터를 거점형 지역아동센터로 지정해 추가운영비를 지원하고, 지역 내의 다양한 인적·물적 네트워크 등 지역 인프라와 연계하여 돌봄 서비스 수준을 향상시키는 역할을 수행한다. 아울러 지역 내 지역아동센터들의 거점센터로서 소규모·영세 지역아동센터에 대한 역량 지원 및 신규 설치 센터에 대한 현장실습과 운영 컨설팅 등 우수한 프로그램을 보급해 아이들에게 제공되는 돌봄 서비스의 질적 수준을 높이며, 지역 내 공동사업 등을 조직하는 기능을 수행한다.

아울러 특수목적형 지역아동센터는 장애·다문화·새터민 등 아동의 특수성을 감안해 전용시설을 운영하거나 이러한 특수 아동비율이 높은 시설 또는 중·고생 전용시설이거나 중·고생 비율이 높은 시설 가운데 야간이나 공휴일 운영 등, 돌봄 서비스를 제공하는 센터를 특수목적형 지역아동센터로 선정해 추가비용을 지원한다.

거점형 지역아동센터는 2011년부터 지역별로 시·군·구청장이 선정해 운영했으나, 기능과 역할 규정이 모호하고 이를 적용하는 담당자와 지역아동센터들 간의 소통 부족으로 일선 현장에서 큰 혼란을 겪기도 했다. 그래서 거점형 지역아동센터 관계자들과 시·도 및 시·군·구 담당자가 함께 논의하는 자리가 필요하다는 의견을 받아들여 모두가 한자리에 모이게 되었다.

현장에서 실제 부딪치고 있는 수많은 문제들을 토론하는 자리에서 어느 것 하나 쉽게 해결할 수 있는 문제들은 없었지만, 그래도 담당자가 관심만 가지면 해결할 수 있는 것들에 대해서 확실히 해

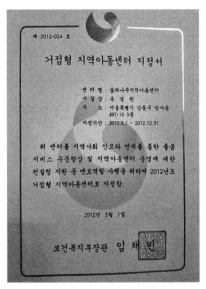

거점형(특수목적형) 지역아동센터 지정서

야 했다. 현장에서 거점형 지역아동센터로 지정 받아서 지역 내 다른 지역아동센터와 연계해 돌봄 서비스 수준을 높이고자 해도 함께해야 할 센터들이 받아들이지 못해 협조가 잘 되지 않는 실정이었다. 이에 대해, 보건복지부에서 '거점형(특수목적형) 지역아동센터' 지정서를 장관 명의로 만들어주는 것에 대해 최대한 협조를 하겠다고 답변했다.

행사 이후 즉시 거점형 지역아동센터에 대한 현황을 다시 파악하고 지정서를 제작해서 교부했다. 지역아동센터 관계자들은 요구하고 담당 공무원은 요구를 들어주지 못하는 일들이 반복되었으나, 거점형 지역아동센터 지정서를 제작해 교부하는 일을 대해 신속하게 대응하니 관계한 모든 분들이 만족해했다. 공부방에서 시작해 이제껏 자신들의 요구사항을 수없이 외쳐보았지만 자신들의 이야기를 정부에서 처음 들어준다고 아주 기뻐했다. 무엇이든 요구사항을 모두 들어주고 싶어도 한정된 예산과 인력으로 서로가 만족하는 것이 어렵다는 것을 참가자 모두가 이해하고 있었다.

돌봄 서비스를 제공하는 지역아동센터 관계자가 만족해야만 서비스를 제공받는 우리 아이들이 만족하고 행복할 수 있다. 아이들이 만족하고 즐기는 서비스가 된다면 우리 사회의 미래는 더욱 밝아질 수 있다. 서로간의 팽팽한 입장을 좁히지 못한다고 해도 언제나 서로를 이해하는 출발점은 만남에서 비롯되고 풀린다. 지역아동센터 업무를 담당하면서 이런 저런 행사로 현장 사람들을 참 많이 만났다. 그렇게 만나다보면 서로의 입장을 이해하고 보다 나은 정책과 서비스가 제공될 수 있다. 어느 곳에서 누구와 무슨 업무를 보더라도 항상 관계된 사람들을 찾아보고 만나는 일에 게으르면 안 된다. 특히, 사회복지공무원은 언제 어느 때나 현장 속에서 함께 호흡하며 현장 사람들과 살아가야 한다.

복지는 미래를 위한 투자다

호미로 충분히 막을 수 있는 일들을 제때 마무리하지 못하거나 막지 못하면 나중에는 가래로도 막지 못한다는 선현들의 지혜로운 말을 꼭 빌리지 않더라도, 멋진 미래와 무한한 가능성으로 바라본다면 우리 아이들을 위한 아낌없는 투자가 필요하다.

전국지역아동센터협의회, 한국지역아동센터연합회, 지역아동센터전국연합회, 한국지역아동센터공부방협의회, 전국가톨릭지역아동센터공부방협의회, 나눔과 기쁨(규모순) 등 6개 단체는 전국에 있는 4,000여 개의 지역아동센터를 대표하는 단체들이다. 보건복지부에 법인으로 등록되어 있는 전지협에 소속된 단체가 약 50% 정도이고 나머지 센터들은 설립 목적과 성격에 따라 단체를 선택해 가입하고 있다. 지역아동센터 업무를 맡아 보기 이전에는 부식비와 같은 운영경비의 사용 등이 불투명하고, 아이들에게 그렇게 잘 해주는 것 같지 않다는 좋지 않은 선입견을 가지고 있었다.

　주로 저소득 밀집지역에 거주하며 부모로부터 제대로 양육이나

보호를 받지 못하는 아이들을 돌보기 위해 1970년대 후반에서 1980년대 초반 사이에 하나씩 자생적으로 만들어진 공부방들이 현재 아동복지시설로 분류되어 정부의 지원을 조금이나마 받고 있는 지역아동센터의 모태라고 할 수 있다.

참여정부 시절 아동복지법이 개정(2004. 1. 29)되어 지역아동센터가 아동복지법이 규정하는 법적인 아동복지시설로 전환되면서 전국에 걸쳐 지역아동센터들이 우후죽순처럼 많이 생겨났다. 정부 차원에서 확보할 수 있는 한정된 예산으로 전체 지역아동센터에 대한 예산 지원을 감당하기 어려울 정도로 시설수가 많이 생겼지만, 계속해서 신규 시설이 준비되고 있었다. 아동복지법이 규정하는 아동복지시설이기 때문에 정부의 지원이 반드시 필요하지만, 실제 아동들의 돌봄 수요에 따라서 지자체의 계획 아래 지역별 시설이 만들어지는 것이 아니라 시설장의 판단에 따른 체계적이지 못한 시설 설립으로 관리감독·예산 등의 문제들을 파생시켰다.

특정 지역에서는 해당 지역 소재 대학의 사회복지학과 교수가 자신이 가르치는 제자들에게 지역아동센터 만들기를 강권한다는 이야기도 있었다. 어느 지역은 다른 지역의 몇 배나 많은 시설이 있는데, 거기에 또 시설 설립을 준비하는 사람이 여럿 있다고 이야기가 들려오는 시기였다. 돌봄 서비스 수요와 상관없이 설치되어 발생하는 지역적 편차는 향후 돌봄 서비스 정책의 기본이 흔들리게 할 수 있는 것이었지만, 시설 설치 신고는 법적으로 시·군·구별로만 가능해 타 시·군·구 등으로 이전 등 수요에 따른 공급을 조정할 수 없었다.

돌봄 서비스가 필요한 아동들이 건강하게 성장할 수 있도록 전문적인 돌봄 서비스를 제공할 수 있는 기반을 마련하고, 우리 사회의 건전한 구성원으로 자라나 자신을 포함해 이웃과 사회 발전에 기여할 수 있도록 전문적이고 체계적인 돌봄 서비스는 반드시 제공되어야 한다. 이를 위해서는 국가적으로 돌봄 서비스 종합대책 등을 수립하여 보건복지부·교육부·여성가족부로 나누어진 돌봄 서비스를 일원화시켜 나가야 한다.

아동복지 예산을 확보하는 것은 매우 어렵다. 우스갯소리 같지만, 그 이유는 아주 간단하다. 아동들은 일단 투표권을 가지고 있지 않다. 따라서 투표권을 가지고 있는 노인, 장애인 그리고 부모들의 투표권 앞에서 항상 그 우선순위가 뒤로 밀려난다.

복지는 소비가 아니라 미래를 위한 투자이다. 특히 아동에 대한 복지비용은 투자라고 생각해야 한다. 애플의 스티브 잡스, 마이크로소프트(MS)의 빌 게이츠와 같이 세계 경제를 생산적으로 쥐락펴락하는 인물을 만들어내기 위한 비용이라고 생각해야 한다. 아니면 다소 극단적인 예가 될 수 있겠지만, 아동들이 혹 우리 사회를 불안에 떨게 한 지존파와 같은 반사회적 인물로 성장함에 따라 추가적으로 크게 소용되는 소모적인 비용들을 사전에 막기 위한 선제적 투자비용으로 복지비용을 인식해야 한다. 호미로 충분히 막을 수 있는 일들을 제때 마무리 하지 못하거나 막지 못하면 나중에는 가래로도 막지 못한다는 선현들의 지혜로운 말을 꼭 빌리지 않더라도, 멋진 미래와 무한한 가능성으로 바라본다면 우리 아이들을 위한 아낌없는 투자가 필요하다.

지역아동센터를 운영하는 분들을 만나보면 대부분 소명의식을 가슴에 품고 살아가는 것을 알게 된다. 자신에게 맡겨진 센터를 참 양심적으로 운영할 뿐 아니라, 큰 관심과 애정으로 아이들의 아름다운 미래를 바라보며 모두가 한마음으로 나아간다. 정부의 지원이 하나도 없던 때부터 자신이 번 돈과, 발로 뛰며 개발한 후원자들의 지원을 조금씩 모아서 건강을 잃어가면서도 몸 바쳐 일하며 공부방부터 시작해 성실히 운영해 온 모습에서 그 열정을 확인할 수 있다.

오늘도 우리 아이들을 위해 수고하는 수많은 사람들을 기억해야 한다. 이름 없이 헌신하는 그 손길들이 우리 아이들을 밝은 미래로 이끌어나갈 것이다. 특히, 복지행정을 담당하고 있는 사회복지공무원들을 긍정적인 인식과 우호적인 시각으로 보고, 미래세대를 이끌어나가는 지역아동센터를 따뜻하게 바라보아야 한다.

● 연도별 지역아동센터 등록 현황

구분	2004년	2005년	2006년	2007년	2008년	2009년	2010년	2011년	2012년	2013년	2014년	2015년
개소수	895	1,709	2,029	2,618	3,013	3,474	3,690	3,985	4,036	4,061	4,059	4,102

● 단체별 등록현황

전국지역아동센터협의회	한국지역아동센터연합회	지역아동센터 전국연합회	한국지역아동센터 공부방협의회	전국가톨릭지역아동센터공부방협의회	나눔과 기쁨
1,953개소	526개소	266개소	237개소	195개소	157개소

※2015년 전국지역아동센터 실태조사 결과보고서(지역아동센터 중앙지원단)

행복을 이어주는
사회복지 시스템

생활보호대상자 일제조사

생활보호대상자를 조사하는 목적은 "생활유지 능력이 없거나 생활이 어려워 국가의 보호를 받아야 할 세대를 정확히 파악해 이들의 최저생활을 보장하고……"

국민기초생활보장제도가 도입된 이후 급여 신청을 수시로 할 수 있었지만, 생활보호법에 의한 생활보호대상자 선정은 매년 일제(一齊) 신청 및 조사를 통해 다음 연도에 보호가 필요한 대상자를 선정했다.(당시에도 정기조사 기간 이외에 신청을 받을 수 있었으나, 시·도 및 시·군·구별 대상자 배정 인원이 있어 추가 책정은 거의 이루어지지 않았다.) 생활보호대상자를 조사하는 목적은 "생활유지 능력이 없거나 생활이 어려워 국가의 보호를 받아야 할 세대를 정확히 파악해 이들의 최저생활을 보장하고 자활을 조성함으로써 생활보호를 효율적으로 수행하고자 함."으로 규정하고 있다.

일제조사는 생활보호법 제17조, 제18조, 제19조 및 동법 시행규칙 제9조, 제3조, 제4조의 규정에 근거해 매년 8월 중순부터 9월까지 실시했다.

요즘 같으면 상상도 할 수 없는 일 가운데 하나는 생활보호대상자조사 및 보호결정을 위해 매년 8월 중순부터 생활이 어려운 사람은 누구나 신청서를 제출해야 하고, 조사 기준일 현재 거택보호대상자로 책정·보호받고 있는 자로서 생활이 어려운 자가 신청 기간 내에 신청을 하지 않거나 직권조사가 필요하다고 시장·군수·구청장이 인정하는 경우는 직권으로도 조사를 할 수 있었다.

조사 방법은 첫째, 안내문(신청서식 등 포함)을 발송하고, 둘째, 생활이 어려운 대상자의 신청서(구비서류 포함)를 접수받고, 셋째, 일제조사를 시행할 조사원(조사원 및 통·반·리장 교육 실시)을 지명하고, 넷째, 일제 조사를 실시하는 것이었다.

일제조사는 1. 조사대상 구분 및 선정 2. 구비서류 징구(徵求) 3. 부양의무자 확인 4. 재산 및 소득 조사 5. 조사표 작성 및 서명날인의 순서로 진행했다. 조사 결과는 읍·면·동 생활보호위원회의 심의 의결을 거쳐 마지막으로 시·군·구 및 시·도를 거쳐 보건사회부(지금의 보건복지부)로 서식에 따라 보고하는 절차였다.

소득·재산 조사를 위해 조사원(통·리 담당 공무원) 및 지도원(사회복지전문요원)을 서면으로 지명하고 통·반·리장의 협조를 받아 조사를 실시했다. 거택보호대상자(다음 각 호의 1에 해당하는 자로서 부양의무자가 없거나 있어도 부양능력이 없는 자, 그 주거에서 생활보호법 제7조 제1항 각 호의 보호를 필요로 하는 자, 각 호는 65세 이상의 노쇠자, 18세 미만의 아동, 임산부, 폐질환자 또는 심신장애로 인해 근로능력이 없는 자, 또는 50세 이상의 부녀자로만 구성된 세대에 속하는 자), 자활보호대상자(거택 및 시설보호대상자에 해당되지 않는 자로서 실직, 기타 사유 등으로 생활이 어려운 보호대상자, 자활 조성을 위해 생활보호법 제7조 제1항 제2호 내지 제5호의 보호를 행할 자), 의료부조자(자활보호대상자와 생활상태가 유사한 자로서 의료보호가 필요하다고 인정되는 자)를 구분해 가구 단위로 조사를 한다.

호적등본, 주민등록등본, 재산관계서류 등과 필요 시 제출받는 장애인 증명서, 건강진단서, 봉급 확인서류 등으로 소득과 재산, 생활실태를 조사했다. 대상자 대부분은 소득이 거의 없었고 재산상황도 본적지, 전거주지 등으로 생활보호대상자 재산조회 요청서를 발송해야 했고, 관할 관청에서 받은 생활보호대상자 재산조회 회신서에 '재산사항 없음' 관인이 찍혀 있는 것을 보고 재산을 조사·확인했다. 재산조사는 주택, 토지, 자동차 등의 소유관계를 확인하기 위해 가옥대장, 토지대장, 재산세, 자동차세 부과 내역 등을 확인해 과세표준 등급이나 정부고시 가격으로 재산액을 산정했고, 전세 또는 월세 입주자의 경우 임대차계약서로 확인했다.

이렇게 조사가 완료되면 조사원, 지도원 및 읍·면·동장은 조사 내용에 대한 책임을 지고 조사표에 조사 일자를 기록한 후 서명 날인해야 한다. 대상자의 적격성 여부 판단 시 조사자의 편견이나 독단을 배제하고 공정과 신중을 기해야 하기 때문에, 읍·면·동 생활보호위원회를 구성해 조사원이 보고한 결과의 적정 여부를 심의·의결하도록 했다.

세로축에는 소득, 가로축에는 재산으로 분류되어 있는 표에다

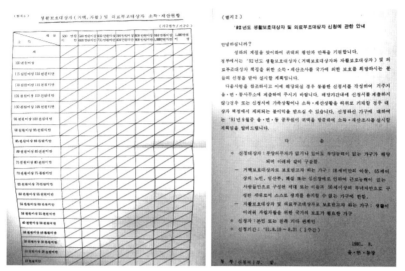

당시 안내문 사본, 소득·재산 현황 조사 결과보고서 사본

가 가구수와 가구원수를 기재하도록 되어 있는 서식은 거택보호대상자, 자활보호대상자, 의료부조대상자 총괄표로 복잡하게 나누어져 있었다. 이 서식으로 읍·면·동 조사 결과를 보고했다. 지금이야 엑셀 프로그램으로 작성해 동별 시트를 합산하면 시·군·구청 전체의 결과가 금세 나오지만, 그 당시는 동별 집계표를 모두 모아 시·군·구청 집계표를 작성하면 어디선가 꼭 오류가 생겼고, 읍·면·동 직원들이 2~3일간의 합동 작업으로 시·군·구청 단위의 결과 보고서가 나오기까지 오류를 찾기 위해 여러 차례 협력해야 했다. 이러한 일제조사와 결과 보고를 위한 합동 작업은 국민기초생활보장법에 의한 기초생활보장제도가 도입될 때까지 이후 한동안 지속되었다.

현재 물가와는 차이가 있으나 '92년 대상자 책정 기준을 살펴보면 거택보호대상자는 소득기준 8만 원(인/월) 미만과 재산기준 1,000만 원 미만이었으며, 자활보호대상자는 소득기준 10만 원 (인/월) 미만과 재산기준 1,000만 원 미만이었다. 아울러 의료부조자는 소득 12만 원(인/월) 미만과 재산기준 1,000만 원 미만이었다. 당시에는 생활이 어려운 저소득층이 대도시(서울, 부산, 대구, 인천, 대전, 광주) 지역으로 이주하지 못하도록 제한하고 대도시 지역에서 농어촌 지역으로 이주하는 세대에는 가구당 일정 금액을 지원했기 때문에 저소득 주민들은 거주이전의 자유에 제한이 있었다.

중앙부처의 업무

보건복지부에서 하는 일들을 살펴보면 …… 국민들의 삶의 질 향상을 위해 다양한 정책을 만들어내고 그 정책들이 국민들에게 올바르게 전달될 수 있도록 지방자치단체나 공공기관 등을 통해 협력하며 복지정책을 추진한다.

사회복지공무원은 대부분 지방직 공무원으로 근무한다. 주로 읍·면·동사무소에서 복지급여가 필요한 대상자를 찾아서 지원하는 현장업무와 시·도 및 시·군·구의 복지정책을 시행하는 일들을 주로 수행한다. 아울러 일부는 국가직 공무원으로 보건복지부와 같은 중앙부처에서 근무한다. 지방자치단체와 중앙부처에 근무하는 사회복지공무원은 비슷하면서도 전혀 다른 업무를 수행한다. 국가직 공무원으로 분류되어 있는 중앙부처 사회복지공무원은 대부분 보건복지부에 근무하며, 일부 여성가족부와 행정자치부 등에 몇 명이 근무한다. 보건복지부에 근무하는 사회복지공무원은 다른 일반직 공무원들과 별반 다를 바 없이 보건복지부의 정책업무를 수행한다.

중앙정부는 삼권분립 정신에 입각하여 행정부의 주요 기능을 수행한다. 중앙부처, 특히 보건복지부에서 하는 일들을 살펴보면 주민들의 삶의 현장과 직접적으로 밀착되어 있고, 각종 사업 중심의 지방자치단체와 전혀 다른 업무를 수행한다. 업무 영역은 보건 영역과 복지 영역으로 크게 나눌 수 있으며, 보건 영역은 보건의료, 보건산업, 건강보험, 공공보건, 한의약 정책으로, 복지 영역은 장애인, 노인, 아동, 보육 등 대상자별 복지, 사회서비스, 국민연금 등의 정책을 담당한다. 국민들의 삶의 질 향상을 위해 다양한 정책을 만들어내고 그 정책들이 국민들에게 올바르게 전달될 수 있도록 지방자치단체나 공공기관 등을 통해 협력하며 복지정책을 추진한다.

하나의 복지정책이 만들어지고 그 정책들이 복지서비스로 국민들에게 제공되기 위해서는 여러 단계의 절차를 거쳐야 한다. 우선 새로운 제도를 도입하거나 개선 등을 통해 사업을 추진하기 위해서는 정책적 판단에 근거해야 한다. 급변하는 사회·정책 환경, 정치적 아젠다 변화에 대한 선제적 대응으로서 새로운 제도(정책)가 도입될 수 있다.

새로운 제도 도입이나 제도 개선에 대한 안정적인 논거를 가지고 있다면 반드시 법제화를 통해서 근거가 되는 법령을 제정하거나 개정하는 입법 절차를 진행해야 한다. 법령의 제정이나 개정은 입법부(이하 국회)의 고유 권한이다. 하지만 행정부에서 새로운 제도를 도입하기 위해서는 입법 절차가 필요하다. 이렇게 만들어진 법령에 따라 마련된 제도는 국민들에게 집행될 수 있는 근거가 된다. 이렇게 법적 근거를 마련했으면, 도입된 제도를 추진할 수 있도록 신규예산을 반영하거나 예산 규모를 확대하기 위한 설득력 있는 논리를 바탕으로 관계부처(기획재정부, 국회)를 통한 예산 확보 절차가 필요하다.

각종 복지제도나 정책을 추진한 내용들에 대해서는 자체평가, 외부평가, 감사원감사, 국회 국정감사 등의 평가 절차를 거친다. 현재 중앙부처가 수행하고 있는 복지정책과 관련한 일련의 절차에 대해 간단히 살펴본다.

정책 추진

급격하게 변화하는 사회적 환경 즉 정치·경제·사회·문화·인구학적 변화는 국민들의 삶에 큰 영향을 미치게 된다. 저출산, 고령화, 핵가족 또는 탈가족화, 양극화, 대규모 실업 등 새롭게 나타나는 사회 환경에 대응하는 것은 새로운 복지제도나 정책을 통해 해결해 나가야 한다. 급변하는 시대 상황에 맞도록 국민들의 이해와 욕구를 바탕으로 새로운 제도나 정책을 추진하기 위해서 정책담당자는 사회적 아젠다 변화에 민감하게 반응해야 한다. 아젠다 변화에 따라 제도·정책을 마련하기 위해서는 우선 움직일 필요가 있다. 이러한 아젠다는 주로 다양하게 나타나는 사회문제와 연관되어 있다.

새로운 제도나 정책 추진의 주요한 목적은 개인이나 시장이 감당할 수 없는 사회적 위험을 관리해 위험으로부터 국민을 보호하기 위함이며, 재산과 소득의 재분배를 통한 사회·경제적 정의와 사회로부터 소외된 계층에 대한 통합적 역할을 수행하기 위함이다.

새로운 정책이나 제도를 도입하기 위해서는 정책고객과 정책입안자 그리고 이해관계가 있는 정당, 시민단체, 노조, 기업, 관련 전문가 등의 의견들을 모두 반영하는 과정을 거쳐야 한다.

하나의 정책이 만들어져서 국민에게 복지서비스를 제공하기 위해서는 다양하게 나타나는 사회문제들을 해결하기 위한 대응방안을 마련하는 데 있어 이해관계자로부터 공감대 형성이 필요하다. 초기 정책안에 대한 공청회 등을 통해 이해관계자의 의견들이 반영되고 공론화 과정을 거쳐 입법절차와 예산확보 등으로 정책이나 제도가 도입된다.

새로운 정책이나 제도가 도입되는 것은 정치와 밀접한 연관관계가 있다. 정치인들은 총선이나 대선을 통해 정책을 발표하고 국민들의 지지를 호소한다. 예를 들면 지난 제18대 대선에서 A당의 대통령후보가 65세 이상 노인에게 기초연금을 지급하겠다는 정책공약을 제시했다. 새로운 아젠다로서 인구 고령화와 노인 빈곤 문제 해결과 노인들의 지지를 확보해 선택받기 위한 정책으로 제시한 것이다. 전체 노인에게 월 20만 원을 지원하겠다는 공약은 다양한 이해관계자의 의견이 반영되어 결국 소득분위 70%에 해당하는 노인에게 소득·재산조사 결과를 바탕으로 월 10만~20만 원을 차등적으로 지원하는 정책이 만들어졌다.

입법절차

새로운 제도를 도입하기 위한 근거로서 입법절차는 법률에 대한 제·개정과 하위 법령의 제·개정으로 나눌 수 있다. 법률의 제·개정은 정부 입법과 국회 입법으로 나누어진다. 정부 입법은 중앙부처에서 전문가 등의 의견을 수렴해 법률 초안을 작성하고 관계부처와 협의과정을 거쳐 입법(안)을 만들어, 입법예고와 규제개혁위원회 검토, 법제처 심의로 마련된 법률안을 차관회의에 상정하고 국무회의 의결로 정부안이 마련된다. 이렇게 마련된 정부안은 이후 국회입법을 거쳐서 법률로 제·개정이 된다.

국회 입법은 보건복지부와 관련이 있는 보건복지위원회(상임위)에 회부되어 대체 토론과 상임위(법안소위), 법사위(법사소위), 본회의 의결 후 대통령의 재가 및 공포로 법률이 완성된다. 입법에 소요되는 기간은 보통 1~2년이 소요되면 국회 입법 절차에 따라 진행되는 법률이라 해도 국회 폐회 등으로 자동폐기가 되는 경우도 있다.

법률 제·개정 과정

정부내	초안 (전문가 의견수렴)	부처협의	입법예고	규제개혁 위원회	법제처	차관회의	국무회의
국회	상임위 (회부-대체 토론)	상임위 (법안소위)	법사위	법사위 (법사 2소위)	본회의	대통령 재가 및 공포	

하위법령의 제·개정은 법률 제정 후 6월~1년 이내 제·개정하는 것이 일반적이며 정부 내의 절차를 거치게 된다. 우선 시행령의 제·개정은 초안, 부처협의, 입법예고, 규제개혁위원회, 법제처, 차관회의, 국무회의 의결로 완성되며, 시행규칙은 초안, 부처협의, 입법예고, 규제개혁위원회, 법제처 심사를 거쳐 완성된다.

하위 법령 제·개정 과정

시행령	초안	부처협의	입법예고	규제개혁 위원회	법제처	차관회의	국무회의
시행 규칙	초안	부처협의	입법예고	규제개혁 위원회	법제처		

예산절차

정책을 올바르게 시행하기 위해서는 반드시 예산을 확보해야 한다. 지방자치단체에서도 지방의회에 예산안을 제출하고 승인절차를 거쳐 사업을 추진하듯이, 중앙부처의 예산이 확정되는 절차도 처리과정이 있다. 정부의 다음 연도 예산안은 회계연도 개시 120일 전(당초 90일에서 2013년부터 단계적 축소)까지 예산안을 편성해 국회에 제출해야 한다. 국가(중앙정부)에서는 나라의 모든 살림을 위한 예산뿐 아니라, 지방자치단체에 보조하는 사업까지 포함해 정부안을 편성한다.

지방자치단체에서 복지 관련 사업을 추진하면서 보건복지부에서 예산 등을 지원받기 위해서는 예산 수립 단계에 따라 적정한 시기에 현황을 설명하거나 문제 등을 제기해 예산을 지원 받을 수 있으므로 예산수립을 위한 절차나 과정을 이해할 필요가 있다.

예산안은 정책이나 제도 변경에 따른 예산확보를 위해 보통 4월 말까지 각 사업부서별 사업 및 예산계획을 수립해 5월 중 부처 내 각 국·과·실별 예산계획을 협의해 부처안을 마련한다. 지방자치단체에서 필요한 예산은 부처안이 마련되는 4~5월 사이에 지역에 대한 현황을 적극적으로 설명하고 반영할 필요가 있다. 국가재정 전략회의를 통해 정부예산안을 위한 방향을 설정하는 시기도 부처 안이 마련되는 시기에 진행된다. 6월 초에 마련된 부처안을 기획 재정부에 제출해 협의·심의과정을 거쳐 차관회의, 국무회의를 거쳐 정부안이 확정된다. 정부안은 9월 초(회계연도 개시 120일 전까지) 국회에 제출되며, 제출된 정부안에 대한 정부의 예산안 제안 시정 연설로 예산안과 기금운용계획안을 본격적으로 심의·의결하게 된다.

국회로 제출된 예산안은 각 상임위원회로 회부되며, 보건복지부 예산은 국회 보건복지위원회에서 예산안 상정, 제안설명, 전문위원 검토보고, 대체토론(증액 또는 감액), 찬반토론, 의결(표결)의 순서로 심사하게 된다. 상임위원회에서는 예산소위를 구성해 정부에서 제출한 예산안에 대해 증액 또는 감액 찬반토론을 심도 있게 진행하며, 상임위의 예비심사를 거친다. 상임위는 예비검토보고서를 첨부해 예산결산특별위원회로 예산안을 회부한다.

예산결산특별위원회에서는 제안설명, 전문위원 검토보고, 종합 정책질의, 부별 심사 또는 분과위원회 심사, 예산안조정위원회 심사, 찬반토론, 의결(표결)의 순서로 심사하게 된다. 예산결산특별위원회 심사를 거친 예산안은 국회 본회의에서 재적의원 과반수의 출석과 출석의원 과반수의 찬성으로 의결된다. 국회가 의결한 예산은 정부에 이송되고 대통령이 공고한다.

국회의 심의과정에서 그 규모 및 내용을 수정할 수 있으나, 금액을 올리거나 새 비목을 설치하기 위해서는 정부의 동의를 얻어야 한다. 지방자치단체에 필요한 예산은 국회 심의과정에서 포함시킬 수 있으나 상임위 증액은 해당 부처, 예결위 증액은 기획재정부의 동의를 거쳐야 하므로 국회의원을 통해 증액이 필요한 경우에도 예산을 관할하는 중앙부처 또는 기획재정부에 사전설명 등의 협력이 필요하다.

예산·결산 과정

정부내	부처안 (1월 말)	전문가 의견수렴	국가재정 전략회의 (4월 말)	기획재정부 협의·심의 (6~7월)	차관회의	국무회의 (8월)	국회제출 (120일 전)

국회	상임위	상임위 (예산소위)	예결위	예결위 (소위)	(계수조정 소위)	본회의

상임위원회 검토보고서   예결위원회 검토보고서

예산정책처 검토보고서부안 국회제출

※ 2016년 9월 2일 정부안 국회제출

결산절차

정부에서는 다음 회계연도 5월 31일까지 감사원의 감사를 거친 세입세출결산보고서, 계속비결산보고서, 국가의 채무에 관한 계산서를 제출한다. 결산자료가 제출되면 각 상임위원회에 회부해 예비심사를 거친다. 예비심사는 제안설명, 전문위원 검토보고, 의결(표결)의 과정으로 한다. 예비심사를 거친 결산은 예산결산특별위원회에 회부된다. 예산결산특별위원회 심사는 제안설명, 전문위원 검토보고, 종합 정책질의, 부별 심사 또는 분과위원회 심사, 찬반토론, 의결(표결)로 본회의에 상정되어 의결된다. 결산에 대한 심사

결과 위법·부당한 사항이 있을 때에는 정부 또는 해당 기관에 시정을 요구한다. 시정을 요구받은 정부 또는 해당기관은 지체 없이 처리해 결과를 보고해야 한다.

국정감사

헌법 제61조와 국정감사 및 조사에 관한 법률에 따라 국회가 행정부의 국정 수행이나 예산 집행 등에 대해 벌이는 감사 활동을 말한다. 매년 정기회 집회일(9월 1일) 이전에 감사 시작일부터 30일 이내의 기간을 정해 감사를 실시한다. 그러나 본회의 의결로 정기회 기간 중에도 감사 실시가 가능하다. 국정감사를 받는 대상기관은 정부조직법 등 법률에 의해 설치된 국가기관, 지방자치단체 중 특별시·광역시·도, 「공공기관의 운영에 관한 법률」 제4조에 따른 공공기관, 한국은행, 농업협동조합중앙회, 수산업협동조합중앙회, 기타 국회 본회의에서 국정감사가 필요하다고 의결한 기관은 국정감사가 가능하다.

국정감사 계획은 상임위원회별로 운영위원회와 협의해 매년 처음 집회되는 임시회에서 작성하고, 상임위원회별로 제출된 국정감사 대상기관은 국정감사계획서와 함께 본회의의 의결로서 확정된다. 이렇게 확정된 국정감사계획서를 통해 감사 개시일 7일 전에 보고·자료요구 및 증인 등의 출석을 요구한다. 국정감사가 실시되면 개시, 증인선서, 보고 및 질의·답변, 강평 및 종료선언 순서로 진행된다. 각 상임위원회별로 국정감사결과보고서가 의장에게 제출되면 본회의의 의결로 결과보고서가 채택된다. 국정감사 결과에

따라 정부 또는 해당 기관에 지적된 사항들에 대한 시정요구서를
보내게 되고, 정부 또는 해당 기관은 처리 결과를 서면으로 보고해
야 한다.

새로운 올가미를 피해
불통망·고통망을 만나다

사통망은 국민들의 행복을 이어주는 역할을 한다고 "행복e음"으로 명명하였다. …… '사통망' 시스템 개통 초기에는 사회복지공무원에게 '고통망', '불통망', 절망감으로 다가와 큰 어려움을 주었다.

국민기초생활보장제도가 시행된 2000년 10월 이전에는 사회복지공무원들이 생활보호대상자를 관리하기 위해 개인의 역량에 따라 아래아 한글이나 엑셀로 간단한 관리프로그램을 만들어 사용했다. 그동안에는 생활보호대상자 관리카드에 상담 및 지원 내용을 기재하는 것을 바탕으로 대상자를 관리했다. 그러다가 국민기초생활보장제도의 본격적인 시행에 따라 전산시스템이 일부 도입되었다. 복지행정시스템(C/S)으로 업무 지원을 했지만 소득·재산조사를 위한 연계 기능이 없고 사용하기가 불편했다. 복지 업무를 제대로 지원하지 못하는 실정이었던 것이다.

　참여정부에 들어서 '전자정부 구축'을 국정과제로 삼고 '새올 시스템'(시군구행정정보시스템) 구축을 위해 2005년부터 시범사업을 시작했다. 2007년, 복지행정·민원행정 등 일부 분야가 먼저 개통되었다. 이후 각 분야별 행정시스템(복지·보건·환경 등 시군구 행정 분야 등)으로 지속적으로 확대해 전국의 지방자치단체 공무원들의 업무 지원을 위한 시스템이 구축되었으며, 사회복지공무원도 복지 행정 분야에 데이터를 입력하고 시스템을 활용했다.

기초생활보장제도 도입 초기 복지행정시스템으로 수급자를 관리했고, 급여신청〉조사〉결정〉사후관리 등 일련의 자료들이 새올 시스템으로 이관되었으나 대부분의 자료들은 수작업을 거쳐 입력해야만 했다. 가구별로 관리하고 시스템 자료 관리의 주체가 시·군·구청으로 한정되어 있어서 소득·자산조사가 관련이 있는 전체 기관으로 연계·확대되지 못해 사회복지공무원에게는 이중 삼중의 일이 되었다. 이렇게 사회복지공무원들이 새올 시스템에 메여 대상자를 찾아가지 못하고 항상 컴퓨터와 씨름해야 하는 현실을 비꼬아 새올 시스템을 '새로운 올가미'라고 인식을 하는 상황까지 되었다. 늘어나는 복지수요와 욕구에 부응해야 하는 복지정책의 변화에 새올 시스템이 전혀 따라오지 못하고 지방자치단체의 모든 행정행위를 새올 시스템에 다 담아가야 하는 부담으로 마침내 사통망이 출발하게 되었다.

사통망으로 나아가기 위해서는 신청, 자산조사, 대상자 선정, 급여지급, 사후관리 등의 절차와 더불어 소득·자산조사의 기준과 방법, 신청서식 등을 통일시켜 복지사업별로 각기 다른 기준과 절차를 하나로 정렬하고 공통 기준에 따라서 업무처리가 표준화되어야 했다. 또한 정보의 통합과 가구별·개인별 급여지급 및 이력관리, 소득·자산을 관리하는 공공기관의 자료 등이 자동적으로 반영되는 자동화가 선결과제였다. 이에 따라 부족한 사회복지공무원을 효율적으로 관리하기 위해 자산조사 및 자격관리 업무는 시·군·구청으로, 찾아가는 서비스는 읍·면·동으로 권한을 나누는 계기가 되었다.

사통망은 국민들의 행복을 이어주는 역할을 한다고 "행복e음"으로 명명했다. 이렇게 시작된 시스템은 우여곡절을 거쳐 2010년 1월 4일 새올 시스템의 복지행정 분야를 대신해 사통망 또는 '행복e음시스템'으로 출범했다. 하지만 시범사업도 없이 시행된 사통망은 새올 시스템에서 쉽게 사용할 수 있는 기능들조차 사용할 수 없을 정도로 초기 오류가 많이 발생해 시스템 사용자들에게 큰 낙담을 안겨주었다. 당시 "새로운 올가미를 피해오니 고통망·불통망이 기다리고 있다"고 말할 정도로 일선 현장에서 사통망에 대한 인식이 악화되고 있었다.

사통망 사용에 익숙하지 않은 어려움도 일부 있었지만 기존의 새올 시스템에서 사용하던 자료이관 등의 문제와 시스템의 자체적 오류 등으로 사회복지공무원들의 불만이 하늘을 찌를 정도로 높았다. 특히, 시스템 오류가 아니라 담당자가 시스템 교육을 제대로 받지 못하고 시스템 기능에 대해 숙지가 되지 않았다는 보건복지부의 보도자료는 불난 집에 기름을 부은 것 같이 보건복지부와 사회복지공무원 간에 서로가 불신하는 결과를 낳았다.

담당자가 소득·자산조사를 수동으로 하지 않아도 되며 자동화시켜 준다고 시스템을 개발했으나, 몇 년 전 자료가 고스란히 그냥 넘어오거나 수작업으로 수정해 기록한 자료들이 이전 자료로 덮여져 다시 하나씩 수작업으로 고쳐 나가야 하는 일 등이 발생해 담당자의 울화통이 터지게 했다. 새올 시스템에서 가구별로 관리하던 자료가 개인별·가구별 관리체계인 사통망으로 옮겨지면서 수없이 잘못된 자료들을 가져다가 저장되면서 사용자들을 화병 나게 만들었다.

사통망은 정해진 절차에 따라 입력이 되지 않으면 무조건 오류가 발생하는 문제가 심각했고, 부정수급 예방을 위해 수정 기능을 대폭 강화하기도 했다. 이렇게 만들어진 사통망은 또한 초기에 급여를 지급하는 데서 일부 혼란들이 발생하게 되었다. 누락자·오류자로 인해 급여가 잘못 지급되거나 지급 자료가 생성이 되지 않아서 급여가 지급되지 못하는 상황들이 발생했다. 이와 더불어 시·군·구와 읍·면·동의 역할과 기능에 대한 혼선들이 있었고, 시·군·구의 통합조사팀과 사업관리팀의 역할에 대한 혼선까지 더하면서 2010년 초기에 전국의 사회복지공무원들을 참 어렵고 힘들게 했다.

지금 돌이켜보면 사통망처럼 편리하고 잘 갖추어진 시스템은 찾아보기가 어렵다. 소득·재산에 대한 다양한 공적자료를 찾아서 보내주고 각종 알림 기능 등을 통해 수행해야 할 업무들을 미리 안내하는 사회복지공무원의 길잡이 역할을 잘 하고 있다. 개인별·가구별 복지급여에 대한 이력관리 등 어느 것 하나 부족함이 없지만 사통망 시스템 개통 초기에는 사회복지공무원에게 '고통망', '불통망', 절망감으로 다가와 큰 어려움을 주었다.

● 사통망 구축 연혁

- 대통령 공약 및 핵심국정과제로 선정('08. 2)
- 기본계획 수립 및 정보화전략계획(BPR/ISP) 실시('08. 4~12)
- 사회복지통합관리망 기반구축 1차사업 추진('08. 12~'09. 4)
  * 사업별 업무분석, 소득·재산 표준화, 관계기관 정보연계 협의 등
- 새올복지행정시스템 관리부서 이관(행정안전부 → 보건복지부, '09. 3. 11)
- 「사회복지사업법」 개정(국회 통과: '09. 4. 30, 공포: 6. 9)
  * 제도 표준화 및 법적 근거 마련, 유관기관 정보연계 및 운영기관 설립 근거 마련
- 사회복지통합관리망 기반구축 2차사업 추진('09. 6~'10. 3)
  * 시스템 설계, 개발, 정보연계, 자료전환, 교육 등
- 사회복지통합관리망(행복e음) 개통('10. 1. 4) 및 시스템 안정화
  * 시스템 안정화 기간 중 장애인연금 시스템 추가 구축, 소득재산확인조사 지원
- 사회복지통합관리망(행복e음) 1차 확대 및 고도화('10. 5 ~ '11. 4)
  * 장애인연금시스템 구축, 지자체 개별복지시스템 구축, 사회복지통계DW 구축
- 사회복지통합관리망(행복e음) 2차 확대 및 고도화('11. 5 ~ '12. 5)
  * 사회복지공동모금회와 연계, 온라인신청시스템 구축(양육수당, 보육료, 유아학비 등 3종) 등
- 사회복지통합관리망(행복e음) 3차 확대 및 고도화('12. 5 ~ '13. 4)
  * 사망의심자 HUB시스템, 민간자원통합시스템 구축, 온라인신청서비스 확대 등
  * 기초노령연금 조사 자동화, 인적정보 변동 적시 반영, 급여서비스 간 중복 방지 등
- 사회복지통합관리망(행복e음) 4차 확대 및 고도화('13. 5 ~ '14. 6)
  * (서비스 확대) 사례관리시스템(드림스타트 통합), 장애인 통합카드 발급시스템 구축, 온라인신청서비스 확대(10종~11종) 등
  * 사망·말소 등 변동 대상자 자격관리 자동화, 민원업무 무중단 시스템 구축, 소득재산 상시조사 기능 구현 등
- 사회복지통합관리망(행복e음) 5차 확대 및 고도화('14. 5 ~ '15. 6)
  * 통합 상담·사례·자원 관리 고도화, 온라인신청 확대 구축(기초연금 등), 사망의심자 HUB 고도화 등
  * 기초연금(장애인연금) 제도 개편에 따른 시스템 고도화, 장애인 감면 서비스, 차세대 장애인 시스템, 차세대 바우처 시스템 구축 등
- 사회복지통합관리망(행복e음) 6차 확대 및 고도화('15. 5 ~ '16. 6)
  * 복지사각지대 발굴 시스템 구축, 공공·민간 복지자원 통합 확대, 온라인신청 확대 구축(금융정보 제공 동의, 한부모가족지원 등), 사망의심자 HUB 고도화 등
  * 맞춤형 급여제도 개편에 따른 시스템 고도화, 차세대 사회보장정보시스템 구축을 위한 BPR/ISP, 사회보장정보시스템 DB 암호화

행복e음 핵심요원*(Key-Person)을 만나다

자신의 맡은바 역할을 묵묵히 수행한 전국의 사회복지공무원들…… 사회와 여론으로부터 온갖 뭇매를 맞더라도 현장의 의견을 듣기 위해 빌버둥 치면서 고생을 마다하지 않는 사회복지공무원들이 있었기에…….

고통망·불통망으로 한창 이름을 날리던 사회복지통합관리망('사통망'으로 줄임)이 개통(2010년)되었을 때였다. 사통망과 관련해 당시 사회복지공무원 동료들로부터 엄청난 민원과 항의성 협박을 받았다. 지역복지과에서 사회복지공무원과 관련된 업무를 보면서 새로운 역할이 맡겨졌다. 사통망 도입 초기에는 현장에서 일을 하는 사회복지공무원 동료들에게 매일같이 사통망에 대한 의견을 청취하고 각종 시스템 오류와 그에 대한 개선 의견, 지역별 반응 등

---

* 행복e음 핵심요원이란? 행복e음(사회복지통합관리망) 사용에 어려움이 있는 동료 직원(신규 사회복지공무원 및 행정직)에게 사용법 안내, 교육 등의 근접 지원 및 업무 처리, 시스템 기능 개선 등에 대한 중앙-지자체 간 의사소통 창구 역할 수행을 위해 시스템 활용 능력이 우수한 지자체 공무원 중에서 위촉되었다.

을 보고서 형식으로 정리해 정책관리자와 시스템을 개발하는 부서에 전달하는 업무가 부과되었다. 전국 시·군·구 및 읍·면·동에서 근무하는 사회복지공무원 가운데 시스템을 사용하고 있는 동료들에게 시도 때도 없이 전화를 걸었고, 현장에서는 오류가 발생해 업무 추진에 지장이 많다는 항의성 전화가 끊임없이 걸려왔다.

새로운 시스템을 구축하면서 시범사업도 없이 무모하게 시행한다는 현장의 지적이 있었지만, 시스템을 개발하는 개발자나 직접 시스템을 사용하는 사용자, 정책을 기획하는 정책담당자들이 밤낮 없이 한 몸으로 움직였던 것 같다. 너무나 엄청난 일들이 조기에 안착된 것 또한 소통 체계를 만들어 서로 의견을 주고받으며 잘 극복했다. 이렇게 사통망이 조기에 복지업무 시스템으로 잘 정착되고, 현재의 사회보장사업 및 지자체 복지사업까지 시스템으로 뒷받침할 수 있는 것은 자신의 맡은바 역할을 묵묵히 수행한 전국의 사회복지공무원들 덕분이었다고 생각한다. 사회와 여론으로부터 온갖 뭇매를 맞더라도 현장의 의견을 듣기 위해 발버둥치면서 고생을 마다하지 않는 사회복지공무원들이 있었기에 가능한, 놀라운 일들의 연속이었다.

그때로부터 약 4년이 흐른 후 사통망 등 대부분의 보건복지정보시스템을 관장하는 사회보장정보원과 함께 일하는 곳으로 발령을 받아오면서 '행복e음 핵심요원'을 만나게 되었다. 국민들에게 복지를 제공하는 일선 사회복지공무원과 정책을 정보시스템에 반영하는 시스템을 운영·관리하는 개발자, 제도나 사업 등에 대한 정책을 담당하는 중앙부처가 유기적으로 움직이기 위한 활동이 필요

행복e음 핵심요원 활동보고대회

행복e음 마스터 핵심요원 활동능력강화 워크숍

했다. 이러한 필요성을 충족하기 위해 도입된 '행복e음 핵심요원' 제도는 활동기간을 2년으로 하고 있다. 2011년 11월 제1기 325명을 구성해서 운영했으며, 제2기 393명에 이어 3기 핵심요원(마스터 41명, 핵심요원 428명 등 469명)들이 동료 직원들의 업무 부담 경감을 위해 자신들의 모든 열정을 불태우고 있다. 한 해 동안 활동한 사례들을 보고하는 활동보고대회가 매년 개최되고 있다.

복지부에서는 매년 현장에서 활동하는 행복e음 핵심요원 제도의 발전방안에 대한 건의사항들을 수렴해서 검토하고 적극적으로 지원방안을 강구해서 추진했다. 2014년 활동보고대회를 통해 건의 받은 내용 가운데 시·도 단위의 활동지원이나 활동방안에 대한 내용에 대해 시·도 단위에서 활동이 가능한 핵심요원 활동자 가운데 마스터 행복e음 핵심요원을 선정해 시·군·구에서 활동하는 핵심요원의 역량강화를 위한 활동과 시·도별 오프라인 모임, 행복e음 시스템 강사, 업무 분야별 정책·제도 개선협의체 참여 등의 활동을 할 수 있도록 했다.

아울러 활동 매뉴얼 개발, 포상 강화, 평가지표 반영, 전용 커뮤니티 활성화 방안, 해외연수 실시 등 제도 개선을 위한 건의사항들에 대해 행복e음 핵심요원 활동 매뉴얼 제작(2015년), 시·도 단위 기관 포상 확대, 마스터 핵심요원을 통한 강사 활동 지원, 행복e음 복지광장 내 행복e음 핵심요원 전용 커뮤니티 접속 메뉴를 새롭게 구성하는 등 홈페이지를 전면 개편했다. 사기 진작을 위한 인센티브 방안으로 활동 우수자에 대한 해외연수를 기획해, 2015년 1차 해외연수단(12명)은 오스트리아와 독일을 방문했고, 2016년 2차 해외연수단(16명)은 스웨덴과 핀란드를 방문했다.

닭이 먼저냐, 달걀이 먼저냐?

사회서비스는 …… 지역 주민들의 삶을 개선하기 위한 보다 실제적이고 효과적인 사업을 기획하고 운영할 수 있는 역량을 높여 나가는 것이 무엇보다 필요하다. …… 무엇보다 사회서비스 산업이 시장에서 경쟁력을 갖추고 스스로 살아남을 수 있는 규모와 역량, 제공 인력의 전문적 자질 등을 갖추고 있어야 한다.

'지역사회서비스 투자사업'은 정부의 다른 복지사업처럼 주로 취약계층을 대상으로 최소한의 복지서비스를 전국적으로 동일한 기준을 적용해서 획일적으로 급여를 제공하는 공급자 중심의 복지사업들과 달리, 대부분 사람 중심의 대면서비스를 제공하는 수요자 중심의 사업으로 규정할 수 있다. 이는 각 지역의 환경과 조건 등을 고려한 유연하고 다양한 서비스를 개발해 제공할 수 있다. 사회서비스(바우처)는 정부예산과 일정부분 본인부담금으로 운영되는 사업으로서 2007년 '지역사회서비스 투자혁신사업'으로 시작해 현재 '지역사회서비스 투자사업'으로 운영되고 있다.

사회서비스는 동일한 서비스라도 지자체의 제도 운영, 제공자의 질적 수준, 이용자의 자세에 따라 서비스의 질과 결과에 있어 큰 차이가 난다. 따라서 다른 복지사업보다 지방자치단체의 역량에 따라 지역별 격차가 크게 발생하고, 사업 결과와 정책의 효과성에 큰 영향을 주게 된다. 따라서 정책의 효과성을 높이고 지방자치단체가 가지고 있는 지역적 특성을 잘 반영해 사회서비스를 제공할 수 있도록 지역 자율성을 증진시키고 지방자치단체의 역량을 강화하는 방향으로 사업을 추진하고 있다.

사회보장기본법 제2조(기본 이념), '사회보장은 모든 국민이 다양한 사회적 위험으로부터 벗어나 행복하고 인간다운 생활을 향유할 수 있도록 자립을 지원하며, 사회참여·자아실현에 필요한 제도와 여건을 조성해 사회 통합과 행복한 복지사회를 실현하는 것을 기본 이념으로 한다.' 라는 규정에 따라 그동안 전 국민의 삶의 질 향상을 지원하는 보편적 복지서비스로 그 의미가 확대되고 있다. 따라서 사회서비스의 대상도 그동안 특정인을 대상으로 하는 것에서 모든 국민으로 확대되어서 기존의 복지 범주를 넘어 보건, 교육, 주거, 고용, 문화, 환경 등으로 확대되었다. 전통적인 복지영역인 상담, 재활, 돌봄 등에서 역량 개발, 사회참여 등 대상자를 위한 적극적 지원까지 포괄하는 개념으로 확대된 사회서비스를 규정하고 있다.

사회서비스는 지방자치단체가 해당 지역을 심층적으로 분석하고 진단해 지역사회에 꼭 필요한 복지욕구를 사회서비스로 개발해 제공할 수 있도록 하고 있다. 따라서 지역 주민들의 삶을 개선하기 위한 보다 실제적이고 효과적인 사업을 기획하고 운영할 수 있는 역량을 높여 나가는 것이 무엇보다 필요하다. 담당자를 포함한 지방자치단체의 역량 차이는 궁극적으로 사회서비스를 이용하는 지역 주민들의 복지 수준과 삶의 질에 차이가 나게 한다. 이렇게 지역에서 만들어진 사회서비스는 제공되는 서비스가 시장의 원리에 따라서 선택되고 발전되어 나가는 것이 바람직하다. 하지만 영세한 서비스 제공기관과 이용자의 선택권을 보장하지 못하는 열악한 현실 속에서 사회서비스 산업화는 한낱 구호에 그칠 수 있다.

무엇보다 사회서비스 산업이 시장에서 경쟁력을 갖추고 스스로 살아남을 수 있는 규모와 역량, 제공 인력의 전문적 자질 등을 갖추고 있어야 한다. 현장에서 만나는 사회서비스 제공기관들은 자신들이 제공하는 서비스가 전문 인력에 의해 질적 수준을 갖추고 있다고 당당하게 이야기하고 있다. 자신감 넘치는 이야기에, "그 만큼의 돈(정부지원금+본인부담금 포함)으로 과연 본인의 자녀에게 자신이 제공하는 바우처 서비스를 시킬 것인가?" 하고 물어 보면 대부분 그런 자신감은 감쪽같이 사라져버린다. 정부의 예산을 무한정 올릴 수 없는 것이고, 실력을 갖추고 있는 전문가를 적은 임금으로 '모실' 수 없는 구조이다. 이용자가 부담하는 적은 본인부담금만 생각하면 나름대로 괜찮은 사회서비스로 인식될 수 있지만, 정부지원금을 보태서 생각하면 대답은 분명히 달라질 것이다.

닭과 달걀처럼 서비스의 질과 정부예산과의 관계는 우선순위를 정하기 어려운 실정이다. 전문적 자질을 가지고 있는 사람을 통해 대면서비스로 제공되는 사회서비스는 서로의 이해관계가 있어 부정하게 사용될 소지가 있다. 시장이 작동할 수 있는 수준에 미치지 못하는 서비스 제공기관 수와 이용자 수는 시장의 원리로 설명할 수가 없다. 최소한의 시장원리에 따라 질적 수준을 갖추고 서비스를 제공하는 기관을 확보해 시장에서 합리적으로 이용자의 선택이 가능한 바탕이 마련되어야 한다. 이용자의 합리적 선택이 어려운 소도시 지역의 경우 제공기관의 선택에 따른 사회서비스의 왜곡 등 부작용이 발생할 수 있다. 제공기관이 주도해 사회서비스를 만들고 이용자를 모집하는 문제점들로 인해 사회서비스 산업화는 쉽게 우리 곁으로 다가서지 못한다.

지역사회서비스 투자사업 주요 유형

사업명	서비스 내용	대상	소득기준	지자체 사업(예시)
영유아 발달지원	발달지연 우려 영유아에게 신체·인지·정서 발달을 위한 중재서비스 제공	만 0~6세 발달지연 우려	기준 중위 소득 120% 이하	·영유아발달지원 서비스
아동정서 발달지원	정서불안, 문화 소외 아동 등에 클래식 악기 교육 및 정서순화 프로그램 제공	만 8~13세 정서 행동 문제 우려 또는 문화소외 아동	기준 중위 소득 120% 이하	·아동청소년 뮤직희 망케어링(서울) ·일곱빛깔뮤지션 (대전)
아동청소년 심리지원	정서행동장애 위험 아동에 대한 상담 및 음악·미술치료 등 조기개입서비스 지원	만 18세 이하 문제행동 위험군	기준 중위 소득 140% 이하	·우리아이심리지원 서비스(경기) ·우리 아이가 달라졌어요(부산)
인터넷 과몰입 아동청소년 치유	인터넷 과다사용 아동·청소년에 맞춤형 상담, 대체활동을 통해 인터넷 과몰입 치유	만 18세 이하 인터넷 중독 위험군	기준 중위 소득 120% 이하	·인터넷·게임중독 아동치료서비스 (인천) ·두리여럿이함께 (경북)
아동청소년 비전형성	아동청소년에 체계적인 비전·리더십 형성 프로그램 및 체험·학습 등 지원	만 7~15세	기준 중위 소득 120% 이하	·성공하는 어린이를 위한 Self-Leadership 프로젝트(부산) ·아동 dream up, 진로탐색서비스 (인천)
(비만)아동 건강관리	비만·허약 초등학생과 부모에게 운동·처방·지도, 건강 교육 등 제공	만 5~12세 경도 이상 비만·허약	소득기준 없음	·몸튼 마음튼 꿈나무 육성 프로그램 (경남) ·어린이건강자람 서비스(충남)
노인 맞춤형 운동처방	고령자 건강상태 점검 및 점검결과에 따른 수중 또는 유산소 운동 처방·지도를 통해 의료비 절감 및 건강 증진	만 65세 이상 장기 요양등급 외 판정자	기준 중위 소득 140% 이하	·노인맞춤형 수중 운동처방 서비스 (인천) 맞춤형 노인토탈케어서비스(대구)

270

사업명	서비스 내용	대상	소득기준	지자체 사업(예시)
맞춤형 보조기기 렌탈	장애아동의 성장 단계에 따른 맞춤형 자세유지도구 등 보조기기 렌탈·리폼	만 19세 미만 지체 및 뇌병변 장애	소득기준 없음	·맞춤형 자세유지 보조기구 렌탈 및 리폼서비스(서울) ·맞춤형 재활보조 기구 렌탈 사업(울산)
시각장애인 안마	근골격계·신경계·순환계 질환 등의 증상 개선을 위해 시각장애인의 안마, 마사지, 지압 및 자극요법 제공	근골격계·신경계·순환계 질환이 있는 만 60세 이상, 지체·뇌병변 장애	기준 중위 소득 140% 이하	·웰빙안마·마사지 서비스(대구) · EYE1004건강두 드림서비스 (전북)
노인·장애인 돌봄여행	노인·장애인에게 전문 돌봄 인력이 동반하는 여행 서비스 제공	등록장애인 (또는 상이 등급자) 만 65세 이상	기준 중위 소득 140% 이하	·장애인, 노인을 위한 돌봄여행 서비스
고령자 소외예방	고령자에게 적극적인 노후대비 전략 제시와 보람있는 노년기 교육 지원	만 65세 이상	기준 중위 소득 140% 이하	·행복한노후생활지원서비스(전북) ·활기찬노후를 위한 라이프코칭 (강원)
정신건강 토탈케어	정신질환자와 가족에게 일상생활 지원, 증상관리, 사회적응 및 취업지원	정신장애인 또는 정신과 치료가 필요한 자	기준 중위 소득 120% 이하 (정신장애인 140%)	·정신질환자토탈케어서비스(전남) ·정신장애인 토탈케어(대전)
자살 고위험군 (노인) 건강 증진	자살고위험군 노인에 대한 조기 선별검사 및 사례관리 서비스 제공	만 65세 이상으로 자살위험군 해당자	기준 중위 소득 140% 이하	·노인행복 증진서비스(경기) ·행복노후를 위한 웰빙건강서비스(전북)

잊지 않고 소중히 기억할게

어려운 이웃들을 일으키고 살려내 그들이 더 나은 삶을 살 수 있도록 자신을 희생한 동료들의 이야기는 조금씩 식어가던 나의 가슴을 다시 끓어오르게 했다. 그리고 도움이 필요한 이웃들을 보듬고 일으키도록 다시 발걸음을 내딛게 해주었다.

조○○은 대학교 입학 때부터 줄곧 어울리던 내 친구로 사회복지 공무원도 함께 시작했고, 경북 안동에서 근무하다가 대구 달서구 ○○동으로 이동해 와서 같이 근무를 하기도 했다. 그랬던 친구가 1994년 11월 갑자기 급성 백혈병으로 진단을 받고 병원에 입원했다는 전갈을 받아 서둘러 입원실을 찾아갔다. 그는 몇 달 동안 치료를 받고 거의 완치 판명을 받았지만, 요양 중 재발해 결국 발병 8개월 만에 우리 곁을 떠났다. 항암치료를 받으면 머리카락이 빠진다고 하는데 머리카락도 그대로 남아 있어 살고자 하는 의지가 강해서 그렇다고 생각했다. 하지만 결국 부르시는 손길에 이끌려 세상을 떠났다.

272

피아노 학원을 하는 아내 덕에 태아교육이 잘 되어 신동이라며 딸 자랑을 하고, 한번 들어본 음정은 악보를 보지 않고도 피아노로 칠 수 있을 정도로 청음 능력이 뛰어나다고 얘기하던 그였다. 하지만 그런 예쁜 딸과 배우자를 남겨두고 떠나게 됐다.

그 친구가 떠난 뒤 나와 함께 했던 다른 사회복지공무원 동료들도 하나 둘씩 세상을 떠났다. 최근에는 2016년 말 크리스마스를 앞둔 어느 날 부산 중구청 통합조사계장인 차○○이, 2017년 1월 초에는 경기도 안산시에 사는 김○○까지 72명의 동료 사회복지공무원들이 생명의 끈을 놓아버렸다.

무더위가 한창이었던 2008년 8월의 어느 날이었다. 서울특별시 종로구청에서 근무하다가 우울증으로 휴직 중에 목숨을 끊은 고(故) 주○○ 님의 시아버지께서 전화를 주셨다. 당신 며늘아기가 세상을 떠났는데, 남겨진 두 아이들이 나중에 자라서 엄마를 생각하고 그리워하면 이야깃거리가 될 만한 것을 좀 만들어달라는 부탁을 하셨다. 정부에서 사회복지 공로를 인정하는 기념패를 만들어주면, 나중에 아이들이 자라 엄마를 찾을 때 어려운 이웃들을 위해 일하고 헌신하다 돌아가셨다고 분명히 전해줄 수 있을 거라고 말씀하셨다.

보건복지부에서 1년 남짓 근무하며 살펴보았지만 우리 부처에서 고인을 기념할 수 있는 일은 전혀 없었다. 고인이 된 분들에게 장관 명의의 표창장을 전수할 수 있을지 관련 업무를 보는 동료직원들에게 보내 의견을 모아도 하나같이 전례가 없다고 했다. 아울러 사망자에게 표창장을 주어서는 안 된다는 의견도 많았다. 하지만 업무상 공적 등을 기리기 위해 만들어진 표창장은 그 누구보다 사회복지업무를 위해 헌신하다 돌아가신 분들을 위한 것이라는 생각이 들어 실장, 국장, 과장 등 관리자들에게 보고서를 통해 정확히 보고하며 설득했고, 마침내 고인에게 표창장을 주기로 결정되었다. 지자체 사망자를 확인하니 당시까지 사망자가 약 20여 명이었으며, 모두에게 표창장을 주어야 마땅하지만 아쉽게도 그렇게 하지는 못하고 2008년 한 해에 돌아가신 분을 시·도청을 통해 확인하니 모두 네 분이 있었다. 평소 고인을 잘 알고 있었던 동료나 고인의 집에서 가까운 사무실에서 일하는 동료를 찾아서 정보를 얻어 공적 조서를 작성하고 표창을 위한 보고서를 올렸다.

표창장은 기초지방자치단체의 복지 향상을 위해 구성된 지역사회복지협의체 활동보고 대회인 '제3회 지역사회복지 전국대회'에서 전달하기로 했다. 유가족에게 표창장을 전달하는 취지를 설명하고 참석이 가능한 유족에게는 고인을 위한 예우를 할 수 있는 순서를 마련했다. 고 주○○의 경우 시어른들을 비롯해 유가족 모두가 참석하기로 했었지만, 당일에는 고 주○○의 시아버지와 다른 한 분이 참석하지 못했고 유족 두 분만 행사장에 참석했다.

행사장에 온 참석자 모두가 한마음으로 고인들을 기억하며 묵념으로 행사를 시작했고, 고인들의 약력·사망경위에 대한 설명과 함께 표창장이 수여됐다. 참석한 유가족들은 복지부에서 고인들을 기억해 주어 고맙다고 말했고, 고인에게 뜻 깊은 표창장이 될 것이라며 흐르는 눈물을 감추지 못했다. 고인들의 헌신적인 삶을 기리면서 참석한 많은 분들이 눈물을 흘리며 슬픔을 나누었다. 이후 사회복지 업무 현장에서 표창장을 수여한 적은 없지만, 꼭 기억해야 할 사람들은 가슴 속에라도 남겨야겠다는 생각이 들었다.

대구광역시 북구청에서 근무했던 신○○ 계장은 주민들의 사정을 잘 살피고 성실하게 업무를 처리하는 것으로 정평이 나 있었다. 한번은 북구청이 감사를 받게 됐고, 신 계장이 근무하는 동에서 현장 감사를 실시했다. 감사 결과 지적받은 내용은 거의 없고, 감사위원에게서 칭찬을 많이 받은 것만 봐도 업무에 얼마나 정통한지 알 수 있었다. 1990년 7월부터 사회복지공무원으로 일했던 신 계장은 2009년 11월 간암으로 사망하던 순간까지, 흐트러짐 없이 자신의 자리를 지켰다. 후배들에게는 업무를 가르쳐 주며 큰 귀감이 되고 동료들 또한 자리를 잘 잡을 수 있도록 도와주었다.

정부세종청사 인근 상가에는 피자와 파스타를 전문으로 하는 작은 가게가 있다. '○ 셰프'라는 간판이 달려있는 이 가게의 사장은 자신이 수급자였다고 떳떳하게 말했다. ○ 셰프 김 사장을 통해 늘 성실한 모습으로 근무했던 나의 오랜 동료 신 계장 이야기를 들었다. 김 사장이 모친·동생들과 함께 어려움을 겪으며 살아갈 때 그가 동사무소 급사, 파출소 급사, 방범대원 등으로 취업할 수 있도록 신 계장이 지원을 아끼지 않았다고 했다. 신 계장의 도움과 지원으로 어머니가 미용기술을 배워 미장원을 운영할 수 있었고, 자신 또한 요리기술을 배워 대구에서 피자와 파스타를 만드는 음식점을 열 수 있었다고 했다.

어려운 이웃들을 일으키고 살려내 그들이 더 나은 삶을 살 수 있도록 자신을 희생한 동료들의 이야기는 조금씩 식어가던 나의 가슴을 다시 끓어오르게 했다. 그리고 도움이 필요한 이웃들을 보듬고 일으키도록 다시 발걸음을 내딛게 해주었다. 나는 오늘도 먼저 세상을 떠난 동료들을 기억하고 추억하며 그들이 지나간 발자취를 따라 걷겠다는 다짐으로 하루를 시작한다.

고 이제호 님께

참 어이없는 주검이다
이런 일이 다시는 일어나지 않길 바랐는데
모두가 안타까워 할 뿐

또다시 사랑하는 소중한 후배 하나를
살을 도려내는 아픔으로 떼어 내야 하다니

이제 또 누구 차례가 되어야 하나
무한정 확대되는 복지업무
국민기초생활보장제도의 시작

그리고 그 후
하나 둘 우리 곁에서 떠나보내며
가슴 속 깊이 이름만 새겨 두었네

현장에서 얻은 경험과 의견을 모아
이를 실현하려고 고군분투 뛰어다니던 모습

참 어이없는 주검이다
그대의 약한 몸을 이끌고 뛰어다니던 모습에서

선배로서 늘 미안한 마음을 감추기 힘들었는데
이렇게 먼저 평안한 곳으로 훌쩍 떠나갔구나

나의 아픔이 가족보다 더 할 수는 없겠지만
한 동료를 또다시 가슴에 묻어야만 하는
우리네 가슴 또한 치유하기 어렵네

남겨진 가족에게는 돌이킬 수 없는 아픔
우리는 이 아픔을 기꺼이 이겨내
故人이 소망하고 기대한 모든 것이 이루어지도록
그날을 함께 만들어가야 하리

어려운 이들의 가슴을 따뜻하게 해주려고
수많은 복지사업을 기획하고 추진했던 우리지만
자신의 몸을 조금씩 깎아 내어 건강을 잃어야만
이웃들의 소망을 이뤄줄 수 있는 비참한 현실을

바꾸기 힘든 뼈아픈 현실 속에서
나는 아무런 도움도 못 주고
오늘 이 아침에도
떠나가는 님만 그리워하네

그대의 아름다운 흔적들을
다시 한번 더듬어 기억해 본다

* 고 이제호 님은 1999년도 부산 해운대구 사회복지공무원으로 시작해
2007년 2월 24일 우리 곁을 떠나간 동료입니다.

간추린 한국 현대 사회복지사

1948~1960년, 이승만 정부(제1공화국)

1948년 8월 15일 대한민국 정부가 수립되었을 때, 세계에서 가장 가난한 나라였던 우리나라의 빈곤 문제는 매우 심각했고, 6·25 전쟁 이후에는 전쟁으로 생긴 고아와 월남한 사람들로 복지수요가 컸다. 하지만 전쟁 후 국토 파괴와 식량 부족 등 취약한 경제력과 산업화 수준, 국가 능력 등 여러 가지 면에서 사회보장정책을 실현하기 힘든 상황에서 미국의 도움을 받아 '원조경제체제'로 갔다. 식료품과 의복, 의료품 등의 생활필수품과 설탕, 밀가루, 면방직 등을 지원받아 식량 문제를 해결했지만, 국내 농산물 가격 하락으로 농업에 큰 타격을 받았다. 1950년대 말에는 미국의 경제 불황으로 원조경제 규모가 감소하면서 농사를 그만두거나 농촌을 떠나는 사람들이 크게 증가했다. 이승만 정부의 사회복지서비스는 응급구호사업 중심이었고 일제 강점기와 미군정 하의 사회복지정책에서 크게 벗어나지 못했다.

1960~1961년, 장면 정부(제2공화국)

4·19 혁명으로 이승만이 하야한 후, 국무총리인 장면이 실권을 잡은 제2공화국 또한 사회보장제도 형성에 큰 기틀을 마련하지는 못했다. 장면 정부는 4·19 혁명을 주도했던 학생과 시민들의 활동은 보장해 주었지만, 그들이 요구한 것을 실현하는 데는 적극적이지 못했다. 제2공화국 정부는 사회 불안과 노동운동 등으로 경제성장이 정체되어 있었기 때문에 경공업과 농업의 생산력을 높이고 실업자를 줄이며 국토를 개발하는 등 절대빈곤에서 벗어나기 위한 5개년 경제개발계획을 입안했지만, 5·16 군사쿠데타로 정권이 바뀌면서 이를 집행하지 못했다. '전국종합경제회의'(1960년 12월 개최)에서 '사회보장제도심의위원회(사보심)' 설립이 건의되었지만, 5·16 군사쿠데타로 인해 중단되었다.

1961~1979년, 박정희 정부(제3·4공화국)

경제가 성장하면 국민의 복지 또한 증진될 것이라 믿었던 박정희 정부는 사회복지제도 확충의 필요성을 크게 느끼지 않았고, 복지지출을 비생산적인 것으로 간주했다. 대신 제1차 경제개발 5개년 계획을 추진하여 경부고속도로 등의 도로와 항만·공항 등의 사회 간접 자본을 확충했다. 노인과 아동, 장애인, 불치병에 걸린 사람 등 근로 능력이 없는 사람에 대한 생계보호를 실시하기는 했으나 그 수준이 미흡했다. 5·16´이후 생활보호법을 시작으로 재해구호법, 아동복지법, 공무원 연금법, 산업재해보상법, 의료보험법 (1976) 등 사회복지 법률제도의 외형적 틀을 만들어 우리나라 복지 정책을 세우는 기초를 마련했지만, 군사정권이 철저히 통제하는 사회복지는 혜택의 수준에 한계가 있었다.

1980~1987년, 전두환 정부(제5공화국)

제5공화국은 '복지사회의 건설'을 국정지표 가운데 하나로 내세웠다. 집권당이었던 민정당의 3대 강령에서도 '복지'가 강조되었다. 국가의 사회복지 의무 규정을 만들고, 행복추구권이나 사생활의 보호, 환경권, 연좌제 금지 등의 헌법 조항이 신설되기도 했지만, 이것은 보여주기 위한 행정에 불과했으며 기존 정부에서 마련해 놓은 복지체제 안에서 법과 제도를 확대하는 정도에 머물렀다. 경제안정화에 성공하며 의료보험 전 국민 확대와 국민연금 시행, 최저임금제 등을 약속했지만, 실제 정책에서는 사회 불안을 일으킬 수도 있는 가난한 사람들이 도시로 모이는 것을 통제하기 위해 '영세민 종합대책'을 펴는 등 구호보다는 통제 위주의 정책을 폈다.

1988~1992년, 노태우 정부(제6공화국)

반독재 민주화운동인 6월 항쟁으로 1987년 12월 새 헌법(5년 단임 대통령 직선제)에 따라 대통령 선거가 치러졌다. 국민들의 민주화

요구를 수용하며 '민주발전 시대로 만들겠다'는 정치이념을 내세운 노태우 정부는 연 평균 8.5%의 경제성장을 이루고, 1988년 서울 올림픽을 성공적으로 개최했다. 제5공화국에서 약속했던 국민연금 제도를 실시하고, 의료보험을 전국 확대 실시했으며 최저임금제도를 시행하는 등 노동자들의 복지향상에도 초점을 두었다. 1990년에는 '장애인고용촉진 등에 관한 법률'을 제정하여 근로자의 1%를 장애인으로 의무 고용하도록 했다. 하지만 노태우 역시 부분적으로는 독재정치를 펼친 군인 출신 정치인이었고, '국민의료보험법'에 거부권을 행사하고 분배와 복지를 경제성장의 장애물로 간주하는 등 민간사회복지의 자율성을 저해하는 정치적 환경이었다.

1993~1997년, 김영삼 정부(문민정부)

제6공화국의 두 번째 정부인 김영삼 정부(문민정부)는 전직 대통령들을 구속 수감하고 공직자 재산 공개·등록과 금융 실명제를 법제화하는 등 '개혁의 칼'을 들고 사회구조적 모순을 없애기 위해 노력했다. 1995년 고용보험을 시행하고 사회보험을 확대했으며 국민복지기획단을 출범시켰다. 4대보험을 전체 근로자로 확대 적용하고 민간부문의 복지참여 확대 등 국민들에 대한 복지혜택이 국민이 당연히 누려야 하는 사회적 권리라는 점을 인식시켰다. 1995년 10월 수출 1천억 달러를 돌파하고, 1996년 말에는 1인당 국민소득 1만 달러를 돌파해 선진국을 뒤쫓는 수준에 올라섰다. 경제협력개발기구(OECD)에 가입하고 시장개방정책을 추진했지만,

1997년 1월부터 도미노식 기업부도사태 발생 등으로 국제통화기금(IMF) 원조를 요청하며 국민의 비난을 받았다.

1998~2002년, 김대중 정부(국민의 정부)

제6공화국의 세 번째 정부인 김대중 정부(국민의 정부)는 외환위기를 극복하고 역대 정권 최초로 무역수지 흑자와 경상 수지 흑자를 기록했다. 금융, 기업, 노동, 공공 4대 분야에 개혁을 단행해 예상보다 3년을 앞당겨 2001년 8월 IMF 차입금을 전액 상환했다. 집권 후 대대적인 복지개혁을 시도했던 김대중 정부는 민주주의와 시장경제 발전뿐 아니라 '생산적 복지'를 국정지표로 삼은 복지친화적 정부였다. 1999년 국민연금 적용 대상을 전 국민으로 확대했고, 2000년에는 국민기초생활보장제도를 도입했으며 국민의료보험관리공단이 발족되었다. 복지예산이 증가해 국가사회보험을 적용 확대하고 급여수준을 인상했으며, 사회적 취약계층에 대한 사회복지서비스에도 큰 변화가 있었다. 하지만 경제활성화를 위해 실행한 부동산 규제 완화와 카드 무규제가 카드 대란과 부동산투기 과열을 불러와 비판을 받기도 했다. 또한 신자유주의 경제정책으로 중산층이 붕괴하는 원인을 제공했다는 비판이 나오기도 했다.

2003~2007년, 노무현 정부(참여 정부)

제6공화국의 네 번째 정부인 노무현 정부(참여 정부)는 국정 목표로 '국민들과 함께하는 민주주의', '더불어 사는 균형 발전 사회'

를 제시했다. 퇴직과 실업, 산업재해 등 예전부터 존재했던 문제뿐 아니라 한 부모 가족과 다문화 가족, 저출산·고령화 문제 등 새로운 문제를 해결하기 위해 복지지출을 확대했다. 사회복지에 국가의 책임이 있음을 기본으로 하며 사회복지 대상을 사회적 취약계층에서 전 국민으로 확대하기 위해 노력했다. 복지재정은 다른 분야에 비해 2배 가까운 성장을 거듭해 복지지출이 경제와 국방을 제치고 가장 큰 정부 지출 항목이 되었다. 저출산고령사회기본법을 제정하고 노인장기요양보험제도를 도입했으며 '참여복지'라는 정책기조를 통해 국민모두가 참여할 수 있는 복지정책을 표방했다. 하지만 지방정부의 재정여건이 열악했고, 지방자치단체와 지방의회가 중앙정부만큼 사회복지에 적극적이지 못한 한계가 있었다.

2008~2013년, 이명박 정부(실용 정부)

제6공화국의 다섯 번째 정부인 이명박 정부는 작은 정부와 큰 시장을 뼈대로 한 '경제 살리기'를 목표로 했다. 실용주의와 경제 성장, 친서민 정책 등을 추구하며 능동적 복지를 위한 '평생 복지기반 마련'과 '예방 맞춤 통합형 복지' 등을 제시했다. 2008년 미국발 금융위기를 극복하고 세계 평균보다 높은 성장률을 거두었지만, 외형적 성장에 치중해 국민 복지 개선에는 소극적이었다는 지적도 있다. 보육료 지원 확대와 양육수당 도입, 취약계층 아동청소년 공평 출발 지원 등의 정책을 펼쳤고 영세 상인에 대한 배려 등을 강조했으나, 장애아 무상보육 지원금과 보육시설 확충 비용, 기초수급생활자 의료비 지원, 결식아동급식 한시적 지원금 등을 수억 원

에서 수백억 원까지 일부 또는 전액 삭감한 것으로 드러나 비판을
받았다.

2013~2016년, 박근혜 정부

제6공화국의 여섯 번째 정부인 박근혜 정부는 '국민 행복, 희망
의 새 시대'라는 국정 비전을 제시하며 '신뢰받는 정부'를 추진 기
반으로 삼았다. 1963년 12월에 제정되었던 '외국 민간원조단체에
관한 법률'을 52년만인 2015년 4월에 공식 폐지했다. 박근혜 정부
는 65세 이상의 전체 노인 중 소득과 재산이 적은 70%의 노인에게
매달 일정액(10~20만 원)의 연금을 지급하는 기초연금제도를 추진
했고, 소득계층과 상관없이 3~5세 영·유아를 둔 가정에는 보육료
또는 양육수당을 지급하는 '누리과정'을 추진했다. 하지만 지방자
치단체와 교육청은 예산이 부족하다는 이유로 누리과정 예산을 편
성하지 않아 무상보육 논란이 벌어지고 있다. 아울러 증세 없는 복
지를 주창하고 이념적 잣대로 보편적 복지를 바라보았다.

위의 내용은《사회복지의 역사》(박병현 저, 공동체),《사회복지 맛
보기》(박근수·송명호 저, 신정),《보건복지 70년사》(보건복지부 편찬위
원회 엮음) 등의 저서와 http://ko.wikipedia.org, http://www.google.
com, http://www.naver.com 등의 웹사이트를 참고로 작성하였다.
도움에 감사드린다.

● **보건복지부 및 복지 관련 주요 연혁**

• 1948. 11. 4.	사회부 신설(보건, 후생, 노동, 주택 및 부녀사무 관장)
• 1949. 4. 30.	「대한적십자사 조직법」 제정(1905년 발족한 대한제국 적십자사 개칭)
• 1949. 5. 6.	중앙각심학원 직제 설치
• 1949. 7. 29.	보건부신설(사회부기능분리해 비서실,의정국,방역국,약정국으로조직)
• 1950. 4. 14.	「군사원호법」 제정
• 1951. 4. 12.	「경찰원호법」 제정
• 1951. 7. 13.	사회부에 원호국(군사원호과, 경찰원호과, 보도과) 신설
• 1951. 9. 25.	「국민의료법」 제정(시행: 1951. 12. 25.)
• 1952. 2. 15	사단법인 한국사회사업연합회 설립
• 1955. 2. 17.	보건사회부 설립(보건부와 사회부 통합, 6국 22과)
• 1957. 8. 2.	「중앙사회사업 종사자 훈련소」 직제 설치
• 1957. 9. 9.	부녀국에 '아동과' 신설
• 1961. 8. 31.	「보호시설에 있는 고아의 후견직무에 관한 법률」 제정
• 1961. 9. 30.	「고아입양특례법」 제정
• 1961. 12. 5.	「매장및묘지등에관한법령」 제정
• 1961. 12. 30.	「생활보호법」 및 「아동복리법」 제정
• 1962. 1. 1.	생활보호제도 시행(생계·의료·해산·상장보호)
• 1962. 3. 20.	「국민의료법」에서 「의료법」으로 전부개정
• 1963. 11. 5.	「사회보장에 관한 법률」 제정
• 1969. 1. 16.	「가정의례 준칙에 관한 법률」 제정
• 1970. 1. 1.	「사회복지사업법」 제정
• 1970. 5.	한국사회사업연합회를 '한국사회복지협의회'로 변경
• 1970. 8. 4.	「재해구제로 인한 의사상사 구호법」 제정
• 1970. 12. 31.	「가족계획연구원법」 제정
• 1973. 2. 8.	「모자보건법」 제정
• 1973. 12. 24.	「국민복지연금법」 제정(긴급조치 제3호 및 제18호로 제도 시행보류)
• 1974. 1.	생활보호사업의 일환으로 취로구호사업 실시
• 1976. 12. 22.	의료보험법 전부개정으로 당연적용 의료보험 실시(시행: 1977. 1. 1.)

• 1976. 12. 31.	「고아입양특례법」을 「입양특례법」으로 대체 제정
• 1977. 1. 4.	「의료보호에 관한 규칙」 제정으로 저소득층 의료보호 제공(시행: 1977. 1. 4.)
• 1977. 3. 16.	중앙사회사업종사자훈련소를 국립사회복지연수원으로 개편
• 1977. 11.	500인 이상 사업장 대상으로 의료보험 출범, 전국의료보험협의회 설립
• 1977. 12. 31.	「의료보호법」 및 「공무원 및 사립학교 교직원 의료보험법」 제정
• 1978. 6. 17.	최초의 장애인 종합대책(심신장애자 종합보호대책) 수립
• 1978. 9. 1.	「의료보호법시행규칙」 제정·시행(부칙으로 「의료보호에 관한 규칙」은 폐지)
• 1979. 1.	공무원 및 사립학교 교직원에 대한 의료보험 전면 실시
• 1979. 4.	생활보호대상 가구에 대한 중학교 수업료 전액 지원
• 1980. 5. 8.	경로우대규정(보사부 훈령) 제정
• 1980. 11.	의료보호 3종 대상자 신설
• 1980. 12. 31.	「사회복지사업기금법」 제정, 공중보건의사배치기관확대
• 1980. 1. 8.	최초의 장애인실태조사 실시(이후 매5년마다 조사)
• 1981. 4. 13.	「아동복리법」을 「아동복지법」으로 전부개정
• 1981. 6. 5.	「심신장애자복지법」 제정(1989. 12. 30. 장애인복지법으로 개정)
• 1981. 6. 5.	「노인복지법」 제정
• 1981. 12. 20.	『보건사회』 창간, 이후 보건사회백서(1990~1994), 보건복지백서(1995~현재)
• 1981. 6. 24.	전국 장애자기능경기대회 개최
• 1982. 3. 15.	영세장애인에 대한 보장구 교부사업 실시
• 1982. 7. 1.	의료보호 3종〉2종 흡수, 저소득층 생업자금 융자 실시
• 1982. 7. 19.	보건사회부 청사이전(정부과천청사 입주)
• 1983. 12. 31.	생활보호법개정, 교육·자활보호 및 자활조성목적명문화
• 1983. 5.	한국사회복지협의회, 「사회복지사업법」 개정으로 법정단체로 규정
• 1986. 1. 6.	의료부조대상자 신설
• 1986. 8. 18.	국립각심학원 폐지, 국립재활원 설립

• 1986. 12. 31.	「국민복지연금법」을 「국민연금법」으로 전부개정
• 1987. 7. 1.	사회복지전담공무원제 도입(전문적 사회복지서비스 제공 추진)
• 1988. 1. 1.	상시 근로자 10인 이상 사업장 대상 국민연금제도 도입
• 1988. 1. 1.	농어촌지역 의료보험 실시
• 1988. 2. 8.	「사회복지법인 재무회계 규칙」 제정
• 1988. 7. 1.	5인이상 사업장까지 의료보험 당연적용 확대
• 1988. 10. 15.	제8회 장애인올림픽대회(「88서울장애자올림픽대회」 개최)
• 1988. 11. 1.	장애인등록제도 시범사업 시작
• 1989. 4. 1.	「모자복지법」 제정
• 1989. 4. 28.	한국장애인복지체육회 설립
• 1989. 7. 1.	도시자영자 의료보험 실시(전국민의료보험 실현)
• 1989. 9. 19.	「아동복지법시행령」에 의한 비용보조 등 보육사업 실시
• 1989. 12. 30.	장애인수첩제도 및 장애인등록제 신설 등
• 1989. 12. 30.	한국보건사회연구원 설립(종전의 가족계획연구원을 승계)
• 1990. 1. 1.	의료보호수가를 의료보험 수가수준과 일원화
• 1990. 1. 1.	장애인의료비 지원 개시, 저소득 중증 중복장애인 생계보조수당 지급
• 1990. 1. 1.	노령수당 도입
• 1990. 12. 31.	「재해구제로 인한 의사상자 구호법」을 「의사상자보호법」으로 전부개정
• 1991. 1. 1.	노인 무료 식사배달 예산보조사업 실시
• 1991. 1. 14.	「영유아보육법」 제정
• 1991. 8. 1.	보육사업 주관부처를 보건사회부로 일원화
• 1991. 9. 6.	의료보호법 시행령 전문개정(분만보호 실시, 대상자 전산관리, 의료보호증발급, 진료지구별 진료제, 보호기간 제한(연간 180일) 등) 규정
• 1992. 1. 1.	국민연금 당연적용사업장을 근로자 5인 이상으로 확대(종전 10인 이상)
• 1993. 1. 1.	의료보호법시행령 개정으로 한방의료보호 실시
• 1993. 7. 1.	요보호아동 자립지원센터 위탁사업 7개소 운영

• 1993. 8. 1.	장애인자동차 표시제도 실시(주차요금할인, 10부제 적용 제외)
• 1994. 1.	전국민 의료보험실시로 의료부조제도 폐지
• 1994. 1.	진료남용방지를 위해 의료보호 2종 1차 진료 본인일부부담금 도입
• 1994. 1. 29.	국립재활원 내에 재활병원 설치·운영
• 1994. 12. 23.	보건사회부를 '보건복지부'로 개편 (2실 5국 6관 30과 5담당관)
• 1994. 12. 30.	「장애인 편의시설 및 설비의 설치기준에 관한 규칙」 제정
• 1995. 1.	자활후견기관 시범사업 실시(5개소)
• 1995. 6. 20.	중앙보육정보센터(중앙육아종합지원센터) 최초 설치
• 1995. 7. 1.	보건복지사무소 시범 운영
• 1995. 12. 30.	「사회보장기본법」 제정
• 1996. 1. 1.	(구)「사회보장기본법」에 따른 사회보장심의위원회 설치(개최: 1997. 5. 16.)
• 1996. 1. 6.	장애아동 양육보조수당 및 의료비 지원
• 1996. 12.	OECD 회원국으로 가입
• 1997. 1. 1.	보장구에 대한 의료급여 및 보험급여 실시
• 1997. 3. 27.	「사회복지공동모금법」 제정
• 1997. 4. 10.	「장애인·노인·임산부 등의 편의 증진보장에 관한 법률」 제정
• 1997. 5. 22.	장애인복지심의관, 정신보건과 직제를 각각 신설
• 1997. 8. 22.	사회복지시설설치를 신고제로 변경, 개인도 시설설치·운영 허용
• 1997. 8. 22.	최저생계비 개념 및 계측 법정화
• 1997. 12. 31.	「국민의료보험법」 제정(국민의료보험관리공단 출범)
• 1998. 1.	사회복지법인에 대한 예·결산서 공개 의무화
• 1998. 2. 20.	요보호아동 자립지원센터를 전국 16개소 확대 운영
• 1998. 3. 23.	의료보험통합기획단발족(장관자문기구)
• 1998. 5. 6.	보육시설 인가제를 신고제로 완화, 무상보육 읍·면·도서 실시후 순차확대
• 1998. 7. 1.	노령수당제를 폐지하고 노인복지법(1997. 8. 개정)에 따라 연금지급

• 1998. 8. 11.	사회복지시설 평가 의무화(3년주기)
• 1998. 12. 31.	제1차 연금개혁(소득대체율 70% → 60%, 수급연령 연장, 최소가입기간 단축)
• 1998. 12.	시·도사회복지협의회 독립법인 설립
• 1998. 12. 31.	국립보건원 훈련부와 국립사회복지연수원 통합
• 1998. 12. 31.	국민연금 재정계산제도 도입
• 1999. 2. 8.	「국민건강보험법」, 「장기등 이식에 관한 법률」, 「건전가 정의례의 정착 및 지원에 관한 법률」 제정
• 1999. 2. 8.	의료보호 진료지구제 폐지, 제1차 및 제2차 지정제도 폐지
• 1999. 3. 31.	사회복지공동모금회(사회복지법인) 설립
• 1999. 4. 1.	도시지역 확대 적용(전국민연금제도) 시행
• 1999. 9. 1.	농어촌지역 만5세아 무상보육 실시
• 1999. 9. 7.	「국민기초생활보장법」 제정
• 2000. 1. 1.	장애인복지법 개정(장애인 생계보조수당〉 장애수당 변경)
• 2000. 1. 1.	모자보건법 개정(미숙아 및 선천성이상아 의료비 지원 실시)
• 2000. 1. 12.	「매장 및 묘지 등에 관한 법률」을 「장사등에 관한 법률」 로 전부개정
• 2000. 3. 14.	한국장애인복지체육회〉한국장애인복지진흥회 명칭 변경
• 2000. 4. 26.	알코올 중독자에 대한 치료 및 재활정책 발표
• 2000. 7. 1.	농어촌지역 특례노령연금 지급 개시, 지역가입자 특정암 검사 실시
• 2000. 7.	의료보호기간을 365일로 확대
• 2000. 7. 15.	건강검진실시기준 제정, 의료급여수급권자 대상 국가암 조기검진사업 실시
• 2000. 7.	「아동복지법」에 아동안전 의무교육 규정 마련
• 2000. 10. 1.	아동학대 신고전화(1391) 개통 및 지역아동보호전문기 관 17개소 설치
• 2000. 10. 1.	국민기초생활보장제도 시행
• 2001. 1.	의료보호기관을 제1차, 제2차, 제3차 의료보호기관으로 단계화
• 2001. 5. 24.	「의료보호법」)「의료급여법」 전부개정(의료급여 수급기 간 폐지)

• 2001. 10. 18	중앙아동보호전문기관 개관
• 2001. 12.	의료급여일수 365일 제한(급여일수 연장승인제 도입)
• 2002. 1. 1.	아동·청소년 정신보건사업, 치아홈메우기, 노인틀니지원 사업 시작
• 2002. 1.	장애아동 부양수당 지급
• 2002. 7. 9.	'노인보건복지종합대책'을 정부합동으로 수립·발표
• 2002. 9. 1.	기초생활보호제도의 근로소득공제율 30% 상향조정
• 2003. 1. 1	기초생활보호제도의 소득 및 재산 기준, 소득인정액으로 일원화
• 2003. 4.	노인 실명예방 사업 도입
• 2003. 5.	의료급여 사례관리사업 시작
• 2004. 1.	차상위 희귀난치성질환자 및 만성질환자 의료급여 적용
• 2004. 1. 29.	아동복지시설 종류에 공동생활가정, '지역아동센터(구. 공부방)'를 추가
• 2004. 1. 29.	보육시설 설치 인가제 환원, 어린이집 평가인증제 실시
• 2004. 2. 9.	「건강가정기본법」 제정
• 2004. 4.	광역자활센터(3개소) 시범사업 실시(2004~2006)
• 2004. 6. 12.	영유아보육 업무를 여성부로 이관
• 2004. 7.	사회복지사무소 시범사업, 지역사회복지협의체 구성, 지역사회복지계획 수립
• 2004. 11. 10.	재단법인 한국보건복지인력개발원 설립
• 2004. 2.	노인일자리사업 실시
• 2005. 1. 1.	장애(아동)수당 지급대상을 경증(3~6급) 장애인까지 확대
• 2005. 1. 1.	차상위 의료급여 2종까지 대상자 확대
• 2005. 1. 10.	자살 등 위기상담전화(1577-0199) 운영
• 2005. 3. 31.	입양의 날 제정(매년 5월 11일)
• 2005. 5. 18.	「저출산·고령사회기본법」 제정
• 2005. 5. 31.	「실종아동등의 보호 및 지원에 관한 법률」 제정
• 2005. 7.	기초생활보장제도 부양의무자 범위를 1촌직계혈족으로 축소
• 2005. 7.	아동 가정위탁보호의 법적근거 규정
• 2005. 9. 1.	대통령 직속 저출산·고령사회위원회 출범
• 2005. 10. 31.	장애인체육업무를 대한장애인체육회로 이관

• 2005. 10.	청소년건강행태 온라인조사 실시
• 2005. 11. 1.	보건복지콜센터 개소 및 대표전화(129) 개통
• 2005. 12. 23.	「긴급복지지원법」 제정
• 2005. 12. 27.	한국노인인력개발원 설립
• 2005. 12. 29.	보육시설 시설장의 국가자격증제 도입, 보육시설운영위원회 설치 의무화
• 2006. 1.	실종아동전문기관 민간위탁(어린이재단) 운영 및 사업 실시
• 2006. 2.	노인치매검진사업 도입, 보건소 구강보건센터 구축 시작 (5개소)
• 2006. 3. 24.	「식품기부 활성화에 관한 법률」 제정
• 2006. 4. 17.	아동보호 보건복지 통합서비스 시범사업 실시(20개 보건소)
• 2006. 4. 5.	Able2010 프로젝트(장애인일자리확대방안) 추진계획 수립
• 2006. 7.	주민생활지원서비스 전달체계 개편(행정자치부 공동)
• 2006. 6. 14.	중앙노인보호전문기관 개소
• 2006. 7. 14.	제1차 저출산·고령사회기본계획(새로마지플랜2010)확정
• 2006. 9. 30.	보건복지부 사회서비스혁신단 설치
• 2006. 11.	보육시설 표준교육과정 마련
• 2006. 12.	자활후견기관을 지역자활센터로 명칭 변경
• 2006. 12.	UN 장애인권리협약 채택, 장애인생산품 인증제 추진 방안 마련
• 2006. 12.	실종아동 및 실종장애인 찾아주기 종합대책 마련·시행
• 2006. 12. 28.	「고령친화산업진흥법」 제정
• 2006.	여성장애인 교육지원사업 시범사업 실시
• 2006.	지역아동정보센터 설치·운영
• 2007. 1. 1.	부양의무자 범위 중 '생계를 같이하는 2촌이내의 혈족' 삭제로 수급자 확대
• 2007. 1. 1.	장애(아동)수당 지급대상을 차상위(최저생계비 120%)까지 확대
• 2007. 1. 1.	국내입양 활성화 대책(입양아동 양육수당, 입양수수료 지원) 시행
• 2007. 1. 3.	「한국보건복지인력개발원법」 제정

• 2007. 3. 28.	아동복지시설 자립지원전담요원 배치 시작
• 2007. 4.	사회서비스 전자바우처 제도 첫 도입(노인돌보미, 중증 장애인활동보조)
• 2007. 4.	장애인활동보조 시범사업 실시, 장애인일자리사업 추진
• 2007. 4. 2.	아동발달지원계좌(CDA) 사업 시작
• 2007. 4. 4.	한국보건복지인력개발원 개원
• 2007. 4. 10.	「장애인차별금지 및 권리구제 등에 관한 법률」 제정
• 2007. 4. 25.	「기초노령연금법」 제정
• 2007. 4. 27.	「노인장기요양보험법」 제정
• 2007. 5. 25.	자연장(自然葬) 제도 도입
• 2007. 7.	1종 의료급여 수급자 외래 본인부담금 시행
• 2007. 7.	지역사회서비스혁신사업(현 지역사회서비스투자사업) 전자바우처 도입
• 2007. 7.	독거노인 돌봄기본서비스 실시
• 2007. 8. 3.	「효행장려 및 지원에 관한 법률」 제정
• 2007. 12.	한국사회서비스관리원 설립
• 2007.	영유아 부모 대상 안전교육 및 아동안전키트 보급사업 시작
• 2007.	아동복지교사지원센터 설치, 아동복지교사 2,700명 지역 아동센터 파견
• 2007.	희망스타트(현 드림스타트) 시범사업 실시(16개 시·군·구)
• 2008.	지역아동센터 시범평가 실시 및 아동복지교사 계속사업 으로 확대·운영
• 2008. 1.	긴급복지 지원대상 소득기준 완화(최저생계비 130→150% 이하)
• 2008. 1.	중앙자활센터 설립
• 2008. 1.	의상자 부상등급 세분화(기존 1~6급, 경미한 부상 7~9급 추가)
• 2008. 1.	인적자원 활용의 일환으로 사회복무제도 도입·시행
• 2008. 1.	노인실태조사 실시(3년 간격)
• 2008. 1.	제2차연금개혁(소득대체율 60% → 40%, 출산및군복무 크레딧제도도입)
• 2008. 1. 1.	완전노령연금(가입기간 20년 이상) 지급

• 2008. 2. 29.	보건복지부에서 보건복지가족부로 개편, 종로구 계동 현대사옥으로 이전
• 2008. 3.	사회복무요원 직무교육 실시(한국보건복지인력개발원 위탁)
• 2008. 3.	영유아 보육사무, 여성가족부에서 보건복지가족부로 이관
• 2008. 3. 21.	「중증장애인 생산품 우선구매 특별법」, 「건강검진기본법」, 「어린이 식생활안전관리 특별법」 제정
• 2008. 4.	저출산·고령사회위원회 소속 조정(대통령 → 보건복지부 장관)
• 2008. 4. 11.	한국장애인개발원 출범
• 2008. 5.	어린이집 안전공제회 설립
• 2008. 7.	장애물 없는 생활환경(BF) 인증제도 시행
• 2008. 7.	노인장기요양보험법 시행, 노인복지시설 유형 개편
• 2008. 7.	기초노령연금제도 시행
• 2008. 8.	노인돌봄종합서비스 실시
• 2008. 9.	장애인구강진료센터 설치 예산 최초 반영
• 2008. 11.	제1차 저출산·고령사회기본계획 보완계획 수립
• 2008. 11.	독거노인 응급안전 돌봄서비스 시범사업 실시
• 2008. 11.	국립재활원에 재활연구소 신설
• 2008. 12.	의료급여 임신·출산 진료비 20만원 지원(이후 지원수준 지속 확대)
• 2008. 12.	사회복지통합관리망 기반구축 1차사업 추진
• 2008. 12.	UN 장애인권리협약 비준
• 2008. 12.	보육서비스 바우처 관련규정 마련, 아동 양육수당 지급 근거 명확화
• 2009. 1.	기초생활수급자 및 부양의무자 기본재산액 공제 확대 및 부양비 인하
• 2009. 1.	희망리본사업, 희망키움뱅크 실시
• 2009. 1.	모자보건 사업에 모성의 생식건강 관리와 임신·출산·양육 지원 포함
• 2009. 2.	긴급복지 지원대상 금융재산 기준 완화(120→300만원 이하)
• 2009. 2. 6.	「국민연금과 직역연금의 연계에 관한 법률」 제정

• 2009. 3.	장기요양기관(시설, 재가) 평가 실시(2년 주기)
• 2009. 3.	무상보육 지원대상 0~5세 차상위 이하에서 소득하위 50%이하로 확대
• 2009. 3. 11.	새올복지행정시스템 관리업무를 행정안전부로부터 이관
• 2009. 4.	의료급여 차상위 2종(만성질환자, 18세 미만아동) 건강보험으로 전환
• 2009. 4.	차상위 의료급여2종 장애인→ 건강보험 차상위 본인부담 경감대상자로 전환
• 2009. 5.	긴급복지에 교육지원 신설, 외국인지원 특례 마련, 지원기간 연장(4→6개월)
• 2009. 7.	가정양육수당 도입, 보육전자바우처 실시
• 2009. 8.	경찰청과 실종아동 연계시스템 구축
• 2009. 12.	한국보육진흥원 법인 설립
• 2009.	노인의치틀니사업 사후관리 시작
• 2009.	여성장애인 교육지원사업 16개시도 확대
• 2009.	전국 3,224개소 지역아동센터 평가와 역량강화사업 운영
• 2009. 12.	제3차 사회보장장기발전방향 확정
• 2009. 12. 7.	한국보건복지정보개발원 설립
• 2010. 1.	사회복지통합관리망(행복e음) 개통
• 2010. 1.	긴급복지 지원기준 분리(생계지원은 100%, 이외 지원은 150% 이하)
• 2010. 1.	자산형성 지원사업(희망키움통장) 실시
• 2010. 1.	사회복지통합관리망(행복e음) 개통
• 2010. 1.	제2차저출산·고령사회기본계획수립
• 2010. 1. 18.	사회복지시설 정보시스템 활용 의무화
• 2010. 3. 15.	보건복지가족부를 보건복지부로 개편
• 2010. 4.	노인치매치료관리비 지원사업 실시
• 2010. 4. 12.	「장애인연금법」 제정
• 2010. 4. 26.	한국보건복지정보개발원, 사회보장정보시스템(행복e음) 인수 운영
• 2010. 5.	사회복지통합관리망(행복e음) 1차 확대 및 고도화(장애인연금시스템 구축, 개별복지시스템 구축, 사회복지통계 DW 구축)

• 2010. 7.	중증장애수당을 장애인연금으로 전환(경증장애수당 (3~6급)은 유지)
• 2010. 9. 17.	제1회 대한민국 나눔대축제(이후 매년 개최)
• 2010. 11.	독거노인 사랑잇기 사업 실시
• 2010. 12. 3.	복지로 오픈(복지서비스 정보제공 및 급여신청 대표포털)
• 2011. 1. 1.	요보호아동 자립지원 표준화 프로그램 전면시행
• 2011. 1. 4.	「장애인활동 지원에 관한 법률」 제정
• 2011. 1. 26.	중증장애인생산품 우선구매 확대 시행(품목 상관없이 총 구매액 1% 이상)
• 2011. 3. 11	시장자립형(고령자친화기업, 시니어직능클럽, 시니어인턴십) 사업 실시
• 2011. 3. 30.	「대한노인회 지원에 관한 법률」, 「사회복지사 등의 처우 및 지위 향상을 위한 법률」, 「자살예방 및 생명존중문화 조성을 위한 법률」, 「제약산업 육성 및 지원에 관한 특별법」 제정
• 2011. 5. 3.	사회복지통합관리망(행복e음) 2차 확대 및 고도화 (사회복지공동모금회와 연계시스템 구축, 온라인신청시스템 구축 등)
• 2011. 5. 2.	한국보건복지정보개발원, 한국사회서비스관리원과 통합
• 2011. 6. 7.	종전 '보육시설'에서 '어린이집'으로 명칭 변경
• 2011. 6. 7.	「노숙인 등의 복지 및 자립지원에 관한 법률」 제정
• 2011. 6. 24	UN 장애인권리협약의 국내 이행상황에 관한 제1차 국가보고서 제출
• 2011. 7.	맞춤형 복지전달체계 개선대책 수립(지자체 복지공무원 7천명 확충)
• 2011. 7. 1.	공공형 어린이집 도입, 학대노인 보호쉼터 개설(16개소)
• 2011. 7. 14	「아동의 빈곤예방 및 지원 등에 관한 법률」 제정
• 2011. 8. 4.	「사회서비스 이용 및 이용권 관리에 관한 법률」 제정
• 2011. 8. 4.	아동정책기본계획 및 아동종합실태조사, 드림스타트사업 등 근거 신설
• 2011. 8. 4.	「치매관리법」 및 「장애아동복지지원법」 제정
• 2012. 8. 5.	아동발달지원계좌(CDA),기초생활수급가정아동까지로 지원확대
• 2012. 1. 1.	여성장애인 출산비용 지원사업 실시(장애 1~3급)

• 2012. 1. 1.	의료급여수급권자 일반건강검진 실시, 영유아 건강검진 대상자 확대
• 2012. 1. 18.	만3·4세 누리과정 도입계획 발표
• 2012. 2. 15.	한국사회복지협의회 60주년
• 2012. 3. 30.	중앙자살예방센터 개소, 정신건강증진 종합대책 발표(6월)
• 2012. 3. 31.	보건복지콜센터에 자살상담 긴급전화 전담기관 지정
• 2012. 5. 7.	「희망복지지원단」 조직구성 및 통합사례 관리사 배치
• 2012. 5. 23.	저출산·고령사회위원회 소속 격상(보건복지부 장관 → 대통령)
• 2012. 5. 30.	사회복지통합관리망(행복e음) 3차 확대 및 고도화(사망의심자 HUB 시스템 구축, 공공 및 민간자원통합시스템 구축 등)
• 2012. 7. 1.	만75세 이상 노인의 완전틀니에 대한 건강보험(의료급여) 적용
• 2012. 7. 1.	노인장기요양보험 대상자 확대(장기요양인정점수 완화)
• 2012. 7. 6	발달장애인 지원계획 확정(국가정책조정위원회)
• 2012. 7. 9.	차세대 사회서비스 전자바우처시스템 개편
• 2012. 8. 5.	사회복지시설 평가 결과 홈페이지 게시 명시화
• 2012. 9. 26.	제1차 노인장기요양보험 기본계획 수립·발표
• 2012. 10. 1.	만75세 이상 노인 완전틀니 건강보험(의료급여) 적용 시작
• 2012. 10. 16.	제2차 저출산·고령사회기본계획 보완계획 수립
• 2012. 11. 19.	아동학대 예방주간 지정
• 2012. 12. 21.	기초생활보장제도 부양의무자 중 노인 등에 대해 소득구간 확대(185%)
• 2012. 12. 28.	긴급복지지원대상 위기사유 추가, 주거지원 기준완화(금융·재산 500만원까지)
• 2012. 12. 31.	아동발달지원계좌 적립금 1,000억원 달성
• 2013. 1. 1.	영유아 발달장애 정밀진단비 지원 대상을 건강보험료 하위 30%까지 확대
• 2013. 1. 1.	아동의 원 가정 보호를 위한 입양철회 비용 지원
• 2013. 1.	사회복무요원의 사회복지분야 우선배치 확대 및 심화직무교육 확대 실시

• 2013. 1.	지역아동센터, 방과후 돌봄서비스 연계로 통합적 지원·관리체계 마련
• 2013. 1. 18.	사회보장정보시스템 개통
• 2013. 1. 23.	긴급복지 지원대상 생계지원 소득기준 완화(최저생계비 100→120% 이하)
• 2013. 2. 14.	기초생활 부양의무자 기본재산액 공제 확대 및 주거용 재산의 환산율 완화
• 2013. 3. 1.	장애인활동지원, 최중증수급자 추가급여 확대(월 80→273시간)
• 2013. 3. 1.	만5세 이하 영유아에 대한 무상보육 확대 실시
• 2013. 4. 1.	한국보건복지정보개발원, 사회보장정보시스템(법정부) 인수·운영
• 2013. 5. 14.	제1기 사회보장위원회 구성 및 제1차 사회보장위원회 개최
• 2013. 5. 24.	보건복지부 장관, 헤이그국제아동입양협약 서명
• 2013. 5. 27.	사회복지통합관리망(행복e음) 4차 확대 및 고도화(표준 사례관리시스템 구축, 장애인 통합카드발급시스템 구축 등)
• 2013. 6.	일시보육(시간제보육)서비스 실시
• 2013. 7. 1	노인장기요양보험 장기요양인정점수 완화로 대상자 확대
• 2013. 7. 1.	만75세인구의 부분틀니 진료에 대해 건강보험(의료급여) 적용
• 2013. 8. 1.	장애인활동지원, 중증수급자 추가급여 확대(중증 독거 월 20→80시간)
• 2013. 9. 10.	국민중심의 맞춤형 복지전달체계 구축 방안 확정(제4차 사회보장위원회)
• 2013. 9. 26.	사회보장위원회 사무국(사회보장제도과·조정과) 구성
• 2013. 10. 10.	장기요양보험재정 누수방지 대책수립·시행
• 2013. 11. 1.	아동안전사이버교육센터 구축·운영
• 2013. 12. 13.	보건복지부, 정부세종청사로 이전
• 2013. 12.	동(洞) 주민센터 복지기능보강 지침 시행
• 2014. 1. 6	고용복지플러스센터 설치(남양주 개소 '16년까지 70개소)
• 2014. 1. 28.	「아동학대범죄의 처벌 등에 관한 특례법」 제정(법무부)

- 2014. 1. 28. 의사상자 인정여부 결정에 대한 이의신청 제도 마련
- 2014. 2. 28. 아동학대 예방 및 피해아동 조기발견·보호 종합 대책 발표
- 2014. 4. 1. 독거노인 친구만들기 사업 실시
- 2014. 4. 24. 사회보장정보시스템(행복e음) 5차 확대 및 고도화(통합 상담·사례·자원 관리 고도화, 온라인신청 확대 구축 등)
- 2014. 5. 1. 안산 정신건강 트라우마센터 개소
- 2014. 5. 14. 제7차 사회보장위원회 개최
- 2014. 5. 20. 「기초노령연금법」을 「기초연금법」으로 대체 제정
- 2014. 5. 20. 「발달장애인 권리보장 및 지원에 관한 법률」 제정
- 2014. 7. 읍면동 복지기능 강화 시범사업 실시(14개소)
- 2014. 7. 1. 장애인연금 지급대상 확대(소득하위 70%) 및 급여인상(최대 20만원)
- 2014. 7. 1. 실종아동 등 조기발견지침 마련·시행
- 2014. 7. 1. 노인장기요양보험 등급체계 개편(3→5등급), 광역치매센터 설치
- 2014. 7. 1. 기초연금제도 시행
- 2014. 7. 1. 만75세이상 노인임플란트에 대해 건강보험(의료급여) 적용 시작
- 2014. 7. 5. 노인 단기 가사서비스 실시
- 2014. 8. 5. 제1차 사회보장기본계획(2014~2018) 수립
- 2014. 9. 1. 노인 재능나눔 활동지원(재능활용형일자리) 시범사업 실시
- 2014. 9. 22. UN장애인권리협약 제1차 국가보고서 심의 및 결과보고서 통보
- 2014. 9. 29. 아동학대 신고전화를 범죄신고전화 112로 통합
- 2014. 10. 29. 사회복지담당공무원확충(6천명)및관리방안마련
- 2014. 11. 4. 아동종합실태조사 결과 발표
- 2014. 12. 30. 「사회보장급여의 이용·제공 및 수급권자 발굴에 관한 법률」 제정
- 2015. 1. 1. 여성장애인 출산비용 지원사업 대상 확대(장애1~6급)
- 2015. 1. 1. 희망리본사업을 고용노동부로 이관
- 2015. 1. 20. 장기요양기관 평가체계 개편(상대평가→절대평가, 2년 주기→3년 주기 등)

• 2015. 1. 28.	장애물 없는 생활환경(BF) 인증 법제화
• 2015. 4. 3.	한국자활연수원 개원(4월)
• 2015. 5.	아동발달지원계좌(CDA)적립금 2,000억원 달성
• 2015. 5. 18.	어린이집 CCTV 설치의무화
• 2015. 6. 1.	장애인활동지원 신청자격 확대(장애 1~2급→장애 1~3급)
• 2015. 7. 1.	만 70세 이상 노인 틀니, 임플란트에 대해 건강보험(의료급여) 적용 시작
• 2015. 7. 1.	기초생활보장 맞춤형 급여 시행(「국민기초생활보장법」 개정: 2014. 12. 30)
• 2015. 7. 1.	'사회보장정보원' 출범(사회보장급여법 시행, 구 한국보건복지정보개발원)
• 2015. 7. 30.	사회보장위원회 사무국 확대 개편
• 2015. 9. 24.	전국 229개 시·군·구에 드림스타트 확대 설치 완료
• 2015. 11. 1.	의료급여 경증질환 약제비 본인부담 차등제 도입(500원→3%)
• 2016. 2. 1	지역발달장애인센터 설치(발달장애인 권리보장 및 지원에 관한 벌률 시행: 2015. 11)
• 2016. 3. 16	행정복지센터 명칭변경(읍면동허브화 추진, 동 주민센터에서 명칭변경, 점차적변경 예정)
• 2016. 3. 31.	행복출산원스톱서비스(출생신고시 통합신청처리)
• 2016. 7. 1.	맞춤형 보육 시행

복지정책의 분석틀 및 활용방법

(2016. 2, 보건복지부 정호원*)

□ 복지정책이란?
○ 개개인의 사회적 적응 및 삶의 질 제고를 지원하기 위한 국가, 지자
  체, 시민·지역사회의 총체적 노력(유무형의 급부)
  – 시장실패·사회문제 영역에 대한 국가 및 시민사회의 개입

□ 복지정책분석의 목적: 제약 하(下) 극대화
○ 재정통제 또는 규율 중심
○ 정책목적의 효율적 달성을 위한 기획조정 중심

□ 복지정책의 분석틀
○ 복지정책(복지사업)의 위치(OECD 분류기준 참고)
  – 정부지출 = 외교·국방 + 경제사업 + 복지사업 + 공공행정 기타
○ 설계 및 분석틀: 첨부 참고

□ 분석방법
○ 제도별·사업별 자료 입수, 갱신
○ 분석틀에 따른 DB화 및 분석 엔진 개발(복지정책패널 신설)
○ 정책의 효과성*에 대한 분석 + 조사연구 → 평가
  * 빈곤율, 고용율, 출산율, 보장율, 사회통합, BC, 재분배 등 개선효과
  ☞ 복지정책 분석평가시스템 구축 필요

□ 결과 활용: 기획 조정(정책의 신설-폐지*, 증감-변경**)
  * 유사 중복 통폐합, 폐지 등
  ** 수준, 방식, 재정 등 증감·변경

---

* 본 내용은 복지정책 분석 및 보고서 작성을 위하여 정호원 과장이 작성하였으며, 서울대
사회복지학과를 졸업하여 현재 보건복지부 인구정책실 인구정책과장으로 근무하고 있음.

〈복지정책의 설계 및 분석틀〉

대분류	중분류	소분류	비고 (주의, 관점)
정책이념/ 목표 (영역별 지표)	협의: 빈곤, 돌봄, 사회참여 광의: 빈곤, 고용, 출산, 돌봄, 건강, 인적자원 투자, 주거, 문화, 환경		형평성 vs 효율성 제도적 vs 보완적 공공재/투자 vs 비용 권리 vs 시혜
주체	공공	국가	공공 vs 민간 국가 vs 지자체
		지자체	
		준공공	
	민간	기업	
		시민단체	
		지역사회	
대상	소득계층별	소득분위별 절대빈곤선 상대빈곤선	보편 vs 선별 신청 vs 강제
	생애주기별	아동, 청소년,장년, 노인, 여성, 장애인 등	
	특수집단별	농어민, 한센인, 다문화, 새터민, 환자 등	
수준	보충	필요최소(비례, 보충성)	min vs max 무상 vs 실비 (자부담)
		인센티브(근로, 자녀)	
	정액/정률	충분	
		최소	
수단	제공 형태별	급여	현물 vs 현금
		서비스	
		비용 및 조세 감면	
		크레딧, 바우처, 융자	
방법	제공 주기별	사전 예방적	1회적 vs 지속적
		사후 구제적	
		사례관리(주기적)	
	제공 수/종류	1가지	개별적 vs 종합적
		여러 가지	
재원 조달방식	일반회계(조세)		조세 vs 보험 vs 순수민간
	공적 기금(부담금 등)		
	사회보험		
	기부	물적	
		재능/노력	
전달체계	공공복지	지자체	중앙조직 vs 지자체
		공공 및 준공공	
	민간복지	민간기관	권한위임 수준 고 vs 저
		개인	
	민관합동		공급자 vs 수요자 중심

* 출처: 없음(이론 및 실무 차원에서 정리)

정책보고서 작성 요령

(16. 2, 보건복지부 정호원)

1️⃣ 보고 개요
- ㅇ 보고의 배경과 필요성: 외적(사회문제 발생, 지시사항, 법안 제개정 등), 내적(정책 피드백 등)
- ㅇ 의제화 및 토론 등 정책형성과정: 과거 일정 나열이 아닌 핵심적 논의 내용 및 그 변천과정 중심
- ㅇ 보고내용과 조직임무, 거시적 국정방향 및 국가전략과의 관계(가능한 경우)

2️⃣ 현황 및 문제점
- ㅇ 쟁점/문제점의 상황·원인 및 객관적 조건* + 사회적 판단**
  - * 현재까지의 추세(縱: 경과와 전망), 체계(橫: 국내외 유사·관련 정책과 관계·비교 등)를 도표·그림·그래프 등 시각화 or 시나리오기법을 동원하여 현황·수치의 상대적 의미·크기를 제시
  - ** 여론조사결과 및 학자 등 전문가, 이해관계인, 주민, 현장 담당자의 인식·의견 등
- ㅇ 기존 정책의 대응과 한계(국내외 사례): 정책분석틀에 입각하여 가장 큰 원인(장애요인) 순으로 규명하여 새로운 정책대안의 필요성을 뒷받침하는 도입부분으로 활용

3️⃣ 정책대안
- ㅇ 정책목표 (= 목표상태 – 현재상태) ☞ 가급적 수치로 제시
- ㅇ 정책 대안(2개 이상) 및 정책수단(조직, 인력, 재원, 정보, 기술 등)의 분석
  - • 정책수단의 강점과 약점을 고려한 대안별 장단점(또는 위험 vs 기회요인) 분석 제시
  - • 형평성, 효율성, 합법성, 집행가능성, 국민적 수용성, 재원확보 등의 관점에서 기술
    ⇒ 의사결정자의 대안 선택·지지를 위한 판단 근거(고려사항)를 명확히 제시하여야 함

4 기대효과·보완대책
  ○ 산출(output)과 영향*(outcome)
    * 정책대상(고객집단)별 긍정적·부정적 효과
  ○ 예상 문제점 및 보완대책: MBE(예외관리)의 관점에서 성공의 핵심
    적 장애 요인(변수들)을 제거하고 보완·조정하기 위한 대비책

5 추진과제 및 집행계획
  ○ 추진체계 및 과제: 목표달성을 위한 구체적 하위단위 과제들을 인과
    관계(목표–수단의 계층구조)로 표현한 전략맵(Strategy Map)을 제시
    하고 단위과제별 내용을 기술
  ○ 조직형성·인력·재원 투입 등 장단기 로드맵, 모니터링 및 평가
  ○ 교육·일반 홍보, 정책고객과 관계형성

6 정책결정자에 대한 조치요구사항
  ○ 결정필요사항, 건의, 관계기관 협조사항 등

장차실국장 보고 요령

(16. 3, 보건복지부 정호원)

□ 보고의 셋팅 만들기
  ○ 일정 잡기: 보고 및 행사의 첫 번째는 vip 일정 잡기
          (※비서실 핵심기능 = filtering)
  ○ 보고자 정하기: 필요시 토론식 활용(전문가 및 관련자)
  ○ 보고수단 정하기: 대면, 전화, 메모, 메일/팩스, 문자 등(타이밍, 내용·
    수준 고려)
  ○ 중간 보고: 지시 후 2일이 경과될 경우(보고프레임 및 준비현황, 지연
    사유, 진행사항 등)

□ 보고서 작성
  ○ 보고서 종류: 정책보고, 상황보고, 행사보고(말씀), 설명자료, 참고자
    료 등
    • 정책보고는 작성요령(배경-현황-문제점-대안-집행계획) 준용
    • 상황보고는 특히 영향·전망, 상세대책(Plan B 등) 필요
    • 행사보고는 행사를 통하여 얻고자 하는 결과·메시지를 명확히 해
      야 함

  ○ 시야와 디테일을 갖고 작성(스토리 텔링)
    • 정무감각과 정책감각 겸비
    • 전체와 부분, 인과·상관 관계, 법·정책목적-목표-대상-수준-방
      법-시기-재원-전달체계-평가 등의 차원 고려
    • Detail에서는 실무자가 가장 폭넓고 깊게 알아야 함

  ○ 검색능력 시대 = Know-where: 평소 surfing, data 확보 및 정리정
    돈(filing)
    • 전임자, 선배(고민 던져보기), 전문가, 문헌, 현장, 국내외 사례 참
      고 필요

○ 이슈 재점검: 의견수렴하거나 않더라도 그 입장에서 review해야 함
  • 직능단체 network, 이해관계자, 전문가 등(수시로 자문할 수 있도록 관계형성)

○ 마지막으로 보고 받는 자의 입장에서 Review 및 보고서 재편집

□ 보고 및 토의 실행(의사소통능력)
  ○ 보고받는 자의 입장 견지(청취형 vs 독해형, 경험 vs 무경험). 어느 곳 보는지 f/up하면서 보고(보고받는 자 머리 속에 들어갔다 나와야 함)
  ○ 무심코 그냥 넘어가더라도 핵심고려사항을 놓칠 경우 짚어 드려야 함
    • 특히, Ceo(중요) 숫자는 비중+추이 등 의미 설명(그림 그려가면서 하면 best)
  ○ 예상질의 3~4개 및 답변 미리 준비
  ○ 토의·질의응답시 발언 Timing 잡기(발언의 순간 캐치가 중요)
  ○ 발언 角 잡기: 두괄식(핵심주장→왜 ①, ②→사례)
                상황에 따라 사례제시 → 주장요약 정리 순서도 가능(재치)
  ○ 30초 rule (핵심사항이 30초 이내에 전달되어야)
  ○ 자신감을 갖되, 낮은 자세와 방법이 좋아야 함(눈을 봐라, 가르치지 마라, 사실 vs 주장 구분 / 당위성 vs 가능성 구분 / 자신의견 vs 다수의견 포장금지, 겸손) → 그렇지 않으면: 말은 맞지만 얄밉다, 미덥지 않다(낙제점)
  ○ 마지막으로 지시사항 복창(명확화 → 실수 축소, 충직성 증표)

※ 태도: 비교우위(spec) vs 전략우위(열정, 자신감, 적극성, 가치관, 동기)

지자체 파견 사회복지공무원 전입 필요성 보고

(지역복지과, '00. 00. 00)

◇ 지자체 공무원을 활용한 복지사업의 효율적 운영 및 전문성
제고, 파견 공무원들의 사기 진작 등을 위해 정기적 전입 필요

□ 파견 사회복지공무원 현황

○ 현재 기초생활보장과 등 파견자 23명이 12개과에서 복지관련 사업 및
업무를 수행하고 있음('10. 11)

○ 사회복지공무원 우리 부 전입 현황(현재까지 22명)

계(명)	2001년	2004년	2005년	2006년	2007년	2009년
22	2	3	5	2	5	5

* 2001년 시작된 이래 정기적인 전입이 이루어지지 않고 있는 상황임

□ 지자체 사회복지공무원의 복지부 전입 필요성

○ 즉시 업무에 투입 가능한 훈련되고 검증된 인력 충원
* 행정직·보건직은 7급 공채가 있으나, 사회복지직은 7급 공채가 없
음. 일반 행정직이 복지 업무에 숙달되는 시간보다 검증된 인력 충
원이 효율적임

○ 복지 업무의 특성상 현장이해 및 상황 관리·협력 등 필요
* 기초생활보장제도 등 복지업무, 행복e음 개편 등의 업무 추진에는
지자체 상황을 정확히 알고 있는 인력이 필수적임

○ 지자체와의 유기적이고 긴밀한 협조관계 유지
* 파견 및 전입직원이 있는 지자체는 시범사업, 모니터링 실시 등 복
지정책 집행에 적극적이며, 협조적임

□ 향후 추진 방향

○ 매년 정기적인 파견인원의 복지부 전입을 통한 업무의 효율성 제고 및
 파견 직원들의 사기 진작
  * 정기적인 전입으로 파견 공무원들의 업무 안정성 제고 및 지속적인
   파견을 통한 지자체와의 유기적 관계 유지

[참고] 복지부 파견공무원 현황

○ 파견자 일반현황 (표-삭제)
○ 사업부서별 파견자 근무현황(표-삭제)
○ 지자체 사회복지공무원 파견자 명단(표-삭제)
○ 사회복지공무원 우리부전입 현황(표-삭제)

○○읍 민원실 방화사건 피해자 추가지원 방안 보고

① 사건 개요

o 사고 일시: 2000. 00. 00(수) 13:44
o 장   소: ○○시 ○○읍사무소 사회부서
o 사건 개요: 방화자 조○○(남, 39세: 알콜 금단증후군)은 수급자
          생계급여와 관련하여 사무실을 방문, 상담 중 신나를
          뿌리고 방화함
o 피해 내용: 부상 5명(직원 4명, 방화자: 백제병원 입원치료 후 구속)
o 피해 정도: 부상자 5명 2~3도 화상. 사회부서 사무실 전소

② 부상자 현황

□ 부상자 진료 상태(현재)

성명	성별 (나이)	직급	사고 당시	경과 및 현재 상태	비고
허○○	남 37세	복지8급	심재성2~3도화상, 체표면의 55% (얼굴, 양측팔, 손, 양측 다리, 발)	2000. 0. 00 퇴원하여 주1회(수요일) 통원치료	치료중
이○○	남 55세	행정6급	얼굴, 양측팔 2도화상	피부이식 등 치료후 2000. 0. 00 퇴원	치료완료
최○○	여 41세	복지7급	팔, 다리 2도화상	피부이식 등 치료후 2000. 0. 00 퇴원	치료완료
김○○	여 33세	복지7급	얼굴, 팔 2도화상식	피부이식 등 치료후 2000. 0. 00 퇴원	치료완료

※ 현재 허○○은 매주1회 한강성심병원에서 통원치료 중이며, 방화자 조
   ○○씨는'06. 5. 12일 ○○병원에서 퇴원하여 5월 18일 구속 7년 선고받
   고 교정시설에서 수감중임.

③ 그간의 치료과정 (허○○)

ㅇ 서울 한강성심병원에서 입원 치료: '05. 9. 14 ~ '06. 5. 20
ㅇ 공무원연금관리공단 공상처리 결정: '05. 9. 30
 - 공상처리법정기한(730일): 2009. 10. 10 종료
 - 공무원연금법 제35조(공무상요양비)의 2항의 규정에 의함
ㅇ 반흔제거수술(레이저,핀홀) 요양비 승인결정: 2005. 12. 19
ㅇ 반흔제거수술(핀홀치료) 1차 시술: '09. 8. 26 ~ 29
 - 사고당시 5회정도 반흔제거수술(핀홀치료)가 필요하다고 진단
 - 1회 시술비용 약 6,000만 원 소요
 - 연세스타피부과의원에서 1차 시술을 받음
 ※ 공상처리 법정기한 내 반흔제거수술(핀홀치료)을 받고자 하였으나
 환자의 환부가 나아지지 않은 상태에서 치료하여도 별 효과를 볼 수
 없어 그 간 치료를 받지 못하였음.

④ 애로사항

ㅇ 반흔제거수술(핀홀치료)에 대하여 요양일시금에 포함될 수 없다는
 담당자 의견에 따라 향후 지속적인 치료가 어려울 것임.
ㅇ 공상처리 법정기간 종료로 향후 3~4차례 반흔제거수술 시 거액 본인
 부담
 - 1억 8천만 원~2억 4천만 원 정도 소요(요양일시금 신청시 비급여항목)
 - 법정기한 이후 1년정도 치료비용 보상예정이나 반흔제거수술비용
 제외됨으로 경제적 곤란예상
ㅇ 향후 피부보호제 및 보습제로 지속적인 관리가 필요하며, 압박보
 호복을 지속적으로 착용하여 평생 일상생활에 불편함을 겪고 살아
 야 함.

⑤ 우리부 조치사항

○ 공무원연금법 제36조(공무상요양일시금)에 의한 요양일시금은 본인
  의 신청에 따라 공무원연금관리공단 소속 공무원연금심의회에서 의
  결 후 결정
  - 향후 반흔제거수술(핀홀치료) 비용(약 1억 8천만 원에서 2억 4천만
    원 정도 소요)이 요양일시금에 포함될 수 있도록 심의회 위원에게 적
    극적인 지원요청 필요
  - 2009. 11. 25.(수) 14:00 요양일시금 판정을 위한 공무원연금심의
    회 개최

□ **장관님 지원 요청 말씀 자료**

공무원연금심의회 위원장(고○○-프로필 참고)에게 요양일시금을
청구한 사회복지전담공무원 허○○의 반흔제거수술(핀홀치료)비용
이 요양일시금에 포함되도록 장관님 당부 전화
('09. 10. 12 요양일시금 청구, '09. 11. 25 14:00 심의회 심의)
- 국민의 복지서비스를 담당하고 있는 직원들의 안전을 책임져야 할
  부처로서 피해를 입은 직원들이 최소한 원상태로 회복되어 본연의
  업무를 수행할 수 있도록 지원하는 것이 마땅함
- 수급자의 방화로 인한 상처(화상)는 마음속까지 남겼으며, 본인과
  가족, 동료들에게도 큰 상처가 되었으므로 모든 사람들의 마음의
  상처들을 치유하기 위해 적극적인 지원이 필요
- 특히, 공정한 법적 판단하에 허○○ 공무원의 반흔제거수술 비용이
  요양일시금에 포함될 수 있도록 적극 검토해 주시기 바람

- 담당자: 공무원연금관리공단 재해보상실 김○○(000-0000), 김○○ 차장

[붙임1] 화상흉터 핀홀치료법의 치료 원리 〈내용출처: 연세 스타피부과〉

핀홀법은 최근 등장한 흉터 치료법 중 첨단기법이면서 환자 만족도가 높은 것이 바로 핀홀법 치료입니다.

화상흉터 치료법으로 잘 알려진 핀홀법은 흉터부위에 모공크기의 미세한 구멍을 2㎜의 깊이로 뚫어서 피부의 재생을 유도하는 방법입니다. 탄산가스레이저로 진피에 미세한 상처(구멍)를 내면 구멍은 비정상적으로 변해버린 진피층 조직의 재배열을 유도해 피부가 정상 섬유조직으로 스스로 복원할 수 있도록 도와줍니다.

피부가 재배열되면서 울퉁불퉁한 피부가 매끈해지고 딱딱하게 뭉쳐있던 피부가 부드러워집니다. 또 혈관이 뭉쳐있어 검붉거나 반대로 혈관이 없어 지나치게 하얀 피부도 혈관이 분해되거나 새로 재생되어 피부 색깔이 연한 핑크색으로 돌아옵니다.

이렇게 탄산가스레이저를 통해 화상흉터의 질감과 두께가 개선되면, 흉터 부위에 약간의 '붉은기'가 남게 되는데 이는 복합파장 광선치료법인 IPL(Intense Pulsed Light)을 이용하면 피부색을 정상 상태에 가깝게 복원할 수 있습니다. 특히 표피에 뚫린 구멍은 모공처럼 보여 정상 피부와 비슷하게 보이는 미용적 효과를 얻게 됩니다. 뿐만 아니라 끈처럼 구축된 피부가 부드럽게 되어 관절의 움직임이 유연하게 되는 기능적인 효과도 얻을 수 있습니다

[참고자료3] 공무원연금법 발췌(제35조, 제36조)
제35조 (공무상요양비) ① 공무원이 공무상 질병 또는 부상으로 인하여 다음의 요양을 하는 때에는 공무상요양비를 지급한다.
 1. 진단 2. 약제·치료재 및 보철구의 교부 3. 처치·수술 기타의 치료
 4. 병원 또는 요양소에의 수용 5. 간호 6. 이송
 ② 제1항의 공무상요양비는 동일한 질병 또는 부상에 대하여 실제요양기간이 2년을 넘지 아니하는 범위안에서 그 요양에 소요된 금액으로 한다.
제36조 (공무상요양일시금) 제35조의 규정에 의한 공무상요양비를 받는 실제요양기간이 2년을 경과하여도 그 질병 또는 부상이 완치되지 아니한 때에는 대통령령이 정하는 바에 따라 요양에 추가로 소요될 비용으로 공무상요양일시금을 지급하되, 그 금액은 1년간의 요양에 소요될 비용을 초과하지 못한다.